suhrkamp taschenbuch 4152

Dekonstruktion, Konstruktivismus, Strukturalismus ... hat man ja alles schon mal gehört. Aber wo liegen die Unterschiede? Und was hat das alles mit mir zu tun? Lange für ihren Mangel an handfesten Theorien belächelt, haben die Geisteswissenschaften in den letzten fünfzig Jahren ein wahres Feuerwerk an Theorien versprüht. Wer kann in diesem Wirrwarr noch den Durchblick behalten? Jochen Hörisch eilt dem verwirrten Laien zu Hilfe. Anschaulich, präzise und immer mit einem Lächeln beschreibt der Literatur- und Medienwissenschaftler die wichtigsten Denkmodelle der letzten fünfzig Jahre, Informationen zu »Risiken und Nebenwirkungen« inklusive.

Jochen Hörisch, geboren 1951 in Bad Oldesloe, lehrt Literatur- und Medienwissenschaften an der Universität Mannheim. Im Suhrkamp Verlag erschienen zuletzt *Gott, Geld und Medien* (2004), *Eine Geschichte der Medien* (2004) und *Es gibt (k)ein richtiges Leben im falschen* (2003).

Jochen Hörisch

Theorie-Apotheke

Eine Handreichung
zu den humanwissenschaftlichen Theorien
der letzten fünfzig Jahre,
einschließlich ihrer Risiken
und Nebenwirkungen

Suhrkamp

suhrkamp taschenbuch 4152
Erste Auflage 2010

Lizenzausgabe mit freundlicher Genehmigung
der Eichborn AG
Suhrkamp Taschenbuch Verlag

Druck: Druckhaus Nomos, Sinzheim
Printed in Germany
Umschlag: Göllner, Michels, Zegarzewski
ISBN 978-3-518-46152-5

1 2 3 4 5 6 – 15 14 13 12 11 10

Theorie-Apotheke

Inhaltsverzeichnis

Vorwort

> Die Methode des Philosophierens ist es, sich wahnsinnig zu machen, und den Wahnsinn wieder zu heilen. *Ludwig Wittgenstein*

> Durch die sichere Aussicht auf den Tod könnte jedem Leben ein köstlicher, wohlriechender Tropfen von Leichtsinn beigemischt sein – und nun habt ihr wunderlichen Apotheker-Seelen aus ihm einen übelschmeckenden Gifttropfen gemacht, durch den das ganze Leben widerlich wird!
> *Nietzsche: Menschliches, Allzumenschliches*

Die Heils- und Heilungs-Versprechen von Theorien

Selig sind für ambitionierte Denker die gar nicht so fernen Zeiten, in denen Groß-Theorien noch allgemeines Heil versprachen. Heute versprechen die meisten humanwissenschaftlichen Theorien allenfalls noch Heilung von spezifischen Krankheiten und Leiden. Gänzlich neu ist die Umstellung von Heils- auf Heilungserwartungen jedoch nicht. Die Geschichte der apothekarischen Abkühlung aufgeheizter und fieberhafter Großkonzepte beginnt im sogenannten christlichen Abendland bemerkenswert früh. Sie hat nämlich fast gleichzeitig mit der Geschichte megalomaner Heils-Konzepte statt. Nur hatte und hat die Geschichte der Heilungsversuche eine viel schlechtere Presse als die der Heils-Anstrengungen. »Was ist Wahrheit?« So lautet die abgeklärte und kurze Frage, die ein hoher römischer Jurist einem Angeklagten stellt, der über eine exquisite Theorie der Wahrheit verfügt. Hat er doch von sich selbst in Worten gesprochen, wie sie selbstbewußter kaum sein könnten: »Ich bin der Weg, die Wahrheit und das Leben.« (Johannes-Evangelium 14,6) Und diese Worte paraphrasiert er nun unter juristisch verschärften Umständen erneut – es geht um sein Leben: »Jch bin dazu geboren und in die Welt komen/das ich die Warheit zeugen sol. Wer aus der warheit ist/der höret meine stimme.« (Johannes-Evangelium 18,37 in Luthers Übersetzung von 1545) Jesus Christus steht – bald zwei Jahrtausende ist das nun her – vor Pontius Pilatus. Der Angeklagte ist nach Ansicht einer Minderheit unter seinen Zeitgenossen, aus der in einigen Weltgegenden später eine herrschende Majorität wird, ein absolut privilegiertes Wahrheitsmedium, der Richter ein römischer Spitzenjurist. Seine Frage, was denn Wahrheit sei, hat Luther mit einer so knappen wie rätselhaften Randbemerkung versehen: »(Was ist warheit) Jronia est. Wiltu von warheit reden/so bistu verloren.«

Ironisch gemeint ist die Frage des Pontius Pilatus sicherlich. Ironie, so die Minimaldefinition, hat statt, wenn jemand etwas anderes meint, als er sagt. Das ist, wenn man wie Pilatus eine Frage stellt (und auch sonst!), gar nicht so leicht. Luthers Kommentar ist dennoch schnell nachzuvollziehen. Denn er bezieht sich ja nicht auf irgend jemanden, sondern auf den privilegierten Sprechenden, in dem sich Wahrheit nicht nur ausspricht, sondern inkarniert. Das Wort ward Fleisch – wenn man, und eben dies ist die Crux dieser Wahrheitstheorie, den Worten Christi bzw. den Worten derer, die von den Worten Christi Zeugnis ablegen, und später den Worten der Kirchenmänner Glauben schenken will. Worte, die etwas über das Verhältnis von Worten und Sachverhalten aussagen, haben noch dann das letzte Wort, wenn sie behaupten, daß es eine Wahrheit vor und hinter den Worten gibt. Und eben deshalb kann Luther (weiß Gott kein Mann mit einem gebrochenen Verhältnis zur Kraft des Wortes) formulieren, daß verloren ist, wer von der Wahrheit reden will, die doch nur als die Inkarnationswahrheit zu haben ist, die uns überwältigt und verstummen läßt.

Nur als Inkarnation? Pontius Pilatus hält dagegen. Dem Kenner des römischen Rechtes ist die Einsicht geläufig, daß es die Wahrheit sowenig wie die Gerechtigkeit gibt, wohl aber viele divergierende Wahrheits- und Rechtsansprüche. Ihm erscheint als belächelnswertes Religions- bzw. Theorie-Gezänk, was doch den Stoff zu einem welthistorischen Ereignis mit unabsehbaren Folgen liefert. Der Streitwert scheint dem abgeklärten römischen Juristen Pilatus zu gering: es liegt kein Eigentumsdelikt und schon gar kein Kapitalverbrechen vor, allenfalls hat da jemand die politreligiösen Gefühle anderer verletzt. Und so besinnt er sich der tolerant-liberalen Maxime des römischen Rechts, die da lautet: *in dubio pro reo*. Nicht auszudenken, welche Wendung die Weltgeschichte genommen hätte, wenn Pontius Pilatus den Vertreter einer tatsächlich ungewöhnlichen Wahrheitstheorie wirklich hätte laufenlassen. »*Quid est veritas?*« Eine alte witzige Tradition hat aus dem Buchstabenbestand dieser Pilatus-Frage eine anagrammatische Antwort geformt: »*est qui adest*« / der Mann, der vor dir steht. Das Anagramm spielt in der programmatischen Konkurrenz von Theorien um den angemessenen Zugang zur Wahrheit allenfalls eine exzentrische Rolle. Die Theorie, nach der die »wahre« Antwort auf eine Wahrheitsfrage im mutierbaren Buchstabenbestand einer Frage, eines Satzes, einer Wortfolge, eines Namens, eines Verses zu finden sei, ist zu irrwitzig, um wirklich ernst genommen zu werden (was nicht ausschließt, daß ein strenger Wissenschaftler wie der Vater der strukturalen Linguistik, Ferdinand de Saussure, sie propagiert hat). Und sie ist zu witzig, um gänzlich ignoriert werden zu dürfen. Kommt sie doch dem tiefen Witz von Kindern nahe, die einander fragen: »Kannst du die Wahrheit sagen?«, und den, der die Frage mit »ja« beantwortet, dann auffordern, eben dies zu tun. Selbstredend wäre »die Wahrheit« die richtige Antwort: »Kannst du ›die Wahrheit‹ sagen?«

Theorien sind dazu da, die Wahrheit zu sagen. Das ist kein einfaches Geschäft. Denn »Wahrheit« ist nicht nur im Deutschen ein Wort, das sich nur widerstrebend in den Plural setzen läßt. Wir sind enttäuscht, wenn wir mit vielen Wahrheiten konfrontiert werden, statt der einen Wahrheit und nichts anderem als der lauteren Wahrheit zu begegnen. So wie die DDR-Bürgerrechtler enttäuscht waren, die nach Gerechtigkeit verlangten und im vereinigten Deutschland auf viele Rechtsbestimmungen und auf Recht als Verfahren stießen. Die Wahrheit will *eine* und nur eine sein. Theorien gibt es hingegen im Plural. Das macht ihren Vertretern enorm zu schaffen. Eines der beliebtesten Spiele von Theoretikern ist es nicht von ungefähr, andere Theorien zu bekämpfen, als Irrlehren auszuweisen und zu diskreditieren. Nicht erst seit den Romanen *Der Name der Rose* von Umberto Eco und *Der Campus* von Dietrich Schwanitz kann man wissen, daß auch anspruchsvolle Theoretiker dazu neigen, konkurrierende Theorien und durchaus auch ihre leibhaftigen Repräsentanten zu verfolgen. Aus dem Ruf »Auf den Scheiterhaufen mit dem Häretiker!« ist der mildere Impuls geworden: »Der bzw. die VertreterIn dieser oder jener Irrlehre darf an unserer Fakultät keinen Lehrstuhl bekommen«.[1]

Theoretiker neigen dazu, Theorien allzu ernst zu nehmen. Auch Theoretiker kennen den Willen zur Macht oder, um die mildere Variante der Nietzsche-Formel zu bemühen, den Willen zur »kulturellen Hegemonie« (Gramsci). Deshalb kann aus Geschichten über etwas so Abstraktes und Abgehobenes wie z. B. den mittelalterlichen Theorie-Kampf zwischen Begriffsrealisten und Nominalisten der Stoff werden, aus dem Ecos Bestseller gewebt ist. Wo Tinte fließt, kann auch Blut fließen – nicht nur im Mittelalter. Einer »revisionistischen« oder »trotzkistischen« Theoriefraktion zuzugehören konnte einem Zeitgenossen Stalins schnell das Leben kosten. Daß Theorien auch dann, wenn es nicht unmittelbar um Leben oder Tod geht, so harmlos nicht sind, spüren weltweit zur Zeit viele arbeitslose und verarmte Bewohner von Weltecken, deren Wirtschaft nach dem Bilde des sogenannten Monetarismus eingerichtet wird. Ob es ihnen langfristig besser ginge, wenn sie in Ökonomien nach sozialistischem oder keynesianischem Theorie-Design eingelassen wären, ist der Stoff, aus dem die Theorie-Debatten sind – bzw. waren. Denn dies

1 Cf. dazu die Sammelrezension von Campus-Romanen von Rainer Maria Kiesow: Ist der Ruf erst angekommen, lebt sich's völlig unbeklommen – Der Campusroman und was statt dessen lesenswert ist: Eine kommentierte Bibliographie zur Debatte um die deutsche Universität; in: FAZ vom 12. 2. 2002, p. 53

ist auffällig und war einer der Anlässe, das vorliegende Buch zu schreiben: humanwissenschaftliche Theorien insgesamt haben in unseren Breiten erheblich an Wert verloren.

Die Erregung, mit der 1968 über Fragen wie die diskutiert wurde, ob die Theorien von Marx und Freud an der Universität institutionell vertreten werden sollten, ist gut drei Jahrzehnte später kaum mehr nachvollziehbar. Die daran anschließende Diskussion, ob rationalitätskritische, von ihren Gegnern »irrationalistisch« genannte Theorien wie der sogenannte Poststrukturalismus universitätswürdig seien, war nicht minder erregt, aber schon auf universitäre Zirkel begrenzt. Und heutige humanwissenschaftliche Theorie-Debatten sind Insider-Debatten ohne größeren allgemeinen Erregungswert. Schlechte Werbe-Sätze für das vorliegende Buch! Absehbar ist jedoch das Comeback humanwissenschaftlicher Theorie-Debatten. Denn wer theoretisch einigermaßen geschult ist, sieht in der neuen und neusten Unübersichtlichkeit nach »9/11« mehr – zumindest dies: daß man verworrene Verhältnisse unterschiedlich beobachten und militant different bewerten kann.

Die Gründe für das Fallen der Erregungskurve bei der Diskussion von humanwissenschaftlichen Theorien sind (wie sollte es anders sein?) vielfältig. Drei aber ragen unter ihnen heraus. Erstens hat die Universität und somit die alte und ehrwürdige Stätte der Theorieproduktion ihre impulsgebende Funktion weitgehend verloren – vor allem an »die Medien« (siehe den Artikel → Medientheorien). In den Zeiten hochschwappender Theorie-Diskussionen um 1970 gab es noch keine privaten Hörfunk- und TV-Kanäle, keine PCs, keine E-Mail, kein Internet. Die Universität hatte so etwas wie ein Monopol-Recht auf Theorie-Produktion, gegen das (wie gegen alle Monopole) anzukämpfen reizvoll war. Ein Ziel solcher Kämpfe war klar: »Marx/Freud an die Uni«. Wohin sonst mit ihnen und tutti quanti, die keinen Platz unter dem Dach der Universität fanden? Die Antwort zeichnete sich alsbald ab: Medien-Präsenz statt Uni-Präsenz. Gerade exotisch scheinende Theorien und Themen eigneten sich verblüffend gut für eine mediengesteuerte Ökonomie der Aufmerksamkeit. Lesben, Schwule, Astrologen, Alternativmediziner, Kaffeesatzleser, Ufo-Gläubige, Veganer, Zen-Buddhisten, Graue Panther, Satanisten, Pathophysiker, Schilfrohr-Enthusiasten und unendlich viele Gruppen mehr entdeckten schnell, daß sie in dem Maße medientauglich sind, in dem sie Uni-untauglich schienen. Der Re-Import an die Universitäten lief dann häufig über Um-Etikettierungen wie »Gender studies«, »Ökotrophologie« oder »Vergleichende Religionswissenschaften«; am dramatischen Funktionsverlust der Universitäten hat dieser Re-Import wenig geändert.

Verschuldet haben den Ansehensverlust der Hochschulen nicht nur die bösen Politiker und leere öffentliche Kassen, sondern vor allem ihre Bewohner selbst. Es gibt wenige Institutionen, die intern so sandkastenpsychologisch, so kindlich-narzißtisch, so überbürokratisch, so argumentationsimmun, so hilflos-machtzentriert, so endogam, so inzestuös, so phobisch, kurzum: so irrational organisiert sind wie (deutsche) Universitäten, die doch ein Hort der Ratio sein wollen. Jeder Tendenzbetrieb, jede öffentlich-rechtliche Sendeanstalt, jede Gewerkschaft, jeder Turn- und Gesangsverein, jede noch so obskure Kirche ist der Universität in dieser Hinsicht deutlich überlegen. »Wegen der auch an den Hochschulen (...) immer weiter um sich greifenden Dummheit«[2] konnten Romane wie *Der Campus* von Dietrich Schwanitz noch dann ins Schwarze treffen, wenn sie dafür den Preis einer lustvoll gepflegten Kolportagehaftigkeit zahlen. Es gibt eben nicht nur gute und schlechte Zeiten, sondern auch gute und schlechte Orte für Theorie-Produktion.

Zweitens wechselte die Konjunktur von Theorien immer schneller. Die Stichworte für diese Theorie-Lager übergreifende Diagnose wurden schnell zu geflügelten Worten: »Neue Unübersichtlichkeit« (Jürgen Habermas), »anything goes« (Paul Feyerabend) bzw. »Ende der großen Erzählungen« (Jean-François Lyotard). Selig scheinen im Rückblick die Theorie-Zeiten zu sein, in denen Schopenhauer vor einer Handvoll Hörern genau zu den Zeiten las, in denen Hegels Stimme im überfüllten Nachbarhörsaal der Berliner Universität erklang, um deutlich zu machen: entweder ist man Hegelianer oder von Schopenhauers Pessimismus erfüllt. Willamowitz-Moellendorff vs. Nietzsche, Heidegger vs. Cassirer bzw. Quine, Sartre vs. Aron: solche herrlich binär angelegten Versuche, sich Übersicht zu verschaffen, sind unwiderstehlich; sie finden in Strukturierungsschemata – die ihrerseits von Selbststilisierungstendenzen nicht frei sind – wie Positivisten vs. Kritische Theoretiker, Paris vs. Frankfurt oder Habermas vs. Luhmann stets erneut Fortsetzungen. Und doch ist unverkennbar, daß an die Stelle großer miteinan-

2 W. G. Sebald: Austerlitz. München/Wien 2000, p. 174

der konkurrierender Erzählungen viele kleine Erzählungen getreten sind. Peter Handke hat dieser Tendenz frühzeitig Ausdruck verliehen, als er in seinem 1977 erschienenen Journal mit dem Titel *Das Gewicht der Welt* formulierte: »Was es, für mich, vor zehn Jahren noch für Einschüchterungen gab: ›Die konkrete Poesie‹, ›Andy Warhol‹ und dann Marx und Freud und der Strukturalismus, und jetzt sind all diese Universal-Pictures verflogen, und nichts soll *irgendeinen* mehr bedrücken als das Gewicht der Welt.«[3]

Ihren einschüchternden Charakter haben humanwissenschaftliche Theorien weitgehend verloren. Daß die Nach-68er-Generation zu Theoriegebilden aller Art ein eher entspanntes Verhältnis pflegt, hat Florian Illies in seinem Essay *Generation Golf* handfest spieltheoretisch hergeleitet: »Playmobil ist sicherlich das Prägendste, was unserer Generation passiert ist. Playmobil-Figuren sind unser großes, gemeinsames Schlüsselerlebnis. (...) Früh übte man an den Playmobil-Figuren die Rollenspiele der Erwachsenenwelt – wer jemals ein Plastikhaus von Playmobil geschenkt bekam, für den war es albern, sich je wieder die Mühe zu machen, dasselbe mühsam und weniger schön mit Legosteinen zusammenzubauen. So etwas prägt. Die völlige Gleichgültigkeit der Generation Golf gegen Theoriegebäude jeder Art, ihr Hang zur praktischen Philosophie sind sicherlich ganz maßgeblich geprägt durch das Ende des Lego-Zeitalters.«[4] Das vorliegende Buch kann und

3 Peter Handke: Das Gewicht der Welt – Ein Journal (November 1975 bis März 1977). Salzburg 1977, p. 34

4 Florian Illies: Generation Golf – Eine Inspektion. Frankfurt/Main 2001, p. 19 sq.

will den Charme von Playmobil-Zusammenhängen nicht leugnen: auch und gerade das, was wir in seiner Konstruktionslogik nicht durchschauen, funktioniert – wahrscheinlich besser als das, was wir durchschauen, weil wir es (re)konstruieren können. Die wunderbare oder aber unerträgliche Leichtigkeit des Seins (nach Milan Kunderas Romantitel) wurde zu Hochzeiten der Playmobil-Epoche zur sprichwörtlichen Wendung. Das vorliegende Buch bleibt, sich zu Anachronismen bekennend, Impulsen des Lego-Zeitalters verhaftet. Es will die Grundbausteine der einflußreichsten Theorien vorstellen, ihre Baupläne rekonstruieren und die auf ihnen beruhenden Gebäude auf ihre Bewohnbarkeit hin testen, also, um die Baumetaphorik weiter zu strapazieren, nach möglichen Asbestbelastungen fragen.

Ob Playmobil oder Lego: auf unterschiedlichen Ebenen vertrauen beide Spiele darauf, daß es sich lohnt, zu basteln, auszuprobieren und zu spielen. Lego- und Playmobil-Spiele haben für Kinder ein konstruktives (theorietechnisch gesprochen: konstruktivistisches) Versprechen bereit: Ihr braucht euch nicht einschüchtern zu lassen, baut euch eure Spaßwelt. Ihren einschüchternden bis allzu ernsten Charakter haben humanwissenschaftliche Theorien in den letzten zwei Jahrzehnten weitgehend verloren. Nicht aber die neuen Wissenschaften, die so unverkennbar keine Modewissenschaften sind und die seit gut zehn Jahren unser Leben buchstäblich umkrempeln: Informatik und Bio-Genetik. Sie bereiten, um milde zu formulieren, den Humanwissenschaften Schwierigkeiten. Denn sie spucken, nach einem klaren Wort Friedrich Kittlers, in dem einen Fall (Computertechnologie) die Menschen aus, während sie sie im anderen Fall (Gentechnologien) auffressen.[5] Auf diesen Feldern aufgefressener oder ausgespuckter Menschen mitzureden, ohne sich sofort lächerlich zu machen, fällt (dritter Grund für den Kursverlust von Theorie-Debatten) sogenannten Geistes- und Humanwissenschaftlern schwer. Mit dem doch offenbar notwendigen Restbestand an intellektueller Redlichkeit bei Debatten über Marxismus, Psychoanalyse, Existentialismus, Dritte Welt, Feminismus, Dekonstruktion, Kritische Theorie und Neue Medien mitzuhalten ist lesewilligen Geisteswissenschaftlern grundsätzlich möglich. Den Quellcode von Computer-Software oder die Gen-Buchstabenfolgen ACGT aber können sie, von exotischen Ausnahmen abgesehen, schlechterdings nicht lesen; was »Nanotechnologie« oder »Neurophysiologie« über allgemeine Assoziationen (wie: Es geht um etwas extrem Kleines, es geht ums Funktionieren des Gehirns) hinaus sein mag und wie diese Wissenschaften grundsätzlich funktionieren, entzieht sich weitgehend ihrem Vorstellungsvermögen und, um das sogleich zu gestehen und Rezensenten die Arbeit zu erleichtern bzw. zu erschweren, auch dem des Autors dieses Buches.

Zu den Eigentümlichkeiten und zur Psychodynamik jeder Theorie-Debatte gehört nun aber das früher oder später erfolgende Eingeständnis, daß wir nie und nimmer auf der Höhe der theoretisch angezeigten Möglichkeiten leben. Alltägliche Unterbietung von Avantgarde-Einsichten ist und bleibt wohl auch eine der wenigen wirklichen Kultur-Konstanten seit Beginn der Neuzeit. Kalauer unterschiedlicher Güte haben das stets

5 Friedrich Kittler: Short cuts. Frankfurt/Main 2002, p. 138

erneut auf den Punkt gebracht: Das Niveau ist ungeheuer hoch – es ist nur keiner drauf. Die Sonne ging und geht für uns auch nach den Einsichten von Kopernikus und Galilei noch auf und unter; wir nutzen bzw. mißbrauchen den Computer als Schreibmaschine auch dann, wenn wir seinen Quellcode nicht lesen können; und wir erkranken auch in Zeiten fortgeschrittener Gen-Technologie an Erkältungen. Schon dem ersten Blick der Eule der Minerva, die in der Dämmerung ihren Flug über die Gefilde der jüngeren Theorie-Produktion beginnt, präsentiert sich ein unübersehbares Datum: Die Humanwissenschaften haben ihre zuvor geradewegs rituelle Verpflichtung auf Ernst verloren und sind weitgehend zu fröhlichen Wissenschaften geworden. Odo Marquard schreibt witziger als Edmund Husserl; Peter Sloterdijk formuliert heiterer als Martin Heidegger; Norbert Bolz hat weniger Angst vor dem Sarkasmus als Georg Lukács; Jacques Lacan und Gilles Deleuze kennen weniger Tabus gegenüber Sprachspielen als C. G. Jung; Niklas Luhmann hat mehr Sinn für Komik als Max Weber; Richard Rorty hat mehr Humor als Willard Quine; und Theologen wie Hermann Timm und Klaas Huizing formulieren ironischer und enthusiastischer als Rudolf Bultmann oder Joseph Ratzinger.

Humanwissenschaft ist zur fröhlichen Wissenschaft geworden. Eine Doppel-Diagnose für diese so auffallende wie schwer zu bestreitende Symptomatik liegt (allzu?) nahe: Was nicht mehr im Zentrum steht, darf exzentrisch auftreten. Überdies ist das Leben in den letzten Jahrzehnten (in den Gefilden westlicher Theorieproduktion!) deutlich besser als sein Ruf. Gute Voraussetzungen für einen entspannten Rückblick auf die Humanwissenschaften, die ihren Über-Ernst verloren haben und die bei aller Unterschiedlichkeit die Einsicht in Selbstunterbietungsverhältnisse teilen. Der obligatorische Einwand gegen die »Spaßgesellschaft«, die ihre unheimliche Gewalt noch in den Gefilden der Theorie entfaltet, sticht in diesen Zusammenhängen nicht. Denn der 11. September 2001 sorgte dafür, daß die schlichte Einsicht in die Logik der Unterbietung von fortgeschrittener Theoriebildung nicht nur in lebensweltlichen Alltagskontexten, sondern auch in Makro-Zusammenhängen durchschlägt. Nicht nur wir Individuen orientieren uns alltäglich und lebensweltlich unterhalb des Niveaus von avancierten Theorien – auch die sogenannte Weltgeschichte unterbietet geradezu systematisch ihr mögliches Niveau. So liefert noch das skandalös anachronistische, weil den Stand der Weltgeschichte offensiv zurückwerfende und eben deshalb emblematische Qualität gewinnende Datum »11. September« eine zynische Ermutigung, sich mit Theorien zu beschäftigen, die von Verfallsdaten bedroht scheinen.

Mit Informatik, Genetik und Nanotechnologie läßt sich der Knoten, der durch den 11. September 2001 bzw. den 11. März 2004 angezeigt ist, nicht analysieren, geschweige denn auflösen. Wer hingegen in der Lage ist, mit Theorien und Theoremen umzugehen, die langsam als *oldfashioned* galten (z. B. mit Psychoanalyse, vergleichender Religionswissenschaft und Ethnologie), vermag möglicherweise doch mehr zu beobachten als der nachtheoretische Kopf. Er beobachtet (sicherlich kopfschüttelnd und dabei allzu festgefügte

Gedankenstrukturen aufwirbelnd) vor allem eins: daß es viele Theorien und viele Wahrheiten gibt. Gerade der 11. September 2001 hat drastisch vor Augen geführt, daß eine fast vergessene, dabei den Anfängen unserer sogenannten abendländisch-christlichen Kultur intim vertraute Wahrheitstheorie ein gespenstisches Comeback erlebt: die martyriologische Wahrheitstheorie[6]. Ihr zufolge gilt: Wahr ist, wofür ich zu sterben bereit bin. Eine Definition, die Köpfe, die sich selbst als aufgeklärte verstehen, nur zur Verzweiflung treiben kann. Allein, es gibt eben auch Theorien – und sehr wirkungsmächtige, nämlich in tödlicher Konsequenz gelebte dazu –, die an diesem martyriologischen Wahrheitsbegriff orientiert sind. So wie es viele weitere Wahrheitsbegriffe und von ihnen abhängige Theorie-Designs gibt. Um nur einige zu nennen (die Liste ist durchaus unvollständig):

- Der Inkarnations-Begriff von Wahrheit: Wahr ist, was derjenige sagt, in dem das Wort Fleisch ward.
- Der Charisma-Begriff von Wahrheit: Wahr ist, was wir beglaubigen, indem wir einem mitreißenden Charakter Folge leisten.
- Der Konsens-Begriff von Wahrheit: Als wahr soll gelten, worüber wir nach Abwägung aller denkbaren Einsprüche und Argumente Einvernehmen erzielen.
- Der Offenbarungs-Begriff von Wahrheit: Wahr ist die Schrift (und/oder das Ereignis), in der bzw. dem sich ein personaler Gott oder das Absolute zu erkennen gegeben hat.

6 Die folgende Liste nimmt dankbar Anregungen von Peter Sloterdijk auf.

- Der Evidenz-Begriff von Wahrheit: Wahr ist, was offensichtlich der Fall ist und deshalb einleuchtet.
- Der Kohärenz-Begriff von Wahrheit: Als wahr kann gelten, was in sich stimmig, nicht unbedingt aber auch widerspruchsfrei ist. Dissonanzen können in sich kohärente Dissonanzen sein.
- Der altehrwürdige und über lange Epochen hinweg dominierende Korrespondenz- bzw. *adaequatio*-Begriff von Wahrheit: Wahr sind die Vorstellungen bzw. Sätze, die Sachverhalten entsprechen.
- Der Konstruktions-Begriff von Wahrheit: Wahr sind unsere Wirklichkeits-Konstruktionen, sofern wir sie als Konstruktionen durchschauen und überdies wissen, daß wir keinen anderen genuinen Zugang zur sogenannten Wirklichkeit haben.
- Der Aletheia-Begriff von Wahrheit: Wahrheit hat statt, wenn sich das Sein so lichtet, so entbirgt (gr. *A-letheia* = Un-verborgenheit), daß etwas als etwas erfahrbar wird.
- Der Autoritätsbegriff von Wahrheit: *auctoritas, non veritas facit legem* (Hobbes) – wahr ist, was eine Autorität sagt bzw. festsetzt.
- Der Dezisions-Begriff von Wahrheit: Da Lichtungen, Erleuchtungen und Evidenzen häufig ausbleiben und wir unter Zeitdruck stehen, soll als wahr gelten, wofür wir uns entscheiden (bzw. sich einer, der das Sagen hat, z. B. ein Diktator, sich entscheidet).
- Der Falsifikations-Begriff von Wahrheit: Als wahr sollen Aussagen so lange gelten, bis sie als falsch bzw. unzutreffend überführt sind.
- Der Komplexitätsreduktions-Begriff von Wahrheit: Wahr ist, was Überblick und Orientierung verspricht.

- Der Intensitäts-Begriff von Wahrheit: Wahr(haftig existierend) ist das Leben, das sich selbst spürt – ich glühe, also bin ich.
- Der ästhetische Wahrheitsbegriff: Wahr ist das Schöne und Stimmige.
- Der moralische Wahrheitsbegriff: Wahr ist das Gute.
- Der logische Wahrheitsbegriff: Wahr ist, was aus wahren Aussagen widerspruchsfrei folgt bzw. zu folgern ist.
- Der Kalokagathie-Begriff der Wahrheit: Wahr ist (dritteltautologisch), was zugleich schön und gut und wahr ist.

Selbst in einer exquisiten bis exotisch anmutenden Liste möglicher Wahrheitsbegriffe findet nun ein Wahrheitsverständnis selten Aufnahme, das dem vorliegenden Buch zum Titel verhilft: der apothekarische Wahrheitsbegriff. Mit dem medizinischen Wahrheitsbegriff – wahr ist, was uns heilt; wer heilt, hat recht – ist er eng verwandt. Gerne proklamiert wird dieses apothekarisch-medizinische Wahrheitsverständnis nicht. Schon Petrarca mußte sich den Vorwurf gefallen lassen, er bleibe unter dem argumentativen Niveau von Philosophie, nachdem er 1366 seine umfangreiche Schrift *De remediis urtiusque fortunae* vorgelegt hatte (*Heilmittel gegen Glück und Unglück* oder, wie eine Übersetzung ins Deutsche aus dem Jahr 1532 titelt: *Von der Artzney bayder Glück / des guten vnd widerwertigen*)[7]. Die Abhandlung enthält übrigens auch Hinweise auf einen apothekarisch-angemessenen Umgang mit der Bücherfülle *(De librorum copia):* Man solle erst einmal Überblicksdarstellungen lesen. Denn »Bücher

7 Ed. Eckhard Keßler. München 1988 (Humanistische Bibliothek)

haben manche ins Wissen, manche in den Wahnsinn geführt. Schluckt man mehr, als man verdauen kann, dann geht es dem Geist wie dem Magen.«[8]

Die Gründe für das mäßige Prestige apothekarischer Wahrheitsabhandlungen, selbst wenn sie aus der Feder eines Petrarca stammen, liegen auf der Hand. Heilerfolge sind schwer erklärbar. Wer erfolgreiche Heilung zum Wahrheitskriterium erklärt, muß sich mit heiklen Phänomenen herumschlagen, die geeignet sind, seriöse Wahrheitsbegriffe zu diskreditieren: etwa mit Placebo-Effekten, Wunderheilern, homöopathischen Dosen, Spontanheilungen, Alternativmedizin, Akupunktur, Hexenwissen von alten Kräutern oder Warzenbesprechungen bei Vollmondschein. Nicht auszuschließen, daß humanwissenschaftliche Theorien eine eigentümliche Wahlverwandtschaft zu diesen Sphären unterhalten. In den Blick geriet und gerät das apothekarische Wahrheitsverständnis deshalb allenfalls Randfiguren der Theoriegeschichte wie dem philosophierenden Arzt, Schüler Kants und Lehrer Alexander von Humboldts, Marcus Herz (geb. 1747), der in einer Rezension aus dem Jahr 1772 schrieb: »Die Arzneygelahrtheit stehet ausser der allgemeinen Verknüpfung mit der Philosophie, mit einem Theile derselben noch in einer besondern Verschwisterung, nemlich mit demjenigen, der sich mit der Natur der Seele beschäftigt. Sie, deren Entzweck es ist, den menschlichen Körper in seinem natürlichen Zustande zu erhalten, und alle Veränderungen, die ihn aus dieser Verfassung bringen können, abzuwenden, kann ohnmöglich ihre Vollständigkeit erreichen, ohne Kenntniß desjenigen Gegenstands, der eine so

8 Ibid., p. 81

fruchtbare Quelle von Veränderungen in dem menschlichen Körper enthält.«[9]

Hervorgetreten ist der Rezensent Marcus Herz später (1786) mit einem Buch, das den bemerkenswerten Titel trägt: *Versuch über den Schwindel.*[10] Schwindel ist ein vieldeutiges Wort. Wir spüren Schwindelgefühle, wenn unsere vermeintlichen Fundamente aus den Fugen geraten. Und es fällt uns häufig schwer, zwischen erschwindelten und seriösen Aussagen zu unterscheiden. Dann kann es sich lohnen, bei Theorie-Pharmaka Zuflucht zu suchen. Von einem, der nicht weiß, was an seiner ihm vertrauten Biographie erschwindelt ist, und der darüber Schwindelgefühle entwickelt, erzählt auch W. G. Sebalds im Jahr 2000 erschienener Roman *Austerlitz.* Darin heißt es: »Bei einem ihrer regelmäßigen Besuche an meinem Krankenbett in der Salpêtrière brachte mir Marie aus der Bibliothek ihres Großvaters ein 1755 in Dijon herausgegebenes Arzneibüchlein pour toutes sortes de maladies, internes et externes, inveterées et difficiles à guerir, wie es auf dem Titelblatt hieß, ein wahrhaft vollendetes Beispiel der Buchdrukkerkunst, in dem der Buchdrucker selber, ein gewisser Jean Ressayre, in einer der Rezeptsammlung vorausgeschickten Adresse die frommen und wohltätigen Damen der oberen Stände daran erinnert, daß sie von der höchsten, über unseren Geschicken waltenden Instanz

9 Marcus Herz: Rezension von D. Ernst Platners, der Arzeneykunst Professor in Leipzig, Anthropologie für Aerzte und Weltweise (Erster Theil, Leipzig 1772); in: Allgemeine deutsche Bibliothek, Bd. 20/1773, 1. Stück, S. 25-51 (zit. nach M. Herz: Philosophisch-medizinische Aufsätze, ed. Martin L. Davies. St.Ingbert 1997, p. 8)

10 Christina von Braun hat im Jahr 2001 ihr Opus magnum unter demselben Titel vorgelegt.

zu Werkzeugen des göttlichen Erbarmens auserkoren seien, und daß, wenn ihre Herzen den Verlassenen und Beladenen in ihrem Elend sich zukehrten, sie dadurch auf sich sowie die übrigen Mitglieder ihrer Familie vom Himmel alles Glück und allen Wohlstand und Segen herabziehen würden.«[11]

Die Pointe dieser Passage ist subtil und doch schnell ersichtlich. Hilfe findet der in der berühmten Pariser psychiatrischen Klinik Liegende und an allen möglichen äußeren und inneren, schwer zu heilenden Krankheiten (»toutes sortes de maladies, internes et externes«) Leidende nicht in der Einnahme von Essenzen, sondern in der Lektüre eines Buches. Wahr sind dem apothekarischen Wahrheitsbegriff zufolge Theorien und Theoreme, die auf Heils-Versprechen verzichten, aber uns zu helfen und zu heilen vermögen. Wahrheit steckt in den Büchern, die uns mit neuer Kraft und frischen Denk-Motiven beleben, die aufgrund angemessener Diagnosen vielversprechende Remedien vorschlagen und die zugleich (auch ohne avancierten Rückgriff auf Derridas Abhandlung *La pharmacie de Platon*) zumindest ahnen, daß es gute Ab-Gründe dafür gibt, wenn das griechische Wort *»pharmakon«* beides meint: Heilmittel und Gift. Eine gute Apotheke zeichnet sich nicht zuletzt dadurch aus, daß sie über ein fein differenziertes Angebot an Pharmaka verfügt. Zu Recht sind wir gegenüber einem Apotheker mißtrauisch, der (ein *running gag* in Westernfilmen) alle Leiden mit ein und demselben Medikament zu mildern verspricht: Whisky hilft immer, egal, ob der Kranke an Epilepsie, Erkältung, Impotenz, Herzinfarkt oder Hautausschlag leidet.

11 W. G. Sebald: Austerlitz. Frankfurt/M. 2000, p. 380 sq.

Daß die Welt aus den Fugen ist, ist seit dem Beginn der Neuzeit und philologisch genauer: seit Shakespeares um 1600 geschriebenem *Hamlet* zum geflügelten Wort geworden. »*The time is out of joint* – Die Zeit ist aus den Fugen. / Und ich bin nicht gekommen, sie wieder einzurichten.« Groß-Theorien, die versprechen, die aus den Fugen geratene Welt und mit ihr die ins Schwindeln geratene Zeit wieder einzurichten und uns dem Heil entgegenzuführen, haben aus schnell nachvollziehbaren Gründen einen gewaltigen Kursverlust erlitten. Theorien, die bei ihren Zielsuchen von Heil auf Heilung umstellen, haben demgegenüber den Charme der Bescheidenheit. Sie wissen, daß sich Pharmaka verbessern lassen; sie wissen, daß spezifische Erkrankungen je spezifische Heilmittel erfordern; sie wissen, daß Essenzen ihr Verfallsdatum, ihre Risiken und ihre Nebenwirkungen haben; sie wissen, daß *pharmakon* Arznei, aber eben auch Gift heißen kann[12]; und sie wissen, daß eine Arznei auch mal das Problem und nicht die Lösung sein kann.

Die vorliegende Theorie-Apotheke versucht zu rekonstruieren, welche Theorien auf welche Probleme ansprechen und welche Nebenwirkungen, Kontraindikationen und Risiken sie haben. Sie will Grundzüge, Grundgesten und Grundbegriffe derjenigen Theorien vorstellen und prüfen, die in den letzten fünfzig Jahren das Sagen hatten und zum Widerspruch reizten. Daß auch die in der vorliegenden Theorie-Apotheke gegebenen Referate zum Widerspruch reizen werden und sollen, liegt auf der Hand. Geht es doch um die

12 Cf. J. Derrida: La Pharmacie de Platon; in: J. D.: La dissémination. Paris 1972

pointierte, produktive Vereinfachungen nicht scheuende Darstellung von haltbaren Grundgedanken – und um den Verdacht, daß es mit der Haltbarkeit dieser Grundgedanken mitunter schlecht bestellt ist. Daß es bei dieser Präsentation zu Ungerechtigkeiten kommen muß, da man unsichere und umstrittene Theorien ebensowenig aus sicheren theoriejenseitigen Sphären beobachten kann, wie man die Welt oder die Gesellschaft von außen beobachten kann – diese Botschaft glaubt der Autor der vorliegenden Theorie-Apotheke dem schlichten Faktum eines Pluralismus von Theorieentwicklungen in den letzten Jahrzehnten entnehmen zu dürfen. Und auch dieses: daß man mehr und komplexer beobachten kann und das »Leben« nicht an Intensität verliert, wenn man an der unzeitgemäßen Lust festhält, »Theorie« zu treiben.

Das aus dem Griechischen stammende Wort »Theorie« meint soviel wie »Schau«. »Das deutsche Wort ›Theorie‹«, so beginnt der einschlägige Artikel im *Historischen Wörterbuch der Philosophie*, »wird im 16. Jahrhundert aus spätlateinisch ›theoria‹ entlehnt, das seinerseits auf das griechische Wort ›theoria‹ (›Anschauen‹, ›Betrachtung‹, dann ›Erkenntnis‹) zurückgeht. ›Theorein‹ ist von dem Nomen ›theoros‹ (*thea-(F)-oros eigentlich ›der eine Schau sieht‹) abgeleitet, das früh den Abgesandten der Polis zur Teilnahme an Götterfesten und Orakeln bezeichnet. Schon antike Erklärer leiten den ersten Bestandteil des Kompositums ›theoros‹ etymologisch vom Wort für Gott (›theos‹) her.«[13]

13 Historisches Wörterbuch der Philosophie Bd. 10. Darmstadt 1998, Sp. 1127 (griechische Worte sind in lateinischer Umschrift wiedergegeben; Abkürzungen wurden aufgelöst)

Der Affinität von Theoria und Theos vertrauend, aus der Position Gottes die Welt beobachten – wer möchte das nicht (können)? Viele wären gar bereit, dafür einen hohen Preis zu zahlen: bei Gott und also (irdisch) tot zu sein. Gott sieht alles. »Wie unfein«, lautet Nietzsches Einspruch gegen diesen alten Satz. Man muß nicht so feinsinnig sein wie Nietzsche, um theoretische Bedenken gegen hybride Theoriekonstruktionen zu erheben. Wer wie Gott alles beobachten will, muß noch Gott selbst und also den letzten Beobachter beobachten. Daß solche Suchen nach Letztbeobachtungen und Letztbegründungen sich schnell in vielfach aufgewiesene Dilemmata verwickeln (etwa in infinite Re- und Progresse oder in mengentheoretische Widerspruchsstrukturen), liegt auf der Hand und läßt sich also unschwer beobachten. Dennoch gibt es immer wieder erneut ernsthafte Versuche, Theorien so anzulegen, daß sie »Letztbegründungen«, unhintergehbare Gewißheiten und Letztinstanzen liefern. Der Gestus der vorliegenden Theorie-Apotheke ist ein anderer: sie staunt erst einmal darüber, wieviel ernsthaft vorgetragene Theorien es gibt – das also gibt es alles, so viele Fächer und Schubladen muß die Theorie-Apotheke haben. Sie geht vom schwer zu bestreitenden Faktum aus, daß es Gläubige und Ungläubige gibt, Kantianer und Hegelianer, Empiristen und Logiker, Idealisten und Materialisten, Existentialisten und Psychoanalytiker, kritische Rationalisten und kritische Theoretiker, Systemtheoretiker und Dekonstruktivisten, FeministInnen und Feministen und und und. Sie alle haben eine Aussicht darauf, ihre Bücher zu publizieren; sie alle können grundsätzlich auf Lehrstühlen oder Redakteurssesseln oder Lektorensofas sitzen bzw. liegen; sie alle können möglicherweise auch darüber klagen, daß es ihnen nicht gelingt, den ihnen angemessenen Raum einzunehmen; und sie alle können konkurrierende Theorien schlechtreden.

Die Vielzahl all dieser Theorien sinnvoll zu ordnen setzt zumindest eine massive Entscheidung voraus – eine theoretische Entscheidung. Man kann Theorien z. B. nach ihren Gegenstandsbereichen anordnen: die Rezeptionsästhetik hat anderes zum Thema als die Psychoanalyse, die analytische Philosophie interessiert sich für andere Probleme als die Anthropologie, Systemtheorie handelt schlechthin von allem und zumal von gewichtigen Differenzen, Feminismus »nur« von kleinen Unterschieden. Man kann Theorien z. B. im Hinblick auf ihre Grundorientierungen zu überschauen versuchen und also danach anordnen, ob sie eher idealistisch oder materialistisch, einheits- oder differenzbetont, progressiv oder konservativ gestrickt sind. Man kann Theorien z. B. nach ihrem Design und ihrem Geltungsanspruch anordnen: wollen sie Letztbegründungen liefern bzw. unhintergehbare Größen ausweisen, oder halten sie auch etwas kleiner dimensionierte Einsichten bereit? Man kann Theorien z. B. danach unterscheiden, ob sie von Frauen oder Männern vorangetrieben bzw. hochgeschätzt werden. Man kann Theorien z. B. danach einteilen, ob sie der Kunst genuine Einsichten und ein sachlich relevantes Wissen zutrauen oder eben nicht (man kommt dann übrigens zu sehr aufschlußreichen Konstellationen: so unterschiedliche Köpfe wie Freud, Adorno, Heidegger, Sartre, Derrida, Feyerabend und Luhmann wären dann der pro-ästhetischen Sphäre zuzurechnen, die analytische Philosophie, Popper, Habermas und die Informatik weisen dem Ästhetischen keine Erkenntnis-, sondern allenfalls kompensatorische Funktionen zu). Man könnte natürlich auch tollkühn zwischen wahren Theorien und Irrlehren unterscheiden.

In den abgeklärten und antihierarchischen Zeiten der Postmoderne liegt es nahe, die Risiken solch massiver Vorentscheidungen zu vermeiden und ein Buch über die relevanten und meistdiskutierten Theoriemodelle der letzten fünfzig Jahre so neutral und funktional wie möglich, also alphabetisch anzuordnen. Alte Pflanzen wie Knoblauch oder klassische Medikamente wie Aspirin können bekanntlich zu neuer großer Form auflaufen, wenn man die Entdeckung macht, daß sie noch viel mehr leisten, als man ihnen bislang zugetraut hat (z. B. Herzinfarkt-, Schlaganfall- und Krebs-Prophylaxe). Für eine historische Anordnung der Artikel spräche hingegen die Vermutung, daß Theorien auf manifeste oder verborgene Probleme reagieren, deren Anamnese lohnt und die sie kurieren wollen. Jemand schreibt Theorien, so wie ein Arzt ein Pharmakon verschreibt – aufgrund von Krankheits- und Problemdiagnosen (und häufig auch aufgrund von erfolgreichen Problemlösungen, die Folgeprobleme freisetzen). Die Probleme, Krankheiten und Lösungen können unterschiedlich dimensioniert sein: Heideggers Sprache deliriert und steckt an – also bedarf es des Antidots der analytischen Philosophie; der Wahnsinn der Nazis fand Zustimmung nicht nur bei einem dem Tiefsinn gewogenen Philosophen wie Heidegger, sondern auch beim sogenannten gesunden Menschenverstand – also bedarf es auch der Kritik des gesunden Menschenverstandes; die Pille ermöglicht die elegante Entkoppelung von Sexualität und Fortpflanzung – nicht also, wohl aber auch deshalb hat der Feminismus Konjunktur.

Nach einem berühmten und vielzitierten Wort Hegels ist »Philosophie ihre Zeit in Gedanken erfaßt.« In der Vorrede zu seinen *Grundlinien der Philosophie des Rechts* erinnert Hegel an den alten Spruch »Hic Rhodus, hic saltus« und damit an die so schlichte wie tiefe realphilosophische Einsicht, daß alles Tun und Lassen – inclusive der Theorieproduktion – raumzeitlich koordiniert ist, um dann fortzufahren: »Das *was ist* zu begreifen, ist die Aufgabe der Philosophie, denn das *was ist*, ist die Vernunft. Was das Individuum betrifft, so ist ohnehin jedes ein *Sohn seiner Zeit*, so ist auch die Philosophie *ihre Zeit in Gedanken erfaßt*. Es ist ebenso töricht zu wähnen, irgendeine Philosophie gehe über ihre gegenwärtige Welt hinaus, als, ein Individuum überspringe seine Zeit, springe über Rhodus hinaus. Geht seine Theorie in der Tat drüber hinaus, baut es sich eine Welt, *wie sie sein soll*, so existiert sie wohl, aber nur in seinem Meinen – einem weichen Elemente, dem sich alles Beliebige einbilden läßt. / Mit weniger Veränderung würde jene Redensart lauten: / *Hier* ist die Rose, *hier* tanze. / Was zwischen der Vernunft als selbstbewußtem Geiste und der Vernunft als vorhandener Wirklichkeit liegt, was jene Vernunft von dieser scheidet und in ihr nicht die Befriedigung finden läßt, ist die Fessel irgendeines Abstraktums, das nicht zum Begriffe befreit ist. Die Vernunft als die Rose im Kreuze der Gegenwart zu erkennen und damit dieser sich zu erfreuen, diese vernünftige Einsicht ist die *Versöhnung* mit der Wirklichkeit, welche die Philosophie denen gewährt, an die einmal die innere Anforderung ergangen ist, zu begreifen.«[14]

Hegels Worte sind, trotz oder gerade wegen ihrer Lust an esoterischen Anspielungen auf rosenkreuzerisches Ideengut, verblüffend apothekarisch. Erblicken sie doch das Ziel der Beschäftigung mit Theorie darin, sich *hic et nunc* seiner Gegenwart zu »erfreuen«. Daß dieser hedonistische Zug kein intellektueller Ausfall, sondern vielmehr die eigentliche Pointe von Hegels antignostischem Immanentismus ist, belegt ein Blick auf seine *Enzyklopädie*, deren letztes Wort[15] »genießen« heißt. Wer Aug' in Aug' mit manifesten Problemen und Leiden in »denkender Betrachtung« (um eine Lieblingswendung Hegels zu zitieren) dennoch seine Gegenwart genießt und sich ihrer erfreut, hat das Äußerste erreicht, was Theorie eröffnen kann. Lapidar stellt Hegel fest, »daß die Philosophie, weil sie das *Ergründen des Vernünftigen* ist, eben damit das *Erfassen des Gegenwärtigen und Wirklichen*, nicht das Aufstellen eines *Jenseitigen* ist, das Gott weiß wo sein sollte«[16], und läutet damit als letzter Groß-, Mega- und Superphilosoph selbst ausdrücklich das postmetaphysische Zeitalter ein, in dem viele auf spezifische Einzelprobleme fokussierte Theorien (des Rechts, der Kunst, der Politik, der

14 Hegel: Grundlinien der Philosophie des Rechts, Werke, edd. Michel/Moldenhauer, Bd. 7. Frankfurt/Main 1970, p. 26. Cf. Werner Hamacher: Rhodus Rhodus; in: Silvia Bovenschen/Jörg Bong (edd.): Rituale des Alltags. Frankfurt/Main 2002.

15 Es folgt allerdings noch nach Hegels letztem Wort das abschließende Zitat aus der *Metaphysik* des Aristoteles XII, 7

16 Hegel: Philosophie des Rechts, l. c., p. 24

Erziehung, der Wirtschaft, der Sprache etc.) die *eine* Philosophie beerben.

Wie es fraglos zeitspezifische Gründe für die Konjunktur von Existentialismus und Kritischer Theorie, Strukturalismus und Systemtheorie, Psychoanalyse und Dekonstruktion gibt, gibt es auch gute Gründe dafür, die Abfolge von Theoriemoden mit einer hegelianischen Geste als begründete und als abgründige zu verstehen. Zu den Abgründigkeiten der Zeit um den Wechsel vom zweiten zum dritten Jahrtausend gehört nun allerdings die Erfahrung seltsamer Gleich- und Ungleichzeitigkeiten, die gegen eine historische Anordnung der Theorie-Apotheke spricht. Wir machen heute nicht nur vieles gleichzeitig, was früher einander nachgeordnet war: z. B. Telefonieren und Auto fahren, Fernsehen und Essen, Joggen und Lesen (lassen: Audio-Books). Wir machen auch jenseits solcher profanen Entwicklungen gleichzeitiger Lebenstechniken die Erfahrung, daß kein Verlaß mehr auf sinnvolle Zeitpfeile ist. So kann z. B. auf den Staatssozialismus ein Räuberkapitalismus, auf Avantgarde-Kunst ein Neoklassizismus und auf Säkularisierungsschübe eine altneue Theokratie folgen. Damit nicht genug: all diese und viele Entwicklungslinien mehr überlagern sich gleichzeitig, wie die Konjunktur von Neo- und Post-Komposita anzeigt. Noch ein Grund, es bei der Einrichtung einer Theorie-Apotheke bei den Zufälligkeiten des Alphabets zu belassen.

Die Schwierigkeiten einer historischen Anordnung von Theoriemodellen sind offensichtlich: Vorgeschichte, Anfang und Ende von Theoriemoden sind nur selten präzise zu datieren; es gibt Revivals und Sonderkonjunkturen; und Theorie(mode)n, die aufeinanderfolgen, müssen sich nicht aufeinander beziehen. Am Wert und Klang des Wortes »Mode« lassen sich die Reize wie die Schwierigkeiten eines Rück- und Überblicks über die humanwissenschaftlichen Theorien der letzten fünfzig Jahre leicht vorführen. »Mode« war in den fünfziger bis weit in die siebziger Jahre des 20. Jahrhunderts ein Begriff mit deutlich negativen Konnotationen. »Das ist doch eine bloße Modeerscheinung« hieß: das ist oberflächlich, irrelevant und hat keine Aussichten auf ewigen Bestand. Zumal ernst gemeinte Theorien zielten, Hegels souveränes Plädoyer für das »Erfassen des Gegenwärtigen und Wirklichen« ignorierend, auf ewige Gültigkeit.

Wer Moden auch in der Sphäre der Theoriebildung für nichts a priori Verwerfliches hält, ist nun aber tiefsinniger als die Verfechter ewig gültigen Tiefsinns. Denn er weiß (wiederum mit Hegel), daß im reißenden Strome der Zeit nur eines Bestand hat: »die Furie des Verschwindens«. Wer das Glück hat, mehrere Jahrzehnte lang komplexer Gedankengänge fähig zu sein, bleibt offenbar unter seinem Niveau, wenn er 1945, 1953, 1968, 1989 und nach dem 11. September 2001 dasselbe auf dieselbe Weise mit denselben Leit-Begriffen denkt. Unter seinen Möglichkeiten bleibt ein Kopf, der sich »denkender Betrachtung« verschrieben hat, auch dann, wenn er über die modischen Verschiebungen der thematischen Gravitationsfelder geistes-, human-, gesellschafts-, kommunikations-, kultur- oder medienwissenschaftlicher Theorien verächtlich denkt. Schon die angeführten Adjektive, die die Wissenschaften vom Geist zu den Medien geleiten bzw. gleiten lassen, zeigen an, wie Modeanfällig die Projekte der Theoriebildung sind.

Einige dieser Themen- und Leitbegriffsverschiebungen fallen der Eule der Minerva deutlich in die wachen Augen. Es wäre wohl so unsinnig nicht, Erbsenzählerei zu betreiben und einige der stichwortgebenden deutschsprachigen Feuilletons und Kultur-Zeitschriften auf ihre gemeinsamen Schlüsselwörter hin zu befragen. Eine chronologische Anordnung dieser Schlüsselwörter seit den frühen fünfziger Jahren könnte z. B. diese Sequenz ergeben: Existenz – Sein – Abendland – Anthropologie – Humanismus – Sprache – zwei Kulturen – Totalitarismus – Moderne – Selbstbewußtseinstheorie – Gesellschaft – politische Theologie – sexuelle Revolution – Struktur – Diskurs – Medien – System – Postmoderne – Zusammenstoß der Kulturen.

Probleme ändern sich, Systeme ändern sich, Themen ändern sich, Theorien ändern sich; der Satz »*tempora mutantur*« klingt hingegen alt und hat doch Aussicht auf je aktuellen Bestand. Auch Arzneien sollte man ab und an wechseln – und auf ihr Verfallsdatum achten. Damit soll nicht bezweifelt werden, daß es auch unsterbliche Texte gibt. Z. B. diesen Text Kafkas, der unter dem Titel *Von den Gleichnissen* steht und unvergleichlich präzise in Probleme des Verhältnisses von Theoriemodellen zur sogenannten Wirklichkeit initiiert:

»Viele beklagen sich, daß die Worte der Weisen immer wieder nur Gleichnisse seien, aber unverwendbar im täglichen Leben, und nur dieses allein haben wir. Wenn der Weise sagt: ›Gehe hinüber‹, so meint er nicht, daß man auf die andere Seite hinübergehen solle, was man immerhin noch leisten könnte, wenn das Ergebnis des Weges wert wäre, sondern er meint irgend ein sagenhaftes Drüben, etwas, das wir nicht kennen, das auch von ihm nicht näher zu bezeichnen ist und das uns also hier gar nichts helfen kann. Alle diese Gleichnisse wollen eigentlich nur sagen, daß das Unfaßbare unfaßbar ist, und das haben wir gewußt. Aber das, womit wir uns jeden Tag abmühen, sind andere Dinge. / Darauf sagte einer: ›Warum wehrt ihr euch? Würdet ihr den Gleichnissen folgen, dann wäret ihr selbst Gleichnisse geworden und damit schon der täglichen Mühe frei.‹ / Ein anderer sagte: ›Ich wette, daß auch das ein Gleichnis ist.‹ / Der erste sagte: ›Du hast gewonnen.‹ / Der zweite sagte: ›Aber leider nur im Gleichnis.‹ / Der erste sagte: ›Nein, in Wirklichkeit; im Gleichnis hast du verloren.‹«

PS: Vieles fehlt. Kein Artikel über die Annales-Schule, keiner über antiautoritäre Erziehung, keiner über Demographie, keiner über Holocaust-Studies, keiner über Islamforschung, keiner über den Kommunitarismus, keiner über den Monetarismus, keiner über den Neoliberalismus, keiner über Negative Theologie, keiner über den New Criticism, keiner über die Phänomenologie, das utopische Denken Ernst Blochs, keiner über Peter Sloterdijks Sphärentheorie und und und. Die Gründe dafür sind vielfältig. Bücher, auch die Bände der *Anderen Bibliothek*, haben einen beschränkten Umfang; der Autor dieses Buches hat eine beschränkte Kompetenz; und auch Theorien haben eine beschränkte Konjunktur, aber eben auch Aussicht auf ein Comeback. Bleibt, bei Interesse der geneigten LeserInnen, die Maxime: »ist fortzusetzen«. Hans Magnus Enzensberger bin ich für die Anregung und Ermunterung, diesen Band zu schreiben, sehr dankbar. Von ihm stammt auch sein Titel.

Theorie-Apotheke von A bis Z

Analytische Philosophie

Zwei reifere Herren, denen ein günstiges Geschick ein gewisses Vermögen beschert hat, ziehen sich aus dem aktiven Berufsleben und der hektischen Metropole Paris zurück, um auf dem Land ihrer polyhistorischen Lust an Einsichten und Kenntnissen aller Art nachzugehen. So will es Flauberts letzter großer, 1881 posthum erschienener Roman *Bouvard et Pécuchet*. Daß es angesichts der Überfülle des Wiß- und Sagbaren so einfach nicht ist, zwischen wahren und falschen Aussagen zu unterscheiden, ist eine der wenigen Gewißheiten, die ihnen, die schon nach kurzer Zeit alle Sicherheit, inclusive der ökonomischen, verlieren, noch bleibt. Und so suchen sie schließlich nicht mehr nach Wahrheit(en), sondern nach einem Verfahren, das Aufschluß darüber verspricht, »welches die Hauptursachen unserer Irrtümer sind. / Sie rühren nämlich alle vom schlechten Gebrauch der Worte her. / ›Die Sonne sinkt, das Wetter trübt sich ein, der Winter nähert sich.‹ – fehlerhafte Redewendungen, die an persönliche Wesen glauben machen, wo es sich doch nur um ganz einfache Ereignisse handelt! ›Ich erinnere mich jenes Gegenstandes, jenes Lehrsatzes, jener Wahrheit‹ – Täuschung! Es sind die Ideen und nicht die Dinge, die im Ich haftenbleiben, und bei der gebotenen Strenge der Ausdrucksweise müßte man eigentlich sagen: ›Ich erinnere mich dieses geistigen Aktes, durch den ich jenen Gegenstand wahrgenommen, jenen Lehrsatz erschlossen, jene Wahrheit eingeräumt habe.‹«[1]

1 Gustave Flaubert: Bouvard und Pécuchet, übers. Hans-Horst Hen-

Bouvard und Pécuchet sind analytische Philosophen avant la lettre. Denn sie teilen mit ihrer Skepsis gegenüber allem Begriffsüberschwang, ihrer Nüchternheit und ihrer Grundüberlegung, daß Philosophieren heißt, (problematischen) Sprachgebrauch mitsamt seinen Abgründen zu analysieren, die Grundimpulse der (sprach-) analytischen Philosophie. Als ihre eigentliche Gründungsfigur gilt Ludwig Wittgenstein, der 1889 und also im selben Jahr wie Martin Heidegger, Charlie Chaplin und Adolf Hitler geboren wurde und der 1921 ein schmales epochemachendes Buch mit dem Titel *Tractatus logico-philosophicus* vorlegte. Es weist der Philosophie eine deutlich konturierte Aufgabe zu: sie soll für das »Klarwerden von Sätzen« sorgen. In Wittgensteins Worten: »4.11 Die Gesamtheit der wahren Sätze ist die gesamte Naturwissenschaft (oder die Gesamtheit der Naturwissenschaften). /4.111 Die Philosophie ist keine der Naturwissenschaften. (Das Wort ›Philosophie‹ muß etwas bedeuten, was über oder unter, aber nicht neben den Naturwissenschaften steht.) /4.112 Der Zweck der Philosophie ist die logische Klärung der Gedanken. Die Philosophie ist keine Lehre, sondern eine Tätigkeit. Ein philosophisches Werk besteht wesentlich aus Erläuterungen. Das Resultat der Philosophie sind nicht ›philosophische Sätze‹, sondern das Klarwerden von Sätzen. Die Philosophie soll die Gedanken, die sonst, gleichsam, trübe und verschwommen sind, klar machen und scharf abgrenzen.«[2]

schen. Die Andere Bibliothek 222. Frankfurt/Main 2003, p. 290 sq.

2 Ludwig Wittgenstein: Tractatus logico-philosophicus; in: Schriften 1. Frankfurt/Main 1969, p. 31 sq.

Ganz so neu ist dieser Neuansatz nicht. Schon Sokrates hatte seine Gesprächspartner genötigt, deutlich anzugeben, wie sie ein bestimmtes Wort (wie z. B. Tugend, Wahrheit, Liebe) gebrauchen. Die berühmte bis berüchtigte »Ti estin?«-Frage des Sokrates (was meinst du, wenn du x,y,z sagst) zielt auf Sprachanalyse. Sokrates macht dem in seiner Wahrnehmung schlechten Tiefsinn früher Denker wie Thales, Heraklit oder Parmenides ein Ende, die da raunen, daß alles eins sei, daß dieses Eine im ständigen Fluß sei oder daß Denken und Sein eines sei. Schlimmer noch als diese raunenden Köpfe aber sind für Sokrates die Sophisten, die sich mutwillig auf Vieldeutigkeiten einlassen, entbunden assoziieren, rücksichtslos von Sprachspielen leben und nicht an der Wahrheit, sondern am Sieg in der Kontroverse, im schlimmsten Fall gar am Geldverdienen interessiert sind. Spätestens seit Sokrates kennt die Philosophiegeschichte nüchtern aufgeklärte Gegenreaktionen gegen allzu viel Überschwang – etwa Spinozas *»more geometrico«* verfahrende *Ethik*, die ähnlich wie Wittgensteins *Tractatus* den Status ihrer Sätze mit Ordnungszahlen anzeigt, oder Kants *Kritik der reinen Vernunft*, die so wirkungsmächtig zwischen analytischen und synthetischen Urteilen unterscheidet und die auf dieser Grundlage nicht minder wirkungsmächtig deutlich macht, daß metaphysische Sätze empirisch-argumentativ unkontrollierbar sind.

Die analytische Philosophie Wittgensteins mitsamt ihren direkten Vorläufern (u. a. Frege, Carnap, der Wiener Kreis, der sogenannte logische Empirismus, Russell) gehört in diese Geschichte der argumentativen Aufklärung, die immer auch eine Geschichte der Ernüchterungen ist. Die spezifische Differenz zur Tradition aufgeklärter, an logisch-stimmigen Argumenten und überprüfbaren Hypothesen orientierter Philosophie ist schnell genannt: analytische Philosophie ist sprachanalytische Philosophie.[3] Sie weiß, daß Gedanken nicht ohne weiteres zugänglich sind – nicht die eigenen und schon gar nicht die Gedanken des anderen. In ihren heitereren Varianten orientiert sich die analytische Philosophie an der hübschen Frage »Wie kann ich wissen, was ich denke, bevor ich höre, was ich sage?«, die sich so schön durchdeklinieren läßt, indem man »was der andere denkt/sagt/schreibt« ergänzt. Denn hinreichend distinkt, zugänglich und kommunikabel sind nicht die Reiche des Bewußtseins und der Gedanken, sondern ist allein das Reich der Äußerungen. Wenn, um auf das oben ausgebreitete Wittgenstein-Zitat zurückzukommen, »der Zweck der Philosophie die logische Klärung der Gedanken« ist, so muß die Philosophie diesen Zweck über einen Umweg erreichen und ihr Geschäft, ihre »Tätigkeit«, ihre Geschäftstätigkeit an einem »Resultat« orientieren: am »Klarwerden von Sätzen. Die Philosophie soll die Gedanken, die sonst, gleichsam, trübe und verschwommen sind, klar machen und scharf abgrenzen.«

Wittgensteins Grundüberlegung, Philosophie sei keine Lehre, sondern eine Tätigkeit, nämlich die Arbeit an der sprachlichen Klarwerdung von Gedanken, hatte durchschlagenden Erfolg. Die analytische Philosophie hat sich in den angelsächsischen Ländern schnell und

3 In gewisser Weise gilt das schon für Kant, der analytische Urteile (wie: ›Ein Junggeselle ist ein unverheirateter Mann‹ oder ›Quadrate sind eckig‹) als Erläuterungsurteile begreift.

in Deutschland seit den siebziger Jahren so vehement durchgesetzt, daß heute die übergroße Mehrzahl der philosophischen Lehrstühle sich zu ihr bekennt. Unter ihnen wirkt ein den »objektiven Idealismus« lehrender Hegelianer, ein Naturphilosoph in der Nachfolge Schellings, ein an Fichte geschulter Tatphilosoph, ein wie Heidegger raunender Seinsdenker, ein an den ontologischen Gottesbeweis glaubender Thomist, ein von Sartres *Das Sein und das Nichts* beseelter Existentialist oder auch ein später Anhänger Blochs oder Adornos schlichtweg exotisch. Analytischer Philosoph zu sein: das ist der weltweite *common sense* der Philosophie-Branche und ein Indiz dafür, daß auch deutsche Denker im aufgeklärten Westen angekommen sind.

Selbstredend aber gibt es »die« eine verbindliche analytische Philosophie sowenig wie etwa »den« Feminismus. Dennoch kennt die analytische Philosophie bei aller Vielgestaltigkeit so etwas wie einen festen Kernbestand eben nicht inhaltlicher, ontologischer oder essentieller, sondern methodologischer Überzeugungen: erstens müssen nicht nur naturwissenschaftliche, sondern auch philosophische Theorien intern widerspruchsfrei sein; zweitens muß jeder ihrer Begriffe expliziert oder doch klar explizierbar sein; drittens müssen die argumentativen Schritte klar, konsistent und nachvollziehbar sein; und viertens müssen die vorgetragenen Hypothesen überprüfbar sein (für Hardcore-Analytiker empirisch oder logisch, für softere in einem weiteren Sinne »argumentativ«). Bei Sätzen, wie sie z. B. der späte Heidegger (→ Seinsdenken) äußert, ist das in schöner bzw. schrecklicher Eindeutigkeit nicht der Fall. Mit Wittgenstein müßte man angesichts von Heidegger-Sätzen wie »Was Ding wird, ereignet sich aus dem Gering des Spiegelspiels der Welt« oder »Der Tod ist als der Schrein des Nichts das Gebirg des Seins«[4] feststellen: »die Sprache feiert«, sie ist trunken – ordinär ausgedrückt: sie macht besoffen – und wird somit zum schieren Gegenstück analytisch aufklärenden Denkens. Berühmt wurde Carnaps Kritik an Heideggers Verwendung des Wortes »nichts«, das, so der Analytiker, eben nicht systematisch, sondern willkürlich das grammatische Register wechselt: Aus dem klein geschriebenen »nichts« in Sätzen wie »das bedeutet mir nichts« wird, so Carnap, bei Heidegger in unverantwortlicher Weise das groß geschriebene »Nichts«, in das unser sich angesichts des unausgesetzten Nichtens des Seins ängstigendes Dasein hineingehalten wird. Aus vernünftigen oder immerhin vernünftig überprüfbaren Sätzen wie dem altehrwürdigen Satz vom Grund »*nihil est sine ratione* / nichts ist ohne Grund« werden dann pseudotiefsinnige, eigentlich aber unsinnige Sätze wie »Das Nichts ist bzw. west ohne Grund«.

Im Laufe der Jahrzehnte hat die analytische Philosophie zunehmend an Militanz verloren. Da das Präfix »post-« (postmodern, poststrukturalistisch, postfeministisch, postavantgardistisch etc.) offenbar eine unwiderstehliche Anziehungskraft ausübt, wird mehr und mehr auch die Rede von der postanalytischen Philosophie laut. Die Absetzung von der frühen Militanz einiger analytischer Philosophen (etwa im Wiener Kreis) fällt leicht (siehe auch → Kritischer Rationalismus). Gingen diese noch von der Idee eines logischen Atomis-

4 Martin Heidegger: Das Ding; in: Vorträge und Aufsätze Teil II. Pfullingen 1967 (3. Aufl.) p. 52 bzw. 51

mus, also davon aus, daß sich alle haltbaren Satzgefüge auf einfache, entweder verifizierbare oder falsifizierbare Atom-Sätze zurückführen lassen müssen (eine Vorstellung, die spätestens seit Quines und Davidsons Kritik selbst als dogmatisch gilt), so bezeichnet »analytische Philosophie« heute eher eine Denk-Haltung: man will nicht metaphysisch, sondern postmetaphysisch, nicht tiefsinnig, sondern klar, nicht überwissenschaftlich, sondern wissenschaftlich denken und dabei stets bedenken, daß das Kerngeschäft der Philosophie in der Klärung angemessener Sprechweisen besteht. Richard Rorty ist die Gallionsfigur einer solchen postanalytischen Philosophie. Ihre Botschaft: Bleiben wir nüchtern, seien wir vernünftig, lassen wir uns nicht verführen und – seien wir bescheiden. Viel mehr als solche halbhöheren Selbstverständlichkeiten hat gute Philosophie nicht zu bieten – sagen gute (post-)analytische Philosophen.

Wirkungen, Risiken und Nebenwirkungen

Die vorteilhaften Wirkungen der analytischen Philosophie liegen auf der Hand. Sie ist *common-sense*-orientiert; sie ist, ihrem Begriff alle Ehre machend, analytisch-argumentativ; und so hält sie heilsam kritische Distanz zu allen pseudotiefsinnigen Reden, in denen »die Sprache feiert«. Sprachanalytische Philosophie hat entscheidenden Anteil am *»linguistic turn«* der Philosophie im 20. Jahrhundert (vgl. → Iconic turn). Heroisch isoliert aber steht sie mit diesem Gestus nicht da. Denn auch die Hermeneutik, Heideggers spätes Sprachdenken, die Kommunikationstheorie von Habermas oder die Dekonstruktion (um nur sie zu nennen) machen den *linguistic turn* mit und folgen seinen Imperativen: statt Bewußtsein soll sprachliche Kommunikation und statt denkender Einzelsubjekte sollen Intersubjektivitätsstrukturen analysiert werden. Selten bedacht wurde der irritierende Umstand, daß der *linguistic turn* eben zu der Zeit philosophisch Mode wurde, in der das Medium Sprache massive Einfluß- und Hegemonie-Einbrüche hinnehmen mußte. »Das Wort verliert allmählich an Kredit«, notierte ein heller Kopf wie Egon Friedell nicht umsonst in medientheoretischen Diskussionskontexten schon 1913.[5] Um zu pointieren: Nie war Sprache peripherer als im 20. Jahrhundert – einfach deshalb, weil neue Medien dem Uraltmedium Sprache seine Quasi-Monopolstellung genommen haben. Ermöglichen sie es doch, am Medium Sprache vorbei zu verwalten (z. B. automatisch Stromgebühren vom Konto abzubuchen), Bilder und sprachdies- bzw. jenseitige Töne zu registrieren, das Medium Schrift zu umgehen, die gewaltigsten maschinellen Prozesse (bis hin zur industriellen Ermordung von Millionen Menschen) weitgehend unkommunikativ zu schalten. Die Rede vom *linguistic turn* ist so suggestiv wie problematisch. Darin ähnelt sie der sprachanalytischen Philosophie.

Analytische Philosophie immunisiert gegen Irrationalismen aller Art. Wirklich? Schon an Wittgensteins Frühschrift fällt auf, wie nah verwandt der »logische« Argumentationsgestus der Mystik ist. »Wovon man

5 Egon Friedell: Prolog vor dem Film; in: Jörg Schweinitz (ed.): Prolog vor dem Film – Nachdenken über ein neues Medium. Leipzig 1992, p. 205

nicht sprechen kann, darüber muß man schweigen.« So lautet der berühmte Schlußsatz des *Tractatus*. Schweigen ist ein Grundgestus der ansonsten ja durchaus beredten, die Möglichkeiten des Sprechens erweiternden Mystik. Zu ihr entwickelt Wittgenstein ein scheinbar entspanntes Verhältnis: »Es gibt allerdings Unaussprechliches. Dies *zeigt* sich, es ist das Mystische.« (6.522) Der Satz, daß sich Mystisches evident zeigt, aber nicht sprachlich analysiert werden kann, da es »unaussprechlich« ist, verweist auf ein selten bedachtes schlichtes Dilemma der analytischen Philosophie: sie schränkt die Möglichkeiten philosophisch verantwortbaren Sprechens enorm ein.

Analytische Philosophie fungiert als diskursive Polizei: so wie Parmenides, Nikolaus von Cues, Hegel, Heidegger, Benjamin oder Adorno darf man nicht sprechen und denken. Analytische Philosophie ist deshalb unwiderstehlich für Köpfe, die Hegels, Heideggers oder Benjamins Schriften nicht verstehen und a priori fest davon überzeugt sind, daß das nur an diesen Schriften liegen könne. Der durchschlagende Erfolg der analytischen Philosophie dürfte auch mit ihrem herben Charme, ihrer Nähe zum *common sense* und ihrer Entschlossenheit zu Aufräumarbeiten zu tun haben. Adorno hat das schon 1936 seinerseits recht uncharmant ausgedrückt, als er in einem Bericht über einen Kongreß der »Logischen Positivisten« eine »terroristische Verbreitung des logischen Positivismus«[6] feststellen zu kön-

6 Th. W. Adorno: Bericht über den Kongreß für Einheit der Wissen schaften (Logische Positivisten); in: Adorno – Horkheimer: Briefwechsel Bd. I 1927-1937, edd. Christoph Gödde/Henri Lonitz. Frankfurt/Main 2003, p. 561

nen glaubte. Den Erfolgsgrund dieses philosophischen Terrorismus vermutete er im »Drang zur Sekurität ...: man will etwas absolut Sicheres in den Händen haben«[7] und vertraut deshalb auf schwerlich anzugreifende logische Trivialitäten. Zu rekursiven Funktionen (→ Selbstbewußtseinstheorie), logischen Paradoxien oder gar zu Kurt Gödels 1931 erbrachtem Nachweis, daß die formale Logik nicht nur unvollständig ist, sondern unvollständig sein muß und sich nicht aus sich selbst heraus konsistent begründen kann, unterhält die analytische Philosophie eher angespannte Beziehungen.

Analytische Philosophie entlastet schlichte Köpfe von der Zumutung, allzu Dunkles und Überkomplexes rezipieren zu müssen – all das gilt fortan als haltloses Geraune von Leuten, die keinen klaren Gedanken fassen können. Die Nebenwirkungen solcher Aufräumarbeiten sind gewaltig. Philosophie wird bescheiden, sehr bescheiden; sie verarmt. Sie tritt nicht nur immer mehr ihrer altehrwürdigen Kompetenzen an Fachdisziplinen wie Mathematik, Linguistik, Informatik oder Neurophysiologie ab; sie überläßt auch unabweisbar gewichtige Themen dem schieren Meinungsdenken. Denn mit sprachanalytischen Mitteln läßt sich eben allenfalls zeigen, daß die Sprache unverantwortlich trunken ist und feiert, wenn wir über Sein und Nichts, das Wesensverhältnis von Sprache und Tod, den Sinn und die Dimensionen, in denen alles Wesen gründet bzw. alle Gründe verwesen, zu sprechen versuchen. Das Verstummen aber ist selbst pseudo-tiefsinnig. Ist es nicht rationaler, zu dem, was sich unaussprechlich zeigt, in

7 Adorno am 28.11.1936 an Horkheimer, wie die voranstehende Fußnote, p. 239

ein sprachliches Verhältnis zu treten, als sich von ihm bannen zu lassen? Ist es nicht aufgeklärter, dem Gewicht der Welt sprachlich so entgegenzutreten wie Ödipus der Sphinx, als auf Leitern zu klettern, die in mystische Sphären zu führen versprechen, und sie dann irgendwann wegzuwerfen? Könnte es nicht sein, daß das »für alle« wirklich Relevante und unbestreitbar Mächtige (z. B. die Massenmedien Abendmahl oder Geld) nur um den Preis von Kategorienfehlern funktioniert: die eucharistischen Elemente sind zugleich den Registern Himmel und Erde bzw. Sinn und Sein bzw. Unendlichkeit und Endlichkeit zugehörig; Geld ist zugleich eine Recheneinheit, ein Wertaufbewahrungsmittel und ein Tauschmedium – lauter »funktionierende Kategorienfehler«? Ist es nicht analytisch produktiver, mal einen kalkulierten und reflektierten Kategorienfehler zu riskieren, als zu schweigen? Z. B. diesen klassischen Kategorienfehler, der ein *argumentum ad homines* gegen die Theorie ausspielt, die diese Menschen vertreten: viele analytische Philosophen fallen durch ihre unkontrollierten Affektausbrüche auf. Analytische Philosophen verlieren (die These wäre eine Feldforschung wert) häufiger die Contenance als z. B. Hermeneutiker, Hegelianer oder Dekonstruktivisten. Sollte der Umstand, daß sie sich Reden über das, was philosophisch eigentlich zählt, versagen müssen, damit zusammenhängen, daß sie sich transanalytisch so maßlos aufregen – z. B. über einen Artikel wie diesen?

Anarchistische Erkenntnistheorie

Der schöne Zufall des Alphabets will es, daß dem Artikel *Analytische Philosophie* sogleich einer über *Anarchistische Erkenntnistheorie* folgt. Auch dann, wenn das bekannteste Schlagwort dieser Theorie den Titel hätte stellen müssen, wäre diese Reihenfolge gewahrt: »*Anything goes.*« Ein schöner Zufall des Alphabets? Nein, eine Entscheidung des Autors, der auch anders hätte verfahren, also sein Buch z. B. chronologisch oder autorzentriert oder hierarchisch oder politisch bzw. religiös wertend hätte anlegen können: *anything goes.* Mit diesem Kurzsatz wurde ein dissidenter Schüler der analytischen Philosophie und des kritischen Rationalismus schnell berühmt. Paul Feyerabend (1924-1994) legte 1974 ein Buch mit dem programmatischen Titel vor: *Against Method – Outline of an Anarchistic Theory of Knowledge* (dt. 1976: *Wider den Methodenzwang – Entwurf einer anarchistischen Erkenntnistheorie*). Es nimmt von einer kaum sinnvoll zu bestreitenden Feststellung seinen Ausgang: Bei kenntnis- und materialreichen Einzelstudien zum Durchbruch neuer wissenschaftlicher Einsichten zeigt sich mit schrecklich-schöner Klarheit, daß kein bedeutender Wissenschaftler seine Theorien so entworfen, entwickelt, getestet und diskutiert hat, wie z. B. die Wissenschaftstheorie des → Kritischen Rationalismus es halb beschreibt, halb normativ fordert.

Nicht umsonst ist das berühmteste Bild eines Wissenschaftlers überhaupt das Photo von Einstein, der dem Betrieb die Zunge zeigt und ihm mitsamt dem

Rest der Welt sehr deutlich mitteilt, er könne ihn mal. Einstein hat recht. Kein produktiver Wissenschaftler arbeitet so wohlorganisiert, wie etwa Poppers *Logik der Forschung* es be- und vorschreibt. Wissenschaftlicher (und eben nicht nur wissenschaftlicher!) Fortschritt beruht vielmehr auf einer bemerkenswerten Frechheit gegenüber den herrschenden Paradigmata, auf produktiven Irrtümern, auf Träumen, auf Intuitionen, auf arroganter Ignoranz, auf mangelndem Respekt gegenüber herrschenden Rhetoriken, auf Sensibilität für Aporien und Paradoxe, durchaus auch auf einer ausgeprägten Tendenz zur Unordentlichkeit, auf Opportunismus und Geltungsdrang. Ob Galilei oder Einstein, ob Newton oder Heisenberg, ob Freud oder Chomsky: sie haben bei aller Unterschiedlichkeit doch diese Gemeinsamkeit, daß sie wie Künstler (die sie dilettierend – man denke an Einsteins Violinspiel – auffallend häufig auch waren) davon ausgehen, alles könne auch ganz anders (erklärbar) sein. Gute Wissenschaft ist anarchistisch: *ni dieu ni maître* (*ni mètre*, wie Hans Peter Duerr – → Zivilisationstheorie – ergänzt)!

Weil wissenschaftlicher Fortschritt anarchistisch ist, ist er auf das Paradox eines fundamentalen bzw. radikalen Pluralismus angewiesen. Jede Position kann konterkariert werden, es gibt keine autoritative Letztinstanz, die endgültig darüber entscheiden könnte, was wissenschaftlich valide oder zu verwerfen ist: kein Papst, keine Institution, keine Letztbegründungsinstanz, keine *scientific community* und auch kein »rein logischer« Evidenzsatz (etwa der vom ausgeschlossenen Selbstwiderspruch) kann die Rolle einer solchen Letztinstanz überzeugend spielen. Vielmehr kommt im

Interesse eines von überflüssigen Zwängen befreiten Lebens alles darauf an, auch im Hinblick auf das, was »Wissenschaft« heißen soll, eine möglichst große Artenvielfalt zu bewahren. Man kann z. B. in bestimmten Epochen und Milieus über Akupunktur, Meditation oder Astrologie lachen und sich später darüber freuen, daß man einen Heilpraktiker gefunden hat, der sich auch auf Astrologie und Akupunktur versteht. Es lohnt sich einfach, zur Kenntnis zu nehmen, daß es Kulturen gibt, die Schamanen, Kräuterweiber, Magnetfelder und Orakel, jedoch keine Rationalität, keine Wissenschaftler und keine Transzendentalsubjekte kennen. Feyerabend hat wie sein Lehrer Popper, dem er untreu geworden ist, eine sozialphilosophische Ergänzung seiner anarchistischen Erkenntnistheorie parat. Freie Bürger sollen jeder Expertokratie mißtrauen, Bürgerinitiativen zur Kontrolle sich überschätzender Wissenschaften bilden und einsehen, daß Wissenschaft ein möglicher, aber eben doch ein Sonderweg einiger Kulturen ist. Jede weitergehende Hypothese wäre der hybride Ausdruck eines abendländischen Ethnozentrismus.

Siehe da: auch Kulturen, in denen Sätze wie »Gestern Nacht war ich ein Tiger« nicht im Namen von wissenschaftlicher Rationalität geahndet werden und die den, der solche einigermaßen regelmäßig äußert, nicht in die Psychiatrie sperren, »funktionieren«. Es wäre falsch, sie »falsch« zu nennen. Weshalb Feyerabend zum Schrecken vieler Wissenschaftler, die auf verläßliche Regeln der Rationalität setzen, einige »Antiregeln« zu den eingeübten Essentials aller gängigen Wissenschaftstheorien vorschlägt: Es lohnt sich, kontraintuitiv, kontrainduktiv und inkonsistent zu denken – wie Einstein. Wissenschaft hat mehr mit Kunst zu tun, als vielen Wissenschaftstheoretikern lieb ist – und vielen Künstlern (vgl. *Wissenschaft als Kunst*. 1984).

Wirkungen, Risiken und Nebenwirkungen

Feyerabends anarchistische Erkenntnis- und Wissenschaftstheorie unterhält ein sehr entspanntes Verhältnis zum apothekarischen Wahrheitsverständnis. Wahr ist, was dem freien, sich genießenden Leben guttut. Und das muß nicht unbedingt Wissenschaft sein oder auch nur mit Wissenschaft zu tun haben. Feyerabend sensibilisiert überdies für Nebenwirkungen des Wissenschaftsbetriebs wie die Expertokratie. Er nervt alle strengen Köpfe, indem er Fragen wie die nahelegt, ob nicht Galilei mit seinem Kampf gegen die Kirche selbst eine Kirche gestiftet hat – die der Wissenschaft. Enervierend für alle, die z. B. an den Kritischen Rationalismus glauben, ist zumal, daß Feyerabend keineswegs anarchistisch deliriert, sondern vielmehr immens materialgesättigt und kenntnisreich argumentiert, wenn er darauf hinweist, daß Wissenschaft anders voranschreitet und wirkt, als es ordentlich-rationalen Wissenschaftstheoretikern lieb ist (vgl. auch die → Paradigmenwechsel-Theorie von Thomas Kuhn).

Ein Nebenwirkungs-Problem hat die anarchistische Erkenntnistheorie allemal: Sie findet allzu viele Anhänger, die sie diskreditieren. Den deskriptiven Satz »*Anything goes*«, der so schnell so populär wurde, mißbrauchen manche Junkies einer Theorie-Apotheke, die auch die Essenz »anarchistische Wissenschaftstheorie« bereithält, als Lizenz zur entbundenen Produktion von

Schwach- und Unsinn noch in der Sphäre der Wissenschaften. So aber ist er nicht gemeint. Feyerabend ist der letzte, der bezweifelt, daß hochgradig unterschiedliche Wege zu hochgradig unterschiedlichen Zielen führen. *Anything goes:* man kann z. B. eine Inkarnationstheorie oder eine Diktatur-des-Proletariats-Theorie der Wahrheit vertreten und leben. Aber man muß für alles zahlen. »*Anything goes*« heißt nicht, daß alle Wege, die man beschreiten kann, Wege sind, die man beschwingt zu Ende geht. Die Ahnung, daß der Weg das Ziel ist, schwingt in der berühmten Wendung aber ebenso mit wie die Vermutung, daß es letzte Ziele nicht gibt.

Anthropologie

»Viel Ungeheures ist, doch nichts / so Ungeheures wie der Mensch.« So ließ sich schon vor zweieinhalbtausend Jahren unüberhörbar der Chor in der *Antigone* des Sophokles vernehmen.[1] Menschen sind sich selbst nicht geheuer – aus gutem bzw. bösem Grund. Die jahrtausendealte Erfahrung erhielt im 20. Jahrhundert, also in der Epoche der Materialschlachten, des industriellen Massenmordes, der Todes- und Folter-Lager, eine grauenvolle Bestätigung und unheimliche Überbietung. Denn dieses Grauen war unheimlich im präzisen Wortsinn: es kam nicht aus der Fremde, sondern aus heimisch-vertrauten Sphären, es stammte nicht aus archaisch-vorweltlichen Ecken, sondern wurde im Zentrum des Weltteils Europas (Deutschland voran) organisiert, der sich selbst als zivilisiert und humanistisch beschrieb. Was nicht heißen muß, daß die Grauen des Ersten und Zweiten Weltkrieges als ein Effekt der Moderne verstanden werden müssen. Vieles spricht vielmehr dafür, sie als Effekte eines haßerfüllten Kampfes gegen die Moderne zu begreifen.

Zu den theoretischen Versuchen, die Exzesse des Ersten und Zweiten Weltkrieges zu analysieren, zählt auch die jeweils gleich nach Kriegsende einsetzende Wiederbelebung anthropologischer Reflexionen. Nach dem Ersten Weltkrieg waren die Anthropologie Max Schelers (1874-1928) und die anthropologisch orientierte Studie *Der Untergang des Abendlandes* von Oswald Spengler populär; nach 1945 erhielten die Anthropo-

1 Sophokles: Antigone, übers. Wolfgang Schadewaldt.

logien von Arnold Gehlen und Helmuth Plessner sowie die Verhaltensbio- bzw. -zoologie von Konrad Lorenz erhöhte Aufmerksamkeit. Auffallend ist bei allen Anthropologie-Konjunkturen, daß sie sich selbst als Ausdruck einer Orientierungskrise verstehen. Wenn das vielbeschworene große Ganze genau in dem Maße, in dem es beschworen wurde, in Trümmern liegt, haben Menschen Anlaß, darüber nachzudenken, was sie angerichtet haben. So sinniert Max Scheler in seinem 1928 erschienenen anthropologischen Klassiker *Die Stellung des Menschen im Kosmos:* »Eine einheitliche Idee vom Menschen (...) besitzen wir nicht. Die immer wachsende Vielheit der Spezialwissenschaften, die sich mit dem Menschen beschäftigen, verdeckt ... weit mehr das Wesen des Menschen, als daß sie es erleuchtet. (...) So kann man sagen, daß zu keiner Zeit der Geschichte der Mensch sich so problematisch geworden ist wie in der Gegenwart.«[2] Ähnlich heißt es 1929 in Heideggers Abhandlung *Kant und das Problem der Metaphysik*: »Keine Zeit hat so viel und so Mannigfaltiges vom Menschen gewußt wie die heutige ... Aber auch keine Zeit wußte weniger, was der Mensch sei, als die heutige.«[3]

Was ist der Mensch? Seit den Anfängen dieser Frage markiert ein ungeheures Bedürfnis, sich von Tieren abzusetzen, die menschlichen Antwortstrategien: Menschen haben Sprache, Tiere nicht; Menschen betreiben Politik, Tiere nicht; Menschen bestehen (wie Antigone)

2 Max Scheler: Die Stellung des Menschen im Kosmos. Bern/München 1983, p. 10

3 Martin Heidegger: Kant und das Problem der Metaphysik. Frankfurt/Main 1973, p. 203

darauf, ihre Toten zu bestatten, Tiere nicht; Menschen können lügen, haben Religion, benutzen Werkzeuge, bringen Artgenossen um, können sich selbstbefriedigen, geben sich Gesetze, übertreten Gesetze, tragen Kleidung, haben eine unsterbliche Seele, können Wetten eingehen, wissen um ihren unausweichlichen Tod, betätigen sich künstlerisch – Tiere nicht. Mit seinem Versuch, solche leicht verlängerbaren Listen auf eine schlagende Formel zu bringen, hatte Arnold Gehlen (1904-1976, ein Mann mit militanter Nazi- und SS-Vergangenheit) durchschlagenden Erfolg: Menschen sind anders als Tiere »instinktentbundene Mängelwesen«. Diese Formel, die an Überlegungen Herders[4] und an Nietzsches berühmte Wendung, der Mensch sei ein »nicht-festgestelltes Tier«, anknüpft, erschließt sich schnell: Menschen sind Mängelwesen, weil sie viel zu kurz ausgetragen werden. Auch Neugeborene, die keine Frühgeburten sind, sind zu früh geboren. Denn die Kürze der in der Regel neunmonatigen intrauterinen Zeit nach der Befruchtung und vor der Geburt läßt die Menschen in einem beklagenswert mangelhaften Zustand das Licht der Welt erblicken. Um den Härten des Lebens so gewachsen zu sein wie ein Fohlen, ein Ferkel oder eine Gans, die sich gleich nach der Geburt zu ersten Schritten aufraffen, müßten Menschen gut zwei Jahre ausgetragen werden. Zudem sind Menschen, die nach Heideggers lieblosem Ausdruck ins Dasein geworfen werden, frei von einer Instinktausstattung, die sie mit Tieren konkurrenzfähig machen würde. Selbst ihre anfänglichen Instinkte wie der Gehreflex, die Suche nach der nährenden mütterlichen Brust

4 Der Begriff »Mängelwesen« wurde von Herder geprägt.

oder Automatismen wie der der unwillkürlichen Ausscheidung werden nicht etwa ausgebaut, sie verkümmern mit der Zeit.

Weil sie instinktentbundene Mängelwesen sind, brauchen Menschen Technik, Arbeit und Kultur (Herder), vor allem aber, so Gehlen, Institutionen. Institutionen (von der Kirche über die Schule und das Finanzamt bis zum Militär) funktionieren als Instinktersatz. Sie kompensieren unsere Mangelhaftigkeit, indem sie jene Verläßlichkeit, jene Autorität, jene Sicherheit der Verhaltensorientierung bieten, die die Natur dem Menschen versagt. Nur in autoritativen Institutionen finden weltoffene Menschen Entlastung vom sie ansonsten systematisch überfordernden Entscheidungsdruck. Institutionen, nicht Instinkte diktieren dem und sinnigerweise gleich auch *den* ansonsten orientierungslosen Menschen, wo es langgeht. Statt für diese Leistung tief dankbar zu sein, verkennen viele »Mundwerksburschen« (gemeint sind Intellektuelle) die Notwendigkeit von Institutionen. Sie reden sie im Namen einer »Hypermoral« und eines gefälligen »Humanitarismus« schlecht – so Gehlen in seinem 1969, also zu Hochzeiten der Studentenbewegung, erschienenen Buch *Moral und Hypermoral*. Moral ist institutions- und also menschendienlich; wer moralisch handelt, folgt den *mores*, den Sitten, die Institutionen vorschreiben. Hypermoral hinterfragt hingegen die *mores*, die nur dann überzeugend funktionieren, wenn sie gerade nicht reflektiert werden. Deshalb ist Hypermoral amoralisch und dekadent; sie trägt das Ihre zum Institutionenzerfall bei.

Das Hauptproblem des 20. Jahrhunderts sieht Gehlen denn auch nicht im Kultur-Kollaps, den die institutionsfetischistischen Nazis organisierten – das KZ ist eine blendend funktionierende Institution –, das Hauptproblem der späten Moderne sieht er vielmehr im Institutionenzerfall, den der moderne »Subjektivismus« zu verantworten hat. Wenn immer mehr Einzelne Institutionen und ihren »obersten Führungssystemen« (wie es im Paragraph 44 des 1940 erschienenen, später überarbeiteten Buches *Der Mensch* hieß) im Namen von hypertrophen Individualwerten wie Freizeit und Eudämonismus die Gefolgschaft aufkündigen, tritt die Geschichte ins Stadium der *»posthistoire«* (→ Posthistoire) ein, die nicht mehr die Kraft zur großen formierenden Kulturleistung aufbringt.

Im Emigranten aus dem Nazi-Reich und Verfasser der berühmten Studie über *Die verspätete Nation* (1959), in Helmuth Plessner (1892-1985) hat Gehlen einen bedeutenden Antipoden gefunden. Plessners schon vor dem Zweiten Weltkrieg weitgehend entwickelte, aber erst nach 1950 breiter rezipierte philosophische Anthropologie, an die Gehlen stärker anknüpft, als die Fußnoten seiner Werke zu erkennen geben, umkreist eine produktive Formel – die von der »exzentrischen Positionalität« des Menschen. Menschen sind, wie schon die Studie von 1928 *Die Stufen des Organischen und der Mensch* herausstellt, exzentrisch im dreifachen Wortsinn. Sie stehen nicht im Zentrum der Natur, sie haben ihr Zentrum nicht in sich selbst, und sie benehmen sich deshalb häufig genug exzentrisch.

Die Natur ist nicht für Menschen gemacht; deshalb sind Menschen anders als Pflanzen und Tiere auf jener Stufe des Organischen positioniert, die sie zur »natürlichen Künstlichkeit« verdammt. Soll heißen: es gehört zur Natur des Menschen, keine Natur und keine natürliche Umwelt zu haben, die der von Pflanzen oder Tieren vergleichbar wäre. Menschen müssen und können ihr Leben führen. Sie können es nur führen, weil sie sich von sich selbst absetzen und zu sich selbst in ein Verhältnis zu treten vermögen. Paradox formuliert: Weil sie ihr Zentrum nicht in sich selbst haben, haben sie kein anderes Zentrum als sich selbst. Plessner hat aus nachvollziehbaren Gründen eine Vorliebe für paradoxe Wendungen. Dazu zählt auch die vom »utopischen Standort«, den Menschen einnehmen müssen. U-topie meint bekanntlich den Nicht-Ort. Ortlosigkeit ist der Standort von Menschen, die in der Natur nicht fest verortet sind und deshalb Sicherheit in naturtranszendenten Sphären (wie der Religion, dem Geist, der Weltanschauung) suchen. Deshalb ist menschliches Verhalten so häufig exzentrisch.

Zur Illustration dieser Thesen bietet sich Plessners phänomennahe Studie *Lachen und Weinen* aus dem Jahr 1941 (2. Auflage 1949) an. Wer lacht oder weint, macht eine eigentümliche, eben exzentrische Erfahrung. Er hat sich nicht mehr im Griff. Lachend oder weinend erfahren wir, daß wir nicht nur unseren Körper haben, sondern auch Leib sind. Einen Körper haben und zugleich Leib sein: das ist das ungeschickte Geschick von Menschen. In Plessners Worten: »Ein Mensch *ist* immer zugleich Leib (Kopf, Rumpf, Extremitäten mit allem, was darin ist) – auch wenn er von seiner irgendwie ›darin‹ seienden unsterblichen Seele überzeugt ist – und *hat* diesen Leib als diesen Körper. (...) Die Möglichkeit, für diese physische Existenz derart verschiedene Wendungen zu gebrauchen, wurzelt in dem doppeldeutigen Charakter dieser Existenz selbst. Er hat sie, und er ist sie. (...) Darum ist das körperleibliche Dasein für den Menschen ein Verhältnis, in sich nicht eindeutig, sondern doppeldeutig, ein Verhältnis zwischen sich und sich (wenn man es genau sagen will: zwischen ihm und sich).«[5] Kultur (haben) heißt: an einem ausgeglichenen Verhältnis zwischen Leibsein und Körperhaben interessiert zu sein und zu wissen, wie unwahrscheinlich diese Balance ist. Eben dieses ausgeglichene Verhältnis erfährt eine exzentrische Krise, wenn wir zwanghaft lachen oder weinen. Wir haben uns dann nicht, wir erfahren vielmehr, daß wir etwas sind, über das wir nicht verfügen. (NB: Plessners Zeitgenosse Ernst Bloch variiert zu Beginn fast aller seiner Schriften geradezu besessen immer erneut die Formel: »Ich bin. Aber ich habe mich nicht. Darum werden wir erst.«) In uns ist etwas Fremdes, wir sind exzentrisch. *»Je est un autre«* – Ich ist ein anderer. Rimbauds berühmtes Diktum hat Plessner nicht zitiert, aber er hat die in ihm pointiert aufbewahrte Einsicht sachlich entfaltet.

Exzentrische, doppeldeutige und natürlich-künstliche Existenzen sind geschichtliche Existenzen. Die Kunst, ihre exzentrische Positionalität auszugestalten, beherrschen Menschen zu unterschiedlichen Zeitpunkten und in unterschiedlichen Kulturen auf unterschiedliche Weise mit unterschiedlichen Effekten. Diese höhere Binsenweisheit haben Anthropologien, die nach *dem* Wesen *des* Menschen fragen, schlicht ignoriert.

5 Helmuth Plessner: Lachen und Weinen; in: H. P.: Philosophische Anthropologie, ed. G. Dux. Frankfurt/Main 1970, p. 43

Es gehört zu den Vorzügen von Plessners philosophischer Anthropologie, zu wissen, daß sie nur als historische Anthropologie möglich ist. Schon lange vor der Konjunktur der »Einschreibungs«-Rhetorik war ihr bewußt, wie different sich kulturelle Strukturen exzentrischen Menschen einschreiben können. Die zu Beginn seiner Emigration (1935) entstandene Studie über *Das Schicksal des deutschen Geistes im Ausgang seiner bürgerlichen Epoche*, die Plessner 1959 überarbeitet unter dem schlagkräftigen Titel *Die verspätete Nation* vorlegte, bezeugt das. Gerade die Weigerung vieler deutscher Denker, Wesensfragen zugunsten von Funktionsfragen aufzugeben, hat zur spezifisch deutschen Verspätung im Projekt beigetragen, halbwegs untraumatisiert in der auf- und abgeklärten Moderne anzukommen.

Ohne direkten Bezug auf Plessner, mit dem er jedoch mehrere Denkmotive teilt, hat Ulrich Sonnemann 1969 seine *Negative Anthropologie* vorgelegt. Sie bringt in unkonventioneller Weise und in einer Diktion, die Adornos Stil als den eines Volksredners erscheinen läßt, Motive der Psychoanalyse, des Marxismus und der Ethnologie zusammen – z. B. wenn sie gegen Gehlens Lehre Neurosen als »Institutionsminiatur« begreift. »Da sie (die Neurose) das Selbst der Person so verfestigend, wie es ihr irgend gelingt, zum Objekt hat, ist sie im Endeffekt ihrer Umsicht totale Theorie ihrer selbst.«[6] Zwangsneurotiker verwalten sich selbst so, wie es ansonsten nur totalitäre Institutionen vermöchten. Sonnemann hört in allen »totalitären« Wortbil-

6 Ulrich Sonnemann: Negative Anthropologie – Vorstudien zur Sabotage des Schicksals. Reinbek 1969, p. 295

dungen und Projektionen die Silbe »tot« mitschwingen. Seine *Negative Anthropologie* versteht sich als Negation aller totalitären Anthropologie. Sie hat die berühmteste, ihrerseits auf surrealistische Impulse zurückgreifende Parole der Pariser Studenten vom Mai 1968 zum Motto: »*L'imagination au pouvoir!*« Und sie hat einen programmatischen Untertitel: *Vorstudien zur Sabotage des Schicksals.* Sabotiert werden kann das uns vermeintlich Geschickte, wenn Menschen begreifen, daß Geschichte kein Geschick ist. »Das Gesetz der Geschichte ist nur so lange eines, wie es dafür gehalten wird, dafür gehalten aber wird es nur so lange, wie die Menschen an die Unabänderbarkeit des bisher Immerwährenden glauben (...), das durch eben diesen Glauben sich unentwegt reproduziert.«[7]

Daß Anthropologie historische Anthropologie sein muß, ist heute so etwas wie ein *common sense* der Disziplin. Die seit 1992 erscheinende, u. a. von Dietmar Kamper und Christoph Wulf herausgegebene Zeitschrift *Paragrana – Internationale Zeitschrift für Historische Anthropologie* bezeugt dies und ein weiteres eindrucksvoll: Anthropologie tritt heute nicht mehr als selbständige Disziplin auf, sondern als Effekt einer Schnittmenge von strukturalistischen, medizinischen, historischen, kulturanalytischen, ethnographischen oder entwicklungspsychologischen Diskursen. Um im Hinblick auf das immer wieder bemühte rhetorische Schema von »anthropologischen Konstanten« einen Vorschlag zur Güte zu machen: es spricht in der Tat vieles dafür, daß es solche Konstanten gibt. Es sind Problem-Konstanten: Alle Menschen zu allen Zei-

7 Ibid., p. 159

ten in allen Kulturen müssen z. B. (die Liste ist nicht vollständig, aber auch nicht beliebig) erstens begehren, zweitens sprechen, drittens tauschen und viertens Zeit erfahren. Welche Ordnung des Begehrens sie entwickeln (ist die Kreuzcousinen-Heirat verboten oder wird sie umgekehrt gerade favorisiert? → Strukturalismus, Psychoanalyse), welche Diskursreglementierung ihr Sprechen strukturiert (wer darf was mit welchen Folgen zu wem sagen? warum braucht man in einigen Gesellschaften eine *venia legendi*, um ungestraft öffentlich reden zu dürfen? → Diskurstheorie), welche Tauschregeln sie entwickeln (Potlatch, Geldverkehr, Sozialismus?) und wie sie auf die Erfahrung von Zeitlichkeit und Sterblichkeit reagieren (z. B. mit Jenseitsglauben oder mit Lebens-Enthusiasmus → Existentialismus) – das alles und vieles mehr steht offensichtlich zur Disposition und ist mitnichten konstant. Und ganz geheuer ist es auch nicht.

Wirkungen, Risiken und Nebenwirkungen

Ihre Hochkonjunktur hatte die Anthropologie in den fünfziger und sechziger Jahren des 20. Jahrhunderts. Die Gründe für diese Konjunktur liegen auf der Hand: Die klassische Frage »Was ist der Mensch?« stellte sich nach den Traumata des Zweiten Weltkriegs neu: Was bleibt vom tradierten Menschen-Bild? In dem Maße, wie die zunehmende Modellierbarkeit von Menschen unübersehbar wird, erodieren alte Substanzfragen wie die nach dem Wesen des Menschen. Schon der Begriff »Anthropologie« wirkt seit den späten sechziger Jahren wie der Begriff »Humanismus«: *old-fashioned*. Aufgeklärte Anthropologie nimmt dies wahr und transformiert sich in Historische Anthropologie. Seitdem sich mit Darwin und jüngst durch die rasanten Fortschritte der Gentechnologie herumgesprochen hat, wie nah verwandt Menschen nicht nur mit Primaten, sondern auch mit Kohlköpfen, Regenwürmern und Hausschweinen sind, macht sich allerdings eine gewisse Konjunktur des altehrwürdigen anthropologischen Frageprojekts bemerkbar. Aussichtsreicher ist es heutzutage bei der Beantragung von Drittmittelprojekten jedoch, statt von Anthropologie von »Lebenswissenschaften« zu sprechen und entbundene Inter-, Meta- und Transdisziplinarität zuzusichern.

Zu einer dramatischen Revitalisierung anthropologischer Fragestellungen kam es, als Peter Sloterdijk im Jahre 1999 auf Schloß Elmau einen Vortrag unter dem Titel *Regeln für den Menschenpark* hielt. Seine dreifache These lautete: Menschen waren und sind erstens immer formbar, Anthropologie war und ist auch immer ein Programm für Anthropotechnologie; das gilt zweitens auch und gerade für humanistische Programme – pointiert: Alphabetisierung, Charakter-Bildung, preußische Gymnasien und Universitäten arbeiten ersichtlich daran, Menschen nach ihrem Bilde zu formen; eine riskante Wendung bekommt die Tradition dieses Programms (drittens), wenn die Menschen-Gattung über Möglichkeiten verfügt, von kulturell-pädagogischen auf genetisch anthropotechnische Merkmalsplanung umzustellen. Sloterdijks Frage lautete: »Ob aber die langfristige Entwicklung auch zu einer genetischen Reform der Gattungseigenschaften führen wird – ob eine künftige Anthropotechnologie bis zu einer expliziten Merkmalsplanung vordringt; ob die Menschheit gattungsweit eine Umstellung vom Geburtenfatalismus zur optionalen Geburt und zur pränatalen Selektion wird vollziehen können – dies sind Fragen, in denen sich, wie auch immer verschwommen und nicht geheuer, der evolutionäre Horizont vor uns zu lichten beginnt.«[8]

Jürgen Habermas hat diesen Vortrag »genuin faschistisch« genannt und dafür gesorgt, daß er in der Wochenzeitschrift *Die Zeit* auf empörte Kritik stieß. Daraufhin entfaltete sich eine hochemotionalisierte öffentliche Debatte.[9] »Genuin faschistisch« ist kein kleines Kritikkaliber; genuin faschistisch, also nicht »nur« »faschistoid« bzw. »prä- oder post-faschistisch« ist, wer Weltkriege und industriellen Massenmord für seine menschenverachtende Sache einzusetzen bereit ist. Die ungeheure Gereiztheit der Debatte dürfte sich auch damit erklären, daß Sloterdijk (ähnlich wie Foucault → Diskurstheorie) noch danach fragt, wieviel Macht- und Formierungswillen in Projekten steckt, die sich selbst als liebenswürdig, humanistisch, fortschrittlich und menschenfreundlich etikettieren – sowie anthropologiekritisch danach, ob es ein irreduzibles »Wesen« DES Menschen gibt. Die Angemessenheit der von Sloterdijk gestellten Frage nach der Anthropotechnik und ihrer Vorgeschichte läßt sich kaum ernsthaft bestreiten. Zur Diskussion steht demnach nicht, ob es Anthropotechnik gibt und geben soll, sondern,

8 Peter Sloterdijk: Regeln für den Menschenpark. Frankfurt/Main 1999, p. 46 sq.

9 Sie ist dokumentiert in: ZEITdokumente 2/1999: Der Streit um den Menschen

welche Anthropotechniken welche Effekte haben. Wieviel Menschelndes noch in solche Theoriedebatten über Anthropologie einfließt, läßt die Antwort von Habermas auf Sloterdijks Kritik an seinem Verdikt erkennen: »Meine Generation hat den vornehmen Ton in der Philosophie, der schon Kant und Heine auf den Nerv gegangen war, abgeschafft. Darin steckt die (nur zu: die blauäugige) Überzeugung, daß sich theoretische Auseinandersetzungen nicht in Reputationsgerangel erschöpfen; daß sich in der Welt, in der Theorien aufeinanderstoßen, am Ende die besseren Argumente durchsetzen und nicht Selbstinszenierungen auf Kosten anderer. Oder sollte Sloterdijk sich über diese Welt längst in jene Höhen erhoben haben, wo das An- und Ausdenken das Nachdenken ersetzt hat?«[10] Die Strategie solcher starken Sätze ist unverkennbar. Sie werben fürs Nachdenken und wollen bestimmte Thesen, die des Nachdenkens offensichtlich wert sind, tabuisieren und so dem Nachdenken entziehen. Sie kommen rhetorisch stark daher und kritisieren Vermengungen von Rhetorik und Argumentativität. Dabei verfangen sie sich in einen weiteren performativen Widerspruch: sie argumentieren *ad hominem*, wo es ihnen darum geht, Anthropologie zu überwinden. Viele Indizien sprechen dafür, daß die Anthropologie das Reflexionsgespenst ist, das gerade die aufgeklärtesten Theorien nicht loswerden.

10 Ibid., p. 27

Bourdieus Theorie des sozialen Feldes, des Habitus und des symbolischen Kapitals

Auf dem Fußballplatz gelten andere Regeln als im Parlamentsgebäude, in der Börse, in der Kaserne, auf der Autobahn oder im Hörsaal. Dennoch handelt es sich um Regeln, die sich vergleichen und auf Gemeinsamkeiten und Differenzen hin analysieren lassen. All diese und weitere Felder *(champs)* mehr hat der französische Soziologe, Ethnologe und Kulturanalytiker Pierre Bourdieu (1930-2001) in einer breiten Serie von Büchern untersucht. Sie alle folgen ein und derselben plausiblen Grundthese: Regeln sind das eine, ihre praktische Umsetzung ist das andere. Eine Gesellschaft differenziert sich in unterschiedliche Felder aus (vgl. → Systemtheorie). Das intellektuelle, das religiöse, das wissenschaftliche, das politische oder das ökonomische Feld verpflichten diejenigen, die sich auf ihm tummeln, zur Respektierung gewisser expliziter, aber eben auch unausgesprochener, ja unaussprechlicher Regeln. Ein auf Universitätskarriere setzender *Homo academicus* (so der Titel von Bourdieus 1984 erschienener Untersuchung/dt.1988) wird sich als Element des wissenschaftlichen Feldes in eine unablässige, durch und durch »unwissenschaftliche« Rangelei verstrickt finden, in der es um Ruhm und Ehre, Publikationschancen und Vortragseinladungen, Initiationsriten und Diplome, Bewerbungen und Kommissionsmitgliedschaften, Intrigen und Vereinsmeierei geht. Daneben auch um Wissenschaft und ihren spezifischen Code richtig/falsch.

Das hat durchaus Ähnlichkeiten mit den Kämpfen

um Anerkennung und Aufmerksamkeit in anderen Spiel-, Kampf- und Kraftfeldern. Um ein Beispiel zu nennen, das Bourdieu gründlicher untersucht hat (*L'ontologie politique de Martin Heidegger*, Paris 1975): Heidegger (→ Seinsdenken, Existentialismus) hat dafür gesorgt, daß ein Ehrentitel des philosophischen Feldes, nämlich Kantianer, also nüchtern, argumentativ und erkenntnistheoretisch reflexiv zu sein, fast zur Beleidigungsfloskel wurde, wenn es »Neukantianer« abzukanzeln galt. In Bourdieus Worten: »Derartige Fälle völliger Inversion, in der der Adelstitel des einen zum Schandmal des anderen werden kann, das Emblem zur Beleidigung (und umgekehrt), erinnern daran, daß das universitäre Feld – wie jedes andere auch – Stätte der Auseinandersetzung und des Kampfes ist, in dem es um die Bestimmung der Voraussetzungen und Kriterien der legitimen Zugehörigkeit und Hierarchie geht, das heißt der relevanten, wirksamen Eigenschaften, die sich als Kapital einsetzen lassen und spezifische Profite erzielen, die vom jeweiligen Feld abgesichert werden. Die verschiedenen Ensembles von Individuen (...) sind durch diese verschiedenen Kriterien, an denen ihnen jeweils liegt, definiert. Indem sie sie einklagen, sich für deren Anerkennung einsetzen und ihren Anspruch geltend machen, eben diese Kriterien zu legitimen Eigenschaften zu erheben, arbeiten sie an der Veränderung der Gesetzmäßigkeiten, denen die Preisbildung auf dem universitären Markt gehorcht, und damit an der Erhöhung ihrer Profitchancen.«[1]

Diese hochabstrakten und dennoch um Konkretion

1 Pierre Bourdieu: Homo academicus, übers. B. Schwibs. Frankfurt/Main 1988, p. 45

bemühten Worte sind für Bourdieus Denk- und Schreibstil charakteristisch. Sie zeugen von einem gewissen Habitus. Habitus: das alte, im Umkreis der Phänomenologie Husserls reaktivierte Wort meint, daß man angesichts der Komplexität von Milieus, Feldern und Kontexten, in denen man sich bewegt, gar nicht anders kann, als sich ein gewisses Verhaltensschema anzutrainieren. Selbstredend ist auch dieses Muster wiederum sozial induziert. Es läßt aber eine individuelle Bandbreite zu, in die spezifisch und biographisch unverwechselbare Einflüsse anderer Felder (z. B. der Religion, der Erziehung, der Familienkonstellation, der Region) mit einfließen. Über einen spezifischen Habitus verfügen demnach nicht nur Individuen, sondern ganze Gruppen und Kohorten – z. B. die Absolventen der Pariser Elite-Hochschule ENS (Ecole Normale Superieur), der der aus sogenannten kleinen Verhältnissen entstammende Bourdieu als Erstplazierter seines Jahrgangs ebenso entsprang wie sein zweitplazierter Jahrgangskollege Jacques Derrida (→ Dekonstruktion). Einen spezifischen Habitus haben bzw. praktizieren heißt: man lernt, auf die Regeln eines Feldes elastisch (z. B. distanziert, ironisch, verdrängend, arrogant, sachlich, emotional, verallgemeinernd etc.) und situationsangemessen zu reagieren – und sie damit auch ein wenig zu verändern. Das Begriffspaar Feld/Habitus taugt nach Bourdieu dazu, eine methodologische Brücke zu schlagen zwischen einem einseitigen Objektivismus, wie ihn u. a. der feldanalytisch produktive, aber praxisblinde Strukturalismus inkarniert, und einem nicht minder einseitigen Subjektivismus, der z. B. in Fehlformen des Existentialismus vorliegt.

Gemeinsam ist den Feldern, daß auf ihnen jeweils ein Kampf um »symbolisches Kapital« stattfindet. Ein Wissenschaftler ist um ein hohes Renommee bemüht, ein Politiker um ein wählertaugliches Image, ein Manager um Mitgliedschaft in einem exklusiven Golfclub, ein Vorstadtjugendlicher um Gefolgschaft in seiner Gruppe oder Clique. Bourdieu hat in diesem Zusammenhang zwei Thesen populär gemacht: Es geht bei sozialen Konflikten und Kämpfen aller Art erstens nicht »nur« und häufig nicht einmal primär um finanzielles Kapital (obwohl Bourdieu der letzte wäre zu bestreiten, daß es immer auch darum geht), sondern um symbolisches Kapital. Man gewinnt es vor allem dadurch, daß man sich auf die Kunst der »feinen Unterschiede« versteht (*La distinction – Critique sociale du jugement*, Paris 1979, dt. *Die feinen Unterschiede*, Frankfurt/Main 1981): Welche Restaurants, welche Ferienorte, welche Armbanduhren, welche Tennisclubs für die Kinder sind »angesagt« und welche Distinktionsgewinne bringt es, wenn ich a und nicht b wähle. Fragen wie diese haben nicht nur in *upper classes*, sondern in allen Feldern und Milieus Geltung. Was zweitens heißt: Soziale Kämpfe finden im Spätkapitalismus nicht mehr nur zwischen unterschiedlichen Klassen und Schichten, sondern zunehmend innerhalb der einzelnen Schichten und Felder statt – als Kämpfe um symbolisches Kapital.

Wirkungen, Risiken und Nebenwirkungen

Es gibt ihn noch, den klassischen Pariser Linksintellektuellen. Und es gelingt ihm, viel symbolisches Kapital zu akkumulieren: Bourdieu zählt zusammen mit Noam Chomsky (→ Strukturalismus) weltweit zu den meistzitierten Theoretikern der letzten Jahrzehnte. Dabei haben die Überlegungen von Pierre Bourdieu häufig einen latent anachronistischen Charme. Sie integrieren alles, was auf dem Theoriemarkt akzeptanzfähig ist, vermeiden allzu steile Thesen und knüpfen an den gesunden Menschenverstand an. Kein zweiter Theoretiker der Humanwissenschaften der letzten fünfzig Jahre hat so stur und zugleich elastisch am tradierten Theorie-Praxis-Schema festgehalten wie Bourdieu. Er weiß, daß sozialwissenschaftliche anders als naturwissenschaftliche Theorie, in welchem Maße auch immer, Rückwirkungen auf das hat, was sie beschreibt und analysiert. Bourdieu wollte diesen Einfluß, er inkarnierte noch einmal den engagierten Intellektuellen, der mit Globalisierungskritikern in der Attac-Bewegung oder mit Immigrantengruppen zusammenarbeitet.

Am aufschlußreichsten ist die Lektüre der zahlreichen Arbeiten Bourdieus wohl dann, wenn sie, wie in dem gewaltigen Buch *La Misère du monde*, Struktur- bzw. Feldanalysen mit der Ausbreitung von Lebensgeschichten verbinden. Globalisierung, Immigration, Arbeitslosigkeit, Mediengesellschaft oder zweite Moderne sind hochgradig abstrakte Konzepte. Was »dahinter« steht, welche Biographien in all ihrer konkretesten Alltäglichkeit durch solche »Abstrakta« in Turbulenzen geraten, schildert dieses Buch in ebenso eindringlicher wie sachlicher Weise. So erinnert es an eine höhere Binsenweisheit: Es gibt keine Abstrakta (wie Globalisierung, Tauschabstraktion oder Ödipuskomplex), sondern »nur« Lebensgeschichten, die Erfahrungen mit Arbeitslosigkeit, Einkommensverlust oder Vater-Sohn-Konflikten machen. Der Satz, daß die Wahrheit immer konkret ist, ist nicht sonderlich originell und klingt heute *old-fashioned*. Bourdieus Arbeiten, die häufig eine hochabstrakte Sprache pflegen, erinnern daran, daß er dennoch nicht falsch ist.

Cultural Studies/Kulturalismus

Es gibt Fragen, die einen sich nie erschöpfenden Reigen von Kongressen, Sammelbänden, Podiumsdiskussionen, Abhandlungen, Drittmittelanträgen und dergleichen kulturellen Fakten und Ereignissen stimulieren. Die Frage »Was ist Kultur?« bzw. »Was verstehen wir unter Kultur?« gebührt einer der allerersten Ränge unter diesen Fragen. Dabei läßt sich die kulturelle Lieblingsfrage nach der Kultur begriffsgeschichtlich einigermaßen präzise beantworten. Das lateinische Wort *»cultura«* meint die Bestellung von Land. Landwirtschaft sorgt dafür, daß aus (Vor-)Gegebenem ein Gemachtes wird. Kulturell tätig ist, wer dort einen Olivenhain pflanzt, wo zuvor unbestellte, rauhe Natur war. Kein Geringerer als Cicero hat im Anschluß an diesen Wortgebrauch eine wirkungsmächtige Wendung geprägt, als er von der *»cultura animi«* handelte: nicht nur die Natur, auch Geist und Seele lassen sich kultivieren, aneignen, umgestalten (»bewirtschaften« sollte man in diesen Kontexten nicht sagen, weil das allzu kulturfern klingt). Kultur hat bzw. kulturell tätig ist dann derjenige, der sich nach altem, aber modifikationstauglichem Brauch die klassischen Werke so aneignet und fortschreibt, wie der Landwirt sät und erntet.

Wer das Wort Kultur um sein Suffix beraubt, behält ein gleichermaßen altes und zugleich erstaunlich modisches, ja kultiges Wort zurück: eben das Wort »Kult«. Kult betreibt, wer verehrt, woran er nicht heranreicht. Kultisch verehren wir etwa die Götter, das Schicksal, die Ahnen, das Genie. Oder eben heute auch Profaneres. Beide Begriffe, sowohl die Kultur als auch der Kult(us), haben sich als erstaunlich haltbar und (post)modernitätstauglich (→ Postmoderne) erwiesen. Diese oder jene Jeansmarke, diese oder jene Werbung, diese oder jene Szenekneipe kann »Kult« oder »kultig« sein. Das Wort »Kultur« kann da, was seine (Post-)Modernitätstauglichkeit angeht, mithalten. Kompositabildungen auf -kultur sind heute Kult: Streitkultur, Eßkultur, Kinokultur, Reisekultur, Unternehmenskultur, Diskurskultur. Schon Robert Musil hat sich über die Weite und spezifische Unschärfe des Kulturbegriffs lustig gemacht. In seinem 1930 erschienenen Roman *Der Mann ohne Eigenschaften* läßt er eine Frau, die den hochkulturell-klassischen Namen Diotima trägt, über das Bedürfnis nachdenken, »die seit dem Mittelalter abhanden gekommene religiöse Einheit des menschlichen Tuns« zu bezeichnen. Klug, wie Diotima ist, erkennt sie hinter diesem Bedürfnis das tieferliegende »Bedürfnis, eine menschliche Einheit vorzutäuschen, welche die so sehr verschiedenen menschlichen Betätigungen umfassen soll und niemals vorhanden ist. Diese Täuschung nannte Diotima Kultur.«[1] Allzu weit ist Diotimas Wortgebrauch von anspruchsvollen Definitionsversuchen nicht entfernt. So schlägt der amerikanische Kulturwissenschaftler Clifford Geertz folgende Definition vor: »Ich meine mit Max Weber, daß der Mensch ein Wesen ist, das in selbstgesponnene *Bedeutungsgewebe* verstrickt ist, wobei ich Kultur als dieses *Gewebe* ansehe.«[2]

1 Robert Musil: Der Mann ohne Eigenschaften – Bd. 1. Reinbek 1987, p. 101

2 Clifford Geertz: Dichte Beschreibung – Beiträge zum Verstehen kultureller Systeme. Frankfurt/Main 1983, p. 9

Eine aufschlußreiche Definition. Knüpft sie doch an die alte *textura* = Webmetaphorik mitsamt ihrem abgründigen Assoziationsrahmen an: wir laufen Gefahr, zu spinnen und verstrickt zu sein, wenn wir uns nicht auf Vorgegebenes, sondern auf (vermeintlich) Selbstgestricktes einlassen. Wer so fragt, kommt um Anschlußfragen kaum herum: wer spinnt, wer strickt, wo kommt der Stoff her, aus dem die Kultur ist, was sind die Webmuster, wer macht welches Design, was sind die Topmodelle, wie ändern sich die Moden, gibt es eine alternative Webkultur, könnte es nicht sein, daß Kultur als das Gemachte und Hervorgebrachte selbst zum Vorgegebenen wird, soll und kann es Kultur für alle geben, soll und kann es *eine* Kultur für alle geben, gibt es eine richtige Kultur, was geschieht bei einem Zusammenprall von Kulturen, welche Kulturleistungen sollen wir kultisch verehren? Solche in Protestbewegungen aller Art (von konfessionellen Häresien bis zur Sturm-und-Drang-Bewegung) schon lange virulenten Fragen stellte in den späten fünfziger und sechziger Jahren des 20. Jahrhunderts innerhalb der Alma mater ausdrücklich ein Kreis von Professoren und Kritikern um Richard Hoggart (geb. 1912) an der Universität Birmingham. Mit durchschlagendem Erfolg: Hoggart wurde 1964 zum Gründungsdirektor des einflußreichen Centre for Contemporary Cultural Studies (CCCS) in Birmingham, Stuart Hall wurde 1968 sein Nachfolger.

Der Begriff *»cultural studies«* machte bald Karriere.[3] Das wissenschaftliche Pathos der neomarxistisch

3 Cf. u. a. Hartmut Böhme: Vom Cultus zur Kultur(wissenschaft) – Zur historischen Semantik des Kulturbegriffs; in: Renate Glaser/

inspirierten *cultural studies* traf sich in vielfacher Hinsicht mit dem der Studentenbewegung. Nieder mit den alten Autoritäten! Sprengt den Kanon! Lest nicht nur, was weiße, protestantische, angelsächsische Männer geschrieben haben! Erweitert den Kultur- und Kunstbegriff! Alles ist Kultur, alles ist politisch. Solche Befreiungsschläge eröffneten ein weites Forschungsfeld. Fortan konnte man besseren Gewissens und mit Aussicht auf akademische Karriere nicht nur über Höhenkammkulturprodukte wie Homers, Dantes, Shakespeares und Goethes Werke forschen, publizieren und debattieren, sondern auch über Werbetexte, die Geschichte von Automobilclubs, die Kleidungssitten der frühen Siebziger in Londoner Vororten, die Songs der Pop-Kultur, die Mentalität von Schrebergartenpächtern, den epochen- und milieutypischen Inhalt von Damenhandtaschen oder den Einfluß irokesischen Designs auf die Frisurenmoden europäischer Adoleszenten. Überdies erwies sich das Programm der *cultural studies* als außerordentlich anschluß- und bündnisfähig. Es konnte Allianzen mit dem → **Feminismus**, der → **Diskurstheorie**, den Gramscischen Theoremen über kulturelle Hegemonie, der → **Dekonstruktion** oder der → **Medientheorie** (um nur sie zu nennen) eingehen.

Jenseits aller Ironisierungen, die solche gewaltigen Aquisitionsanstrengungen nun einmal obligatorisch begleiten, steht außer Frage, daß die *cultural studies* die Erforschung der enormen Prägekraft von Alltags-

Mathias Luserke (edd.): Literaturwissenschaft – Kulturwissenschaft. Opladen 1996, pp. 48-68 und Uwe C. Steiner: Die Tücke der Kultur und die Utopie des Objekts; in: Kunibert Bering et al. (edd.): Kultur – Kompetenz – Aspekte der Theorie, Probleme der Praxis. Oberhausen 2003, pp. 47-67 milieus und -kulturen entschieden vorangetrieben haben. Zur Ausbildung einer einheitlichen Methodologie kam es dabei jedoch nicht. Man kann die Geschichte der Subkultur maghrebinischer Immigrantenkinder in den Vororten von Paris z. B. linguistisch, mentalitätshistorisch, positivistisch, religionsvergleichend, soziologisch, ethnologisch, teilnehmend beobachtend, architekturtheoretisch, feministisch oder auch literarisch analysieren – und selbstredend wird man zu dem Resultat kommen, daß bei solchen Themenfeldern Interdisziplinarität angezeigt ist. Gerade diese extreme Themen- und Methodologie-Weite ist Segen und Fluch der *cultural studies*.

Wirkungen, Risiken und Nebenwirkungen

Die feste kulturhegemoniale Traditionen sprengende Wirkung von *cultural studies* ist sofort einsichtig. Alles und alle haben Anspruch auf Gehör, Rezeption und Aufmerksamkeit. *Cultural studies* setzten sich nicht zufällig in dem Maße und in den wissenschaftskulturellen Kontexten durch, in dem zwei Großbegriffe an Attraktivität und Kraft gewannen: Interdisziplinarität und *political correctness*. Bei vielen US-Universitäten fand das emanzipatorische Programm der *cultural studies* schnell offene Campus-Türen. Es leuchtet auch fast jedem sofort ein, daß für ganze Jahrgangskohorten die kulturelle Prägekraft etwa von Beatles-Songs, von *soap operas* oder von Drogenkonsum deutlich größer war als die von Homer-, Shakespeare- oder Goethe-Lektüre. Vergleichsweise lange dauerte es hingegen, bis sich deutsche Universitäten der *cultural-studies*-

Programmatik öffneten. Nun aber scheint kein Halten mehr: die Umetikettierung traditioneller geisteswissenschaftlicher in kultur- und/oder medienwissenschaftliche Studiengänge ist in vollem Gang.

Und so wird es wie bei allen ein wenig zu kraftvollen bzw. verdächtig erfolgreichen Programmatiken reizvoll, nach den Risiken und gewollten wie ungewollten Nebenwirkungen von *cultural studies* zu fragen. Eine liegt auf der Hand und ist stets erneut, etwa von George Steiner und Harald Bloom, vorgetragen worden: Die »großen Werke« sind einfach komplexer, tiefsinniger und geglückter als all die vielen weiteren Artikulationen und Dokumente, die der inflationierte Kulturbegriff als Analysematerial zuläßt. Der »westliche Kanon« (Bloom)[4] hat keinen Grund, sich klein zu machen oder gar zu verstecken. Es lohnt sich, die großen Werke von der Thora und den Dramen des Aischylos über Augustinus, Petrarca, Michelangelo, Johann Sebastian Bach und Mozart bis hin zu Tolstoi, Freud, Proust, Joyce und Rilke zu rezipieren. Und dies nicht zuletzt deshalb, weil in diesen Werken möglicherweise mehr »subversives« Potential steckt als in der subversiven Abschaffung dieses Werke-Kanons. Kanonauflösung hat üble Folgen: sie läßt kommunikative Möglichkeiten austrocknen. Ja, sie macht es geradezu unmöglich, sich an einem klugen, komplexen, stets für Überraschungen sorgenden »Feindbild« der zumutungsreichen Hochkultur abzuarbeiten. *Cultural studies* führen, ihrem explizit emanzipatorischen Programm zum Trotz, zu einer pragmatischen Verharmlosung und Inflationierung des Kulturverständnisses, was na-

4 Harald Bloom: The Western Canon. New York 1994

tur- bzw. kulturgemäß ungewollte Nebenwirkungen haben kann. Jeder interessiert sich für anderes, in der Regel aber für sich. Kein noch so gebildeter Mensch kann über die Kultur gehandicapter lesbischer Frauen in der Mongolei genausogut Bescheid wissen wie über die Geschichte des Turnschuhimports nach Österreich und seine Auswirkungen auf den Jodel-Kult.

Cultural studies inflationieren und enthierarchisieren den Kulturbegriff. Das ist sympathisch und politisch korrekt. Sie sind damit aber auch so etwas wie ein akademisches Seitenstück zum Kulturalismus. Unter »*culturalism*« läßt sich zumindest zweierlei verstehen. Einmal wurde der Begriff von Stuart Hall 1980 explizit als Konkurrenzbegriff zum → Strukturalismus eingeführt, um darauf hinzuweisen, daß auch Erfahrungen sozialer, sprachlicher oder psychischer Tiefen-Strukturen immer schon kulturell vermittelte Erfahrungen sind. Zum anderen kristallisiert sich in den letzten Jahren der Begriff »Kulturalismus« als ein Gegenbegriff zum »Universalismus« heraus. Kulturalistisch argumentieren heißt dann: Kulturen und ihre spezifischen Gesetzmäßigkeiten so zu behandeln und zu analysieren wie die Natur und ihre Gesetze. Die Gegenposition ist leicht zu benennen: Ein normativer Universalismus setzt (voraus), daß für alle Kulturen die gleichen Rechte (z. B. Gleichstellung von Frauen und Männern) gelten soll(t)en (→ Gerechtigkeitstheorie). Man sieht schnell, wieviel Sprengkraft in dieser Alternative liegt. Polemische Zuspitzungen und Illustrationen lassen sich unschwer finden. Muß, soll, darf man »kulturalistisch« akzeptieren, daß eine Kultur wie die deutsche mit der Organisation eines industriellen Massenmords kompatibel wird? Argumentiert man politisch inkorrekt, wenn man überlegt, ob der verwerfliche Kolonialismus der Spanier nicht nur zur Zerstörung von Hochkulturen, sondern auch zur Rettung von Menschenleben vor blutigen Opferkulten geführt hat? Nicht für die Azteken, wohl aber für jene ihrer Nachbarn, die das Menschenopfermaterial liefern mußten, war die Ankunft der Konquistadoren ein Segen.

Ein Re-entry-Test (→ Systemtheorie) lohnt sich auch hier. Stellen wir also die Frage, ob die Unterscheidung von normativem Universalismus und Kulturalismus eine universell gültige oder eben eine kulturhistorisch spezifizierbare Unterscheidung ist. Alle guten Gründe sprechen für das paradoxe Resultat, daß der Universalismus so universalistisch nicht ist. Er resultiert aus der spezifischen Entwicklungslogik einer von vielen Kulturen. »Sachlich« falsch muß er aber nicht sein, wenn er seine spezifisch kulturhistorische Genese ausblendet. In seinen Essays unter dem Titel *The Culture Cult – Designer Tribunalism and Other Essays* (Oxford 2000) hat Roger Sandall darauf aufmerksam gemacht, daß das schon seit Herder populäre Argument, Kulturen seien wie Individuen wenn nicht inkompatibel, so doch inkommensurabel, bei vielen zu einer »Sakralisierung kultureller Differenzen« geführt hat. Bitte keine Einmischung in innere Angelegenheiten! Ob Klitorisbeschneidung in einigen islamischen Sphären oder sadistische Initiationsriten für männliche Jugendliche auf Papua-Neuguinea, ob massenmörderischer Antisemitismus im Deutschland des 20. Jahrhunderts oder Verstümmelung weiblicher Füße in China: ist der kulturalistische Satz *»tout comprendre c'est tout par-*

donner« (alles verstehen heißt: alles entschuldigen) ein sinnvoller Leitsatz für *cultural studies*? Gerade bei grundsympathischen Konzepten und Leitbegriffen wie »Kommunikation«, »Verständigung« oder auch »Kultur« ist ein hohes Maß an Mißtrauen angezeigt. Denn diese guten und hochgradig positiv besetzten Begriffe haben eine fatale Tendenz, sich gegen Kritik zu immunisieren. Deshalb kann Mißtrauen gegen das allzu gut Gemeinte ein wertvolles Antidot gegen unerwünschte Nebenwirkungen z. B. eines Kultur-Kults sein.

Dekonstruktion (Jacques Derrida)

Dekonstruktion ist ein exquisites Fremd- und Kunstwort, das der französische Philosoph Jacques Derrida (1930-2004) geprägt und erfolgreich in Umlauf gebracht hat. Nur ein Buchstabe (fachsprachlich linguistisch ausgedrückt: nur ein Phonem) unterscheidet »Dekonstruktion« vom vertrauteren Begriff »Rekonstruktion«. Wer die Überzeugungskraft und Tragfähigkeit von Argumenten, Theoremen, Sätzen und Konstruktionen aller Art überprüfen will, muß sie rekonstruieren können, muß sie genau auf ihre Einzelelemente und auf deren Verfugung hin analysieren. Eben dies tut die Dekonstruktion. Sie rekonstruiert Texte. Dekonstruktion ist keine Methode, sondern nicht mehr und nicht weniger als das praktizierte Ethos äußerster Genauigkeit (Kritiker meinen: hypertropher Genauigkeit) bei der Lektüre von Texten, die Aufschluß über relevante Themen und Probleme (Wahrheit, Sinn, Gerechtigkeit, Verständigung, Kommunikation, Präsenz, Tod) versprechen. Dekonstruktion ist rekonstruierende Lektüre, also (um eine Sprache zu verwenden, die nicht die der Dekonstruktion ist) *second order observation*, die weiß, daß sie sich und ihre Operationen immer mit beobachten, also *last order observation* sein müßte, genau dies aber nicht sein und tun kann.

Dekonstruktion beobachtet, wie die von ihr rekonstruierten Texte Sachverhalte, Probleme und Themen beobachten und beschreiben. Dabei macht sie immer erneut und immer anders (einfach deshalb, weil sie sich hochgradig unterschiedlichen Texten zuwendet) eine auf- und anregende Entdeckung. Nicht nur, aber gerade auch Texte, die Aufschluß über letzte oder vorletzte Dinge wie das Ganze, die Wahrheit, den Sinn, das Sein, die Geschichte, unhintergehbare Individualität, herrschaftsfreien Diskurs oder Letztgewißheiten aller Art versprechen, versprechen sich. Dekonstruktion destruiert von sich selbst überzeugte Ordnungen genau in dem Maße, in dem sie sie rekonstruiert. Dekonstruktion kritisiert (semantische, theoretische, konzeptionelle) Ordnungen nicht von außen, sondern indem sie sich vorbehaltlos auf sie einläßt und gerade dadurch ihre immanenten Widersprüchlichkeiten re/de(kon)struiert. Ihr Gestus ist der einer Affirmation als Kritik, die eben durch ihren in jeder Weise einläßlichen Charakter um so mehr Überzeugungskraft hat. Das ist schon auf einer vulgärpsychologischen Ebene nachvollziehbar. Es nervt Konservative wie Kommunisten kaum, es stabilisiert sie vielmehr, wenn sie von außen kritisiert werden. Für wirkliche Irritation ihres Selbstverständnisses sorgt nur immanente Kritik: wenn z. B. ein überzeugter Konservativer feststellt, für wieviel Dekadenz und TV-Pornographie die von Konservativen protegierten privaten Medienanstalten gesorgt haben, oder wenn um 1980 ein Kommunist feststellt, wie feudalistisch die DDR organisiert ist – mit ihren einflußreichen Familien, dem *poeta laureatus* vor dem Fürstenthron oder mit Wohngebieten und Wäldern, die zugunsten aristokratischen Alltags- und Jagdvergnügens für die arbeitende Bevölkerung gesperrt sind.

Dekonstruktion ist, um das inflationär mißbrauchte Wort denn doch noch einmal zu verwenden, tatsächlich in dem Maße subversiv, in dem sie sich vorbehaltlos, ganz und gar auf Konzepte, Texte und Theorien einläßt, die über interne Widerspruchsfreiheit oder gar Letztbegründungsqualität zu verfügen versichern und sich damit rettungslos übernehmen. Das dekonstruktive Grund- bzw. Abgrund-Argument gegen solche Versicherungen ist unschwer nachzuvollziehen. Noch Theorie-Größen wie Gott, transzendentale Subjektivität, Widerspruchsfreiheit, Sein, Absolutes, Letztgewißheit, Ausschluß pragmatischer Selbstwidersprüche etc. sind Begriffe und also Zeichen und also interne, nicht etwa externe Elemente eines Sprachsystems. Um zu pointieren: Wer der Aufforderung folgt, doch mal geschwind ein Beispiel für ein Signifikat anzugeben, hat sich schon a priori blamiert, denn er kann ja selbstredend gar nicht anders, als in seiner Antwort Signifikanten aneinanderzureihen. Theorien haben (wie andere Textsorten auch) nichts als Worte, als Zeichen, als Signifikanten. Auch »Gott« ist ein Signifikant – in einigen Spielarten von Religion und Theologie übrigens einer, der fast auf der Höhe der Dekonstruktion ist, sofern er weiß, daß am Anfang das Wort war. Alle Zeichen mitsamt unterliegen einer Signifikantenlogik, die eine Logik der Differenzen ist. Der Wert eines Zeichens bemißt sich aus seiner Differenz zu anderen Zeichen: Kirche/Kirsche, Himmel/Hummel/Hammel, Signifikat/Signifikant, Buch/Bach. Differenz ist kein Sekundäreffekt, der sich um ein Identitätszentrum lagert, sondern selbst ein ursprüngliches Datum in dem paradoxen Sinne, daß im Ursprung ein Sprung, ein Riß, eine untilgbare Differenz ist.

Derrida hat für die Bezeichnung dieses Nicht-Ursprungs, dieses immer schon nachgetragenen, abwesenden Ursprungs ein exquisites und gewissermaßen hinterhältiges Kunstwort vorgeschlagen: »*differance*« (mit a statt mit dem Buchstaben e, den die korrekte französische Schreibung erfordern würde) – »Differänz«. Die Differenz von Differänz und Differenz läßt sich nur lesen, nicht hören. Dies und nicht nur dies Indiz verweist darauf, daß Schrift als ein Medium der Abwesenheit von Sprechern, als eine differänte Ur-Sprungs-Spur in einem gewissen, aber spezifischen Sinne früher ist als die gesprochene Sprache. Wer spricht, hört sich sprechen: er scheint sich selbst präsent zu sein und neigt dazu, zu vergessen, was ihm immer schon voraus ist: eben das differentielle System der Sprache. Das lebendige Wort, den lebendigen Geist, das lebendige Gespräch hochzuschätzen und den toten Buchstaben, das modernde Buch, die trockene Schrift, die verblassenden Zeilen und die sekundären Medien abzuwerten ist ein Kulturgestus, der sich spätestens seit den Zeiten des Sokrates und bis hin zur philosophischen Hermeneutik durchgehalten hat. Um das mit dem Wort zu charakterisieren, das Derrida geprägt hat: Wir sind in aller Regel nicht nur ego-, sondern ebenso auch phonozentrisch ausgerichtet. Und damit verkennen wir systematisch, daß das Phänomen der Bedeutsamkeit sich nicht der Präsenz, sondern der Absenz des Bedeuteten und Bedeutenden verdankt. Schrift ist ersichtlich nur dort und dann sinnvoll, wo und wenn Kommunizierende räumlich und/oder zeitlich abwesend sind. In struktureller Hinsicht gilt das aber auch für die gesprochene Sprache: Wir reden, weil immer etwas abwesend ist – in profaner Hinsicht das, was wir begehren, in tiefsinniger Perspektive der sich offenbarende, mit sich identische, nicht weiter zu hintergehende, in sich ruhende Sinn. In Derridas Worten: es gibt keine »transzendentalen Signifikate«, die die Signifikanten mit Sinn und Bedeutung versehen bzw. speisen. Wohl aber gibt es ein umtriebiges, durch und durch paradoxe Effekte freisetzendes Begehren, solche transzendentalen Signifikate ausfindig und intersubjektiv verbindlich zu machen.

Theoriegeschichtlich auffällig ist, daß die Dekonstruktion an Motive romantischer, symbolistischer und avancierter Schriftsteller anknüpfen kann. Derrida übersetzt eine starke poetische Intuition (etwa von Novalis und Friedrich Schlegel, von Baudelaire und Rimbaud, von Mallarmé und Genet) in eine Theoriesprache, die weiß, daß sie sich von alternativen Theoriesprachen eben dadurch unterscheidet, daß sie poetischen Texten Einsichten zutraut, die Theorietexte in dem Maße verfehlen müssen, in dem sie sich auf Widerspruchs- und Paradoxiefreiheit einschwören lassen. So heißt es schon in einem kleinen Text, den Novalis 1798 niederschrieb und mit dem vielsagenden Titel *Monolog* versah: »Es ist eigentlich um das Sprechen und Schreiben eine närrische Sache; das rechte Gespräch ist ein bloßes Wortspiel. Der lächerliche Irrthum ist nur zu bewundern, daß die Leute meinen – sie sprächen um der Dinge willen. Gerade das Eigenthümliche der Sprache, daß sie sich blos um sich selbst bekümmert, weiß keiner. Darum ist sie ein so wunderbares und fruchtbares Geheimniß, – daß wenn einer blos spricht, um zu sprechen, er gerade die herrlichsten, originellsten Wahrheiten ausspricht.«[1] Der deut-

1 Novalis: Monolog, in: Werke, Tagebücher und Briefe Friedrich von

sche Romantiker erfährt und inszeniert sich und sein poetisch-reflexives Tun als Ausdruck einer tiefen, aber eben auch fruchtbaren Sprachkrise. Ihren turbulenten Kern hat diese Krise in einer irreduziblen Doppelfunktion von Sprache. Wer spricht oder schreibt, sagt themenzentriert etwas über etwas aus (um mit Novalis zu formulieren: Er spricht um der Dinge willen; Linguisten würden heute vom propositionalen Gehalt eines Satzes sprechen); und er tut zugleich etwas, er spricht bzw. schreibt nämlich, er teilt mit unterschiedlichen Transparenz-Graden etwas mit – zumindest dies: daß er es für geboten hält, diesen Satz über etwas jemandem mitzuteilen. Theoriesprachlich ausgedrückt: Sprech-, Schreib-, Kommunikationsakte kombinieren immer Fremd- mit Selbstreferenz. Ich sitze jetzt (der Versuchung widerstehend, dieses seltsame Wort fassen zu wollen: jetzt) vor meinem PC und schreibe für unbekannte Leser etwas »über« Dekonstruktion bzw. Derrida, damit zumindest mitteilend, daß ich dies für ein Unterfangen halte, das einen gewissen Zeitaufwand lohnt.

Die provokative Kraft des witzigen Textes von Novalis ist deutlich inszeniert: Der gesunde Menschenverstand geht selbstredend davon aus, daß das eigentlich Wichtige an Kommunikationsakten der Transport propositionaler Gehalte ist. Novalis aber kehrt diese Hierarchisierung entschieden um. »Das Eigentümliche der Sprache« ist nicht ihre Fremd-, sondern ihre Selbstreferenz: »daß sie sich blos um sich selbst bekümmert«. So unterschiedliche Köpfe wie Nietzsche, Heidegger,

Hardenbergs, edd. H.-J. Mähl/R. Samuel, Bd. 2. München 1978, p. 438

Freud und Benjamin haben diese erst einmal kontraintuitive, dann aber analytisch außerordentlich produktive Einsicht in je ihrer Weise entwickelt. Und an die Denkgesten dieser Poesie-sensiblen Köpfe knüpft die Dekonstruktion ihrerseits an. Dennoch ist Derridas Schreib- und Argumentationsstil offenbar ein anderer als der z. B. Heideggers. Derrida läßt sich anders als Heidegger, der Theorien, Technik und Wissenschaft unter den Generalverdacht der Seinsvergessenheit (→**Seinsdenken**) stellt, ganz und gar auf Szientismus-verdächtige, etwa strukturalistische Theoreme ein; er ist tatsächlich und eben auch in chronologischem Sinn ein Poststrukturalist.

Die Soft-Version von Dekonstruktion ist preiswert zu haben, aber schon so ihren Preis allemal wert: Sprache ist ein unverläßliches Medium – und das ist auch gut so, denn der Umstand, daß wir nicht sehr verläßlich zu Hause sind in der sprachlich gedeuteten Welt, ermöglicht reizvolle Freiheitsspielräume und Vieldeutigkeiten. Daß Sprache unverläßlich ist, entbindet aber nicht von äußerster Genauigkeit des Hinhörens, vom Sich-einlassen auf vermeintlich vertraute und fremde Texte und von akribischen Argumentationen, sondern verlangt geradezu nach einem Ethos der Dekonstruktion. Die anspruchsvollere Version von Dekonstruktion macht einsichtig, daß auch und gerade die sogenannten Geistes- bzw. Humanwissenschaften die Erfahrung ihrer Gödelisierung nicht vermeiden können. So wie der Mathematiker Kurt Gödel in seiner 1931 erschienenen Abhandlung *Über formal unentscheidbare Sätze der Principia Mathematica und verwandter Systeme* mit logischen Mitteln zeigen konnte, daß das System der Logik unvollständig ist, ja sein muß, da es sich nicht selbst zu begründen vermag, und daß Wahrheit ein stärkerer Begriff ist als Beweisbarkeit (aber daß man eben dies logisch/zahlentheoretisch beweisen kann!), so kann Derrida sprachlich (wie sonst?) darlegen, daß das System der Sprache unvollständig ist und sich nicht selbst sinnhaft fundieren kann. Daraus resultieren aber nicht etwa semantisch-nihilistische Konsequenzen. Das Differenz-Spiel der Bedeutungen verdankt sich umgekehrt gerade erst dem Mangel eines transzendentalen Super-Signifikanten bzw. eines offenbaren, transsemantischen Signifikats. *»Un coup des dés n'abolira jamais le hasard.«*

Wirkungen, Risiken und Nebenwirkungen

Es ist kaum verwunderlich, daß sich die Geste dekonstruktiver Lektüre in jenen überschaubaren Kreisen von Literaturwissenschaftlern schnell durchgesetzt hatte, die mit gleichschwebender Aufmerksamkeit große Literatur gelesen und verdrängungsfrei zur Kenntnis genommen haben. Besonders in den avancierten Departments of Literature der US-Elite-Universitäten, also im Umkreis von Geoff Hartmann, Jonathan Culler oder Paul de Man, wurde *»deconstruction«* zu einem verbreiteten Lese-Gestus. Da die Bereitschaft, sogenannte schöne Literatur als Medium der Irritation fester Überzeugungen und konventioneller Weltbilder zu erfahren, aber nicht eben weit verbreitet ist, da viele sogenannte Geisteswissenschaftler Texte so interpretieren, daß sie mit Standardversionen des Weltwissens kompatibel werden, ist es nicht verwunderlich, daß die Dekonstruktion gerade in Deutschland über Jahrzehnte auf geharnischte Ablehnung stieß. Allen, die nach Letztgewißheiten lechzen und die sich von Geisteswissenschaften bzw. von den Werken, die in den Geisteswissenschaften thematisch sind, Aufschluß über die Wahrheit, den Sinn und die vorletzten Dinge versprechen, muß die Dekonstruktion ein Graus sein.

Und so wurde munter auf die Dekonstruktion eingedroschen: Sie sei fahrlässig in Paradoxien und oberflächlich-frivole Wortspiele verliebt; sie widerspreche, wenn sie die referentielle Funktion der Sprache in Frage stelle, sich selbst; sie respektiere nicht die Grenzen zwischen unterschiedlichen Textgattungen; sie zitiere auffallend gerne suspekte Autoren wie Nietzsche, Heidegger, Artaud und Bataille; sie sei also nicht nur rationalitätskritisch, sondern auch irrationalistisch; und wer vernunftkritisch bis irrationalistisch argumentiere, sei zumindest verdächtig, faschistoid zu sein. So lautete der Grundtenor etwa der »Neostrukturalismus«-Darstellung von Jürgen Habermas in seinem 1985 erschienenen Buch *Der philosophische Diskurs der Moderne*. Es half in dieser Nicht-Debatte wenig, darauf hinzuweisen, wie eindringlich kritisch, im produktivsten Sinn dekonstruktiv sich Derrida etwa zum Krieg der USA gegen Vietnam, zur Arpartheid-Politik oder zur Repression in den Warschauer-Pakt-Staaten geäußert hat – die Dekonstruktion blieb ganz anders als in den liberalen Humanities der USA in Deutschland lange Zeit verfemt. George Steiners Polemik *Real Presences* (dt. 1990 *Von realer Gegenwart – Hat unser Sprechen Inhalt?*) brachte den Grundimpuls der Verwerfung von Dekonstruktion auf den Punkt: Wer nicht an die Realpräsenz von Sinn glaube, wer nicht zu akzeptieren bereit sei, daß es zwischen *»word and world«* eine verläßliche Allianz gebe, wer die großen Kunstwerke nicht anbete, sondern dekonstruiere, mache sich der Sünde wider das Göttliche und den Geist schuldig. Interpreten müßten fromm sein, ihren sekundären Status zugeben und dem Schönen-Wahren-Guten zur Präsenz verhelfen. Kardinal Ratzinger hat kürzlich George Steiners Philippika fast wortwörtlich übernommen und zur persönlichen Schelte gegen Derrida zugespitzt.

Mittlerweile hat sich die gereizte Debatte um Dekonstruktion und Poststrukturalismus bemerkenswert abgekühlt. Wer (dekonstruktiv!) dafür sensibel ist, welch starke Rolle Riten und Symbolhandlungen gerade im Bereich der Wissenschaften spielen, nimmt gelassen zur Kenntnis, daß sich Frankfurt mit Paris auszusöhnen bereit ist: Derrida hat im Jahr 2001 den Adorno-Preis erhalten, Habermas und Derrida haben gemeinsam in mehreren europäischen Tageszeitungen einen Text über die Rolle Europas nach dem Irak-Krieg publiziert. Ein so einflußreicher Theoretiker wie Niklas Luhmann (→ Systemtheorie), der nun wirklich nicht im Verdacht steht, irrationalistisch zu sein, hat sich gerade in seinen letzten Werken vermehrt auf die Dekonstruktion bezogen, um zu zeigen, daß Paradoxien und Aporien nicht etwa den Kollaps ordentlichen Denkens anzeigen, sondern vielmehr Indizien dafür sind, daß das Denken und Rekonstruieren in nicht-triviale Bereiche gerät. Die Polemik etwa von Klaus Laermann gegen »Lacancan und Derridada« ist zwar noch vereinzelt im Gedächtnis reiferer Semester gegenwärtig, hat aber an Popularität verloren. Populär sein konnte sie nur, weil die Dekonstruktion (darin der → anarchistischen Erkenntnistheorie Feyerabends ähnlich) delirante Imitatoren fand, die die sinnvolle Infragestellung der Konsistenz von Kategorien wie Sinn als Lizenz für Unsinns- und Blödsinns-Produktion mißbrauchten. Jede Theorie wird hinfällig, wenn sie an ihren unfreiwilligen Karikaturen gemessen wird. Hingegen ist die außerordentlich anregende Dimension dekonstruktiver Lektüren u. a. für die Philosophie, die Linguistik, die Psychoanalyse, den Feminismus, die Literaturwissenschaft, die Soziologie, die Ökonomie oder die Kulturtheorie kaum zu leugnen.

Wer Fragen nach dem Theorie-Design nicht per se für eine Sünde wider den Heiligen Geist des Schönen-Wahren-Guten hält, kann feststellen, was unter anderen Motiven mehr die Dekonstruktion für viele helle Köpfe so attraktiv macht: ihr Design ist es nicht, weitere Theorien polemisch, kritisch oder erweiternd neben vorhandene zu stellen. Sie re/dekonstruiert vielmehr in der Tat vorhandene Diskurse, indem sie sich völlig dem Gestus der immanenten Kritik verschreibt. Anders als Heideggers großangelegter und ja nicht zufällig schon in dieser Selbstetikettierung gewaltsam klingender »Destruktion« der Metaphysik eignet der »Dekonstruktion« Derridas eine geradzu zärtlich-einläßliche Komponente. Die Dekonstruktion ist nicht destruktiv, sondern konstruktiv. Sie gibt, indem sie nimmt.

Derrida hat der Versuchung widerstanden, Dekonstruktion zur Methode oder zum System auszubauen. In einer hier nicht zu referierenden (Über-)Fülle von Einzelstudien z. B. über Freundschaft und Psychoanalyse, Hegels Familienverständnis und Nietzsches Stil, Metaphern und Abschiedsformeln, Falschgeld und Marxens Aktualität, Sprechakttheorie und Vielsprachigkeit oder über die ontologische und die sexuelle Differenz hat er die Kunst vorgeführt, Texte in all ihrem verborgenen Reichtum zum Sprechen zu bringen, noch das zu hören und zu lesen, was keine Autorintention fokussierte, den Bereich des verantwortlich Frag-, Sag- und Schreibbaren nicht etwa so einzuschränken, wie es die → Analytische Philosophie will, sondern so zu erweitern, daß deutlich wird: Sprache ist ein Medium der Herrschaft und der Befreiung zugleich.

Diskurstheorie (Michel Foucault)

Hyde Park Corner in London ist ein legendärer Ort. Denn hier geschieht etwas, was weltweit und epochenübergreifend selbstverständlich scheinen könnte und es doch ganz offenbar nicht ist: Jeder darf öffentlich alles sagen, was er will; jeder kann zuhören oder weggehen. *That's it.* Andernorts ist es ein reichlich riskantes Unternehmen, den Mund aufzumachen.[1] Man muß, um das zu illustrieren, nicht gleich an Weltecken denken, in denen man schnell in Gefängnissen und Folterkammern landet, wenn man sich gegen Herrschende und herrschende Verhältnisse ausspricht oder gegen sie anschrei(b)t. Es genügt, auf Naheliegendes und eben deshalb mitunter nur schwer Beobachtbares hinzuweisen. Wer z. B. an einer Universität das Privileg der Freiheit von Forschung und Lehre genießen und Kandidaten examinieren will, muß über eine *venia legendi* (also nichts anderes als das Recht, universitätsöffentlich den Mund aufmachen zu dürfen) verfügen – und das heißt konkret: er, seit ein paar Jahrzehnten auch sie, muß einen ungemein aufwendigen Initiationsprozeß in das Reich der wahrheitsfähigen Sätze durchgemacht, nämlich promoviert, habilitiert und einen Ruf erhalten haben.

In seinen 1872 in Basel gehaltenen Vorträgen *Über die Zukunft unserer Bildungsanstalten* hat Nietzsche

1 Eine weitere mittlerweile berühmte Ausnahme ist »The free speech movement« in Berkeley seit den sechziger Jahren, der sich Foucault verbunden fühlte – siehe dazu: Robert Cohen/Reginald E. Zelnik (edd.): The free speech movement – Reflections im Berkeley in the 1960s. Berkeley 2002.

das frühe Muster einer Diskursanalyse vorgelegt: »Wenn ein Ausländer unser Universitätswesen kennenlernen will, so fragt er zuerst mit Nachdruck: ›Wie hängt bei euch der Student mit der Universität zusammen?‹ Wir antworten: ›Durch das Ohr, als Hörer.‹ Der Ausländer erstaunt. ›Nur durch das Ohr?‹ fragt er nochmals. ›Nur durch das Ohr‹, antworten wir nochmals. Der Student hört. Wenn er spricht, wenn er sieht, wenn er gesellig ist, wenn er Künste treibt, kurz, wenn er lebt, ist er selbständig, das heißt unabhängig von der Bildungsanstalt. Sehr häufig schreibt der Student zugleich, während er hört. Dies sind die Momente, in denen er an der Nabelschnur der Universität hängt. Er kann sich wählen, was er hören will, er braucht nicht zu glauben, was er hört, er kann das Ohr schließen, wenn er nicht hören mag. Dies ist die ›akroamatische‹ Lehrmethode.«[2]

Wer zu lange dummes oder obszönes Zeug sagt oder wer, wie Nietzsche im Januar 1889, unter ekstatischen Ausrufen einen vom Kutscher geschundenen Droschkengaul umarmt, riskiert, in die Psychiatrie eingewiesen zu werden. Es darf eben nicht jede/r jederzeit an allen Orten ungestraft alles sagen. Eine Regierungserklärung darf nicht jeder abgeben. Mann und Frau als nunmehr verheiratet zu deklarieren ist das exklusive Recht eines Standesbeamten. Im Namen des Volkes jemanden zu verurteilen kommt nur einem Richter zu. Die Feststellung wäre banal, wenn das Banale immer so scharf ansichtig wie banal wäre: Nicht jeder darf an allen Orten und zu allen Zeitpunkten alles sagen. Kulturen, Gesellschaften, Staaten und Institutionen ha-

2 Nietzsche: Über die Zukunft unserer Bildungsanstalten; in: Werke, ed. K. Schlechta, Bd. III. München 1966, p. 252

ben augenscheinlich das allergrößte Interesse daran, Diskurse genau zu reglementieren.

Wer darf in wessen Namen und mit welchen Folgen was wie zu wem sagen? So schlicht und so konkret lautet die Leitfrage der Diskurstheorie Michel Foucaults (1926-1984). »Diskurs« ist eines der großen Modeworte der letzten Jahrzehnte geworden. Wohl auch deshalb, weil es in Paris (durch Foucault, Derrida u. a.) völlig anders als in Frankfurt (durch Habermas, Apel u. a. → Kritische Theorie) besetzt wurde. Das mag auch mit Banalstem zusammenhängen. Die wohl häufigste Verwendungsweise des französischen Wortes *»discours«* zielt auf die Vorlesungspraxis der französischen Universitäten, die auch heute noch weitgehend so funktionieren, wie Nietzsche es für die Alma mater des 19. Jahrhunderts beschrieb: ein Meister spricht bzw. diktiert, und alle schreiben mit. Also fragt, wer nach Diskursen fragt, danach, wer das Sagen hat. Im Deutschen ist bzw. war der Begriff »Diskurs« ein ziemlich exquisites Fremdwort, das entsprechend artifiziellen Definitionen zugänglich war: es soll (so Habermas und Apel das Sagen haben) die herrschaftsfreie und argumentationsintensive kommunikative Verständigung im Interesse der reinen Wahrheit bezeichnen.

Übrigens hat auch im Deutschen das Wort »Diskurs« eine lange, wenn auch im 19. Jahrhundert auslaufende Geschichte. Kein Geringerer als Goethe schätzte es zeitlebens sehr und verwandte es häufig auch in der Verbform – »diskurrieren«. So heißt es im *Werther:* »Man bot sich einen frostigen Guten Abend und ging verlegen im Zimmer neben einander auf und nieder. Werther fing einen unbedeutenden Diskurs an, der bald aus war, Albert desgleichen, der sodann seine Frau nach gewissen Aufträgen fragte und, als er hörte, sie seien noch nicht ausgerichtet, ihr einige Worte sagte, die Werthern kalt, ja gar hart vorkamen.« In seiner Autobiographie *Dichtung und Wahrheit* erinnert sich der alte Goethe einer Anekdote über den berühmten Professor Gottsched aus seinen Studentenjahren, dem einmal eine wichtige Insignie seiner Diskursherrschaft mangelte – seine Perücke. »Gottsched, der große, breite, riesenhafte Mann, in einem gründamastnen, mit rotem Taft gefütterten Schlafrock (trat) zur entgegengesetzten Türe herein; aber sein ungeheures Haupt war kahl und ohne Bedeckung. Dafür sollte jedoch sogleich gesorgt sein: denn der Bediente sprang mit einer großen Allongeperücke auf der Hand (die Locken fielen bis an den Ellenbogen) zu einer Seitentüre herein und reichte den Hauptschmuck seinem Herrn mit erschrockner Gebärde. Gottsched, ohne den mindesten Verdruß zu äußern, hob mit der linken Hand die Perücke von dem Arme des Dieners, und indem er sie sehr geschickt auf den Kopf schwang, gab er mit seiner rechten Tatze dem armen Menschen eine Ohrfeige, so daß dieser, wie es im Lustspiel zu geschehen pflegt, sich zur Türe hinaus wirbelte, worauf der ansehnliche Altvater uns ganz gravitätisch zu sitzen nötigte und einen ziemlich langen Diskurs mit gutem Anstand durchführte.«

Am 2. Dezember 1970 hielt Foucault seine Inauguralvorlesung am Collège de France, also an der berühmtesten und prestigereichsten Bildungsinstitution Frankreichs, die ihn nach heißen internen Debatten auf den Lehrstuhl für »Geschichte der Denksysteme« berufen hatte. Die Leitthese dieser Antrittsvorlesung, die unter dem Titel *L'Ordre du discours/Die Ordnung des Diskurses* stand, war schneidend scharf: »daß in jeder Gesellschaft die Produktion des Diskurses zugleich kontrolliert, selektiert, organisiert und kanalisiert wird – und zwar durch gewisse Prozeduren, deren Aufgabe es ist, die Kräfte und die Gefahren des Diskurses zu bannen, seine schwere und bedrohliche Materialität zu umgehen.«[3] Für »eine Gesellschaft wie die unsre« (andere Kulturen und Gesellschaften können selbstredend andre haben) konstatierte Foucault drei grundsätzliche Diskurs-Reglementierungen: erstens das schlichte Verbot von Äußerungen (etwa qua Zensur, Gesetz oder Tabu), zweitens die Entgegensetzung von und Wahnsinn und drittens die Opposition von Wahrem und Falschem. Diese Reglementierungen haben einen durchschlagenden Effekt: sie verknappen oder hierarchisieren doch die ansonsten bedrohlich vielen, in jeder Weise unerhörten Diskurse. Wahnsinnige plappern, schreien und reden irre – man muß ihnen aber, seitdem es Psychiatrien gibt, in die man sie sperren kann, nicht länger zuhören. Anarchisten sagen, was sie wollen. Aber dank der Zensur läßt sich ihr jede Ordnung bedrohendes Reden verbannen. Man hat unbändige Lust, jemanden tödlich zu beleidigen. Aber das Gesetz verbietet es. Surrealistische oder perverse Poeten schreiben jenseits der wissenschaftlich relevanten Grund-Unterscheidung von wahr und falsch. Aber ihre Diskurse lassen sich aus dem Universum der Diskurse, die valide Relevanzansprüche stellen, exkommunizieren.

3 Michel Foucault: Die Ordnung des Diskurses, übers. W. Seitter. Frankfurt/Main/Berlin/Wien 1977, p. 7

In deutlicher Anknüpfung an und in Radikalisierung von Theorien der → Sprechakttheorie hat Foucault die Diskurstheorie (im klaren Unterschied zu Habermas' → Kritischer Theorie, die den Diskursbegriff ganz anders verwendet) als Analyse nicht etwa sachlich richtiger bzw. ethisch haltbarer Sätze über Wirklichkeit bzw. anerkennenswerte Intersubjektivititätsverhältnisse konzipiert. Die Aufgabe von Diskursanalysen ist es vielmehr, die Macht-Effekte von Reden und Schriften (inclusive gut gemeinter!) zu untersuchen. In Foucaults Worten: Aufgabe von Diskursanalysen ist es, »nicht – nicht mehr – die Diskurse als Gesamtheiten von Zeichen (von bedeutungstragenden Elementen, die auf Inhalte oder Repräsentationen verweisen), sondern als Praktiken zu behandeln, die systematisch die Gegenstände bilden, von denen sie sprechen. Zwar bestehen diese Diskurse aus Zeichen; aber sie benutzen diese Zeichen für mehr als nur zur Bezeichnung der Sachen. Dieses *mehr* macht sie irreduzibel auf das Sprechen und die Sprache. Dieses *mehr* muß man ans Licht bringen und beschreiben.«[4]

Zu den Irritationen, die von Foucaults vertrackt einfacher Grundüberlegung ausgehen, zählt auch diese: Foucault entdeckt ausgerechnet in Gesellschaften, die sich als aufgeklärt und logosfreundlich beschreiben, »eine tiefe Logophobie, eine stumme Angst vor jenen Ereignissen, vor jener Masse von gesagten Dingen, vor dem Auftauchen all jener Aussagen, vor allem, was es da Gewalttätiges, Plötzliches, Kämpferisches, Ordnungsloses und Gefährliches gibt, vor jenem großen

4 Michel Foucault: Archäologie des Wissens. Frankfurt/Main 1992, p. 74

unaufhörlichen und ordnungslosen Rauschen des Diskurses.«[5] Der Angst vor den unkontrollierten Diskursen etwa der Wahnsinnigen, der Perversen, der Revoltierenden, der Künstler entspricht das verbreitete Begehren, zum »Herrn des Diskurses« zu werden. Diskurse sind obskure Objekte des Begehrens. Denn Diskurse haben nicht etwa Wahrheit, sondern Macht zum Leitstern – was nicht ausschließt, daß auch Wahrheit ein Weg zur Macht ist. Wer wäre nicht gerne jemand, der diktieren kann, der begutachtet, ob andere recht oder unrecht haben, dem alle zuhören, der das Sagen hat? Obskure Objekte des Begehrens sind Diskurse dennoch. Für all die, die sich in die begehrte Position des Diskurs-Herren hineinphantasieren, hat Foucault nämlich eine enttäuschende Auskunft bereit. Tiefenstrukturen des Diskurses erkennen keine Herren an – sie herrschen selbst über uns und noch über die, die ihrer Herr sein wollen.

Entfaltet hat Foucault diese These schon vor seiner legendären Antrittsvorlesung in einem umfangreichen Buch, das 1966, also gleichzeitig mit Lacans *Ecrits*, erschien und das den so schönen wie schlichten Titel trug *Les mots et les choses* (also: Die Wörter und die Dinge – die deutsche Übersetzung des Titels *Die Ordnung der Dinge* ist ein wenig irreführend). Das Buch beginnt mit einem witzigen Zitat aus einer alten chinesischen Enzyklopädie (bzw. aus einem Essay von Borges, der seinerseits daraus zitiert). Sie klassifiziert das Tierreich nach Kriterien, die dem alteuropäisch-rationalen Blick eine Ausgeburt des Wahnsinns zu sein scheinen – etwa Tiere, die dem Kaiser gehören, Sirenen, frei-

5 Ibid., p. 35

laufende Hunde, Milch spendende Schweine. Das ist Wahnsinn, hat noch nicht einmal Methode, und ist doch ein positives Faktum in der Geschichte der Wissens-Systeme, der Episteme. »Positiv« nicht im Sinne von »normativ gut«, sondern von »gegeben«. Foucault hat, zur Verärgerung gerade vieler seiner deutschen Kritiker, die Methode seiner Untersuchungen als die eines »glücklichen Positivisten« charakterisiert, der in Archiven gräbt wie ein Archäologe in den intuitiven Blicken unzugänglichen Tiefenschichten, um festzustellen, welche Daten und Auskünfte über frühere Kulturen dort zu finden sind. Die stellt er (wie sollte es anders sein?) nach bestimmten thematisch-problemlogischen Gesichtspunkten zusammen, aber eben nicht nach normativen. Denn auch und gerade Normen sind, so die mehr als nur implizite Provokation, nicht etwa transzendental herleitbar, sondern ihrerseits Effekte von Diskurs- und also Macht- (natürlich auch Gegenmacht-)Ordnungen.

Foucault legt, dem Untertitel seines Hauptwerks entsprechend, eine fröhlich-positivistische »Archäologie der Humanwissenschaften« vor. Ihre These: Die Geschichte »unserer« abendländischen Episteme ist durch vier Großformationen markiert, die die Korrelationen von *»les mots et les choses«*, von Wörtern und Sach(verhalt)en steuern und die deshalb einen für ihre Epoche »fundamentalen Kultur-Code« bzw. ein »historisches Apriori« bilden – ein Begriff, der alle Kantianer entsetzen wird und soll. Erstens: Im ausgehenden Mittelalter und der Renaissance beruht das System des Wissens auf dem Prinzip der Ähnlichkeit. Wer etwas gründlich wissen will, vertraut auf einen oder gleich mehrere der vier Ähnlichkeitsschlüssel, die Aufschluß über Beziehungen zwischen Makro- und Mikrokosmos, Himmel und Erde, Zeichen und Bezeichnetem gewähren: *convenientia, aemulatio, analogia* und *sympathia*. Das Einhorn (um ein von Foucault nicht genanntes Beispiel zu nennen) ähnelt und bedeutet Christus, weil es sich nur im Schoß einer Jungfrau fangen läßt (so wie der Gottessohn in Mariae Schoß Mensch wurde), weil sein eines Horn Zeugnis davon ablegt, daß es nur einen Gott gibt, weil sein Huf zweigespalten und also kein satanischer Pferdefuß ist, weil es weiß und also unschuldig ist, weil es über superlativische Qualitäten verfügt. Wer sein Wissen so organisiert bzw. organisieren läßt, häuft polyglott Wissen auf Wissen, Kommentar auf Kommentar, Ähnlichkeitsverweis auf Ähnlichkeitsverweis: die Welt wird in dem Maße verstanden, wie sich ihre internen und externen Ähnlichkeitsbeziehungen erschließen lassen.

Zweitens: Die klassische Episteme (wobei Foucault dem französischen Klassik-Begriff folgt, also auf Schriften des 17. Jahrhunderts zielt: Cervantes, Shakespeare, Bacon, Descartes u. a.) hat die Erfahrung Don Quichottes hinter sich. Der Ritter von der traurigen Gestalt blamiert sich systematisch, weil er Ähnlichkeiten (z. B. zwischen Windmühlen und Riesen) vertraut und tatsächlich daran glaubt, daß das Buch der Welt dem entspricht und ähnelt, was in (z. B. Ritter-)Büchern steht. Hamlet ist bekanntlich klüger als sein Zeitgenosse Don Quichotte. Er antwortet auf die Frage, was er denn lese, so souverän wie melancholisch: »*words, words, words*« – wohl wissend, daß Wörter kein ihnen ähnelndes Widerlager im »Sein« haben müssen.

Die tiefenstrukturale Maxime der klassischen Episteme folgt Hamlets Einsicht. Deshalb will sie klassifizieren, also Ordnung stiften statt Analogiezauber treiben. Wissenschaftler ist, wer zu unterscheiden versteht, wer Ordnungstafeln anzulegen vermag, wer eine *»mathesis«* betreibt, die um die Kategorien Identität und Differenz herum alles Wißbare organisiert (wie es paradigmatisch die Wortklassen analysierende *»Grammaire générale«*/Allgemeine Grammatik, die alle Lebewesen in ein Ordnungssystem bringende *»Histoire naturelle«*/Naturgeschichte und die *»Analyse des richesses«*/ die Analyse des Wertvollen bzw. der Reichtümer vorführen). Diese Episteme ist ein nicht länger auf Ähnlichkeitsbeziehungen vertrauendes, sondern Repräsentationsverhältnisse analysierendes Wissenssystem. Worte stehen für etwas, sie re-präsentieren; desgleichen Begriffe und Zeichen etwa der Naturgeschichte Linnés und die Wertzeichen der Ökonomie (z. B. das Geld oder Schuldverschreibungen).

Drittens: An der Schwelle vom 18. zum 19. Jahrhundert konstelliert sich die Episteme erneut und bemerkenswert plötzlich um. Es entstehen radikal neue Wissenschaften, die unterschiedlichsten Sachverhalten gelten und doch über ein gemeinsames Design verfügen: die politische Ökonomie, die Biologie und die Philologie (um Wissenschaftler-Namen zu nennen: die Theorien von Adam Smith, Ricardo, Lamarck, Cuvier, Adelung und Bopp). Sie alle setzen auf zwei neu akzentuierte Größen: auf Geschichtlichkeit und auf den Menschen. Die politische Ökonomie fragt nicht mehr danach, wofür Wertzeichen stehen, sondern analysiert, welche Größen (z. B. Kapital, Arbeit, Produktionsmittel) in welchen historischen Prozessen Werte hervorbringen; die Philologie fragt nach der Herkunft und Geschichtlichkeit von Worten und ihren Sprechern; die Biologie fragt danach, welche Lebewesen wodurch geprägt und evolutionär verändert werden. Erst jetzt werden die Humanwissenschaften eigentlich Wissenschaften vom Menschen. Denn erst jetzt verfallen Metatheorien wie die idealistische Erkenntnislehre darauf, *den* Menschen bzw. das Transzendentalsubjekt (→ Selbstbewußtseinstheorie) zentral im Feld des Wissens und Bewußtseins zu plazieren: als den Ort alles Wissens. Beide epistemischen Grundprinzipien, das der Geschichtlichkeit wie das der Transzendentalität des Menschen, verhalten sich zueinander komplementär. Das Feld des Wissens wird in zwei Sphären eingeteilt: die der Empirie und die des Transzendentalen. Der Mensch wird zum empirisch-transzendentalen Zwitterwesen, der aber als dieses Zwitterwesen im Zentrum des Wissens steht – er hat nicht nur, er ist Wissen und Bewußtsein. In Foucaults Worten: Der Mensch avanciert zu einer »seltsamen, empirisch-transzendentalen Dublette, weil er ein solches Wesen ist, in dem man Kenntnis von dem nimmt, was jede Erkenntnis möglich macht.«

Viertens: Mit dem Satz, daß das Ich nicht Herr im eigenen Haus sei, bringt die Psychoanalyse Freuds auf den Punkt, was die Episteme um und nach 1900 von der um 1800 unterscheidet. Disziplinen wie die Ethnologie (Frazer, Malinowski u. a.), die strukturale Linguistik de Saussures und eben die Psychoanalyse marginalisieren *den* Menschen. Die prototypisch modernen humanwissenschaftlichen Disziplinen Psychologie, Soziologie und Linguistik halten systematisch(e) Kränkungen für den Narzißmus von Menschen bereit, die sich für zentral und unhintergehbar halten. Jemand mag z. B. stolz darauf sein, einen unverwechselbar individuellen Stil zu haben – das sei nichts als eine zwangsneurotische Marotte, bescheidet ihn die Psychoanalyse. Ein Leser von Fichtes Ich-seligen philosophischen Schriften ist höchst selbstbewußt und hält sich für ungemein wichtig – er solle wegen pathologischem Narzißmus und kognitiver Dissonanz-Probleme einen guten Therapeuten aufsuchen, lautet die Auskunft von Kognitionstheoretikern. Die eigene abendländisch-christliche Kultur sei anderen überlegen – das sähen andere Kulturen ähnlich, nämlich umgekehrt, muß sich ein Kulturimperialist nach 1900 ethnologisch belehren lassen. Die Sprache sei ein organisches Medium, das sich seinen Verständigungs- und Bedeutungswünschen anschmiege, meint ein treuer Wilhelm-von-Humboldt- und Schleiermacher-Fan. Das genau ist sie nicht, vielmehr seien Kategorien wie Sinn und Bedeutung ein Resultat diakritischer Differenzen zwischen Signifikanten, muß er sich linguistisch belehren lassen. Der Mensch sei die Krone der Schöpfung, beharrt ein liebenswerter Humanist. Das möge sein, aber er stamme vom Affen ab und habe mit dem Kohlkopf ca. 70 Prozent und mit dem Hausschwein ca. 92 Prozent des Genpools gemeinsam, schockiert ihn der Darwinist oder heute der Genforscher. Selbst ein avancierter Lyriker hat da keinen Trost bereit. »Die Krone der Schöpfung, der Mensch, das Schwein« heißt es in Zeilen Gottfried Benns.

Das Konzept des zentralen, konstitutiven, in jedem

Sinne selbstbewußten Menschen ist, so Foucaults Wort, »eine junge Erfindung«. Diese Erfindung hat nicht lange Bestand. In der Transzendentalphilosophie und in Sartres → Existentialismus, gegen den Foucaults Diskurstheorie subtil zielt, ist diese Erfindung gewissermaßen heißgelaufen – und alsbald pathetisch implodiert. Sartre hat denn auch auf Foucaults Theoreme gereizt reagiert. Sie seien »die letzte Barriere, die das Bürgertum noch gegen den Marxismus errichten kann«, befand er. Eine prototypische Diskussions-Konstellation: hier der klassische Großintellektuelle, der im Namen von Megabegriffen wie »das Bürgertum« und »der Marxismus« »den Strukturalismus« Foucaults angreift (NB: Foucault hat stets darauf hingewiesen, daß er die Etikettierung »Strukturalist« ablehnt) – dort der Analytiker einer »Mikrophysik der Macht«, der den Fokus seiner Untersuchungen nicht länger auf Großkonzepte (wie Transzendentalsubjekt, Sinn der Geschichte, Horizontverschmelzung, Verständigung, Fortschritt etc.) fokussiert, sondern konkrete diskursive Machtpraktiken freilegt.

Nicht umsonst haftet dem Begriff »Subjekt« eine tiefe Doppeldeutigkeit an. Subjekte, die sich als selbstbewußter Widerpart der von ihnen konstituierten und bestimmten Objektwelt (miß)verstehen, sind daran zu erinnern, daß ihr Wortsinn das »Unterliegende« meint (*sub-jectum* ist gar noch ein Wort im Neutrum). Subjekte sind eigentlich Untertanen. Daran erinnert der berühmte Schlußsatz von Foucaults Abhandlung. Er sorgte und sorgt noch heute für helle Aufregung. Wettet er doch in Pascalscher Tradition darauf, »daß der Mensch verschwindet wie am Meeresufer ein Gesicht im Sand.« Foucault dürfte die Wette gewonnen haben. In den Wissensordnungen des 20. Jahrhunderts wird der Mensch zu einem zusehends exzentrischer scheinenden Datum: in der → Psychoanalyse zu einem zwischen Über-Ich und Es zappelnden Ich, in der → Linguistik zum weichen Faktor eines Sprachsystems, im → Feminismus zum Geschlechterdifferenzen überhöhenden Verschleierungsbegriff, in der → Systemtheorie zum Umwelt-*noise* von Gesellschaft, in der Informatik zur Schnittstelle, in der → Gentechnologie zum reparier- bis klonbaren Zellbündel. Um so bemerkenswerter ist es, wie intensiv Foucault in seinen späteren Schriften dem antiken Projekt einer »Selbstsorge« *(»souci de soi«)* nachdenkt und es zu revitalisieren versucht. Ein eingestandenes und produktives Paradox. Foucault untersucht beides: die historischen Apriori unsrer Diskurse, deren Sub-jekte wir sind; und die Möglichkeiten, wie Subjekte, die ihren unterlegenen Status anerkennen, gegen Übermächte aller Art angehen, andenken, anreden können. Der inzwischen inflationär gewordene Modebegriff für dieses Tun teilt mit dem Subjektbegriff das Präfix und lautet – »subversiv«.

Wirkungen, Risiken und Nebenwirkungen

Foucaults Argumente sind, was ihr Theorie-Design angeht, einbekanntermaßen antihumanistisch. 1966, als *Les mots et les choses* erschien, war Antihumanismus noch ein Skandal, was übrigens auch Adorno erfuhr, als er auf die Interview-Frage, warum er nicht Mitglied der »Humanistischen Union« sei, antwortete, er könne allenfalls einer antihumanistischen Union beitreten.

Heute dürfte sich angesichts des Überzeugungspotentials von Disziplinen wie Gentechnologie, Evolutionsbiologie, Ethnologie, Psychologie und Systemtheorie halbwegs herumgesprochen haben, daß Humanismus als anspruchsvoll-komplexe Theorieform schwer zu halten ist. Es gehört nicht zu den geringsten Verdiensten Foucaults, auf das Paradox aufmerksam gemacht zu haben, daß Humanismus theoretisch falsch, lebensweltlich aber geboten ist. Zu den Provokationen eines allzu wohlfeilen Humanismus gehören etwa Foucaults Nachweise, daß erst die cartesianische Erfindung der *res cogitans* und des vernünftigen Menschen die Bedingung der Möglichkeit der Exkommunikation von Irren war: ohne Vernunft, ohne das Bild *des* Menschen keine Einkerkerung der Wahnsinnigen, die diesem Bild nicht entsprechen.

Mit seiner Anhänglichkeit an Nietzsches Frage, welcher Wille zu welcher Macht noch hinter den gutwilligsten Diskursen (des Humanismus, des Fortschritts, der Verständigung, der Emanzipation, der Therapie) steckt, hat Foucault die vermeintlich aufgeklärte Theorieszene gehörig genervt. Sie hat sich machtvoll dafür gerächt und ihm vorgeworfen, er sei, da antihumanistischer Nietzscheaner, irrational, amoralisch, zynisch und faschistoid. Angesichts der sehr konkreten politischen Stellungnahmen von Foucault z. B. gegen das herrschende Gefängnissystem, gegen Diktaturen sowie gegen die Ausgrenzung und Verfolgung von Minderheiten aller Art waren solche Angriffe politisch wenig plausibel. Auf der theoretischen Ebene sind sie es wohl noch weniger. Was Theoretiker alteuropäischen Stils irritiert, ist die Nonchalance, mit der Foucault auf normative Metatheorien verzichtet. Sein Denken kennt keinen kategorischen Imperativ und ist auch nicht auf der Suche nach Letztbegründungen. Es stellt vielmehr »positivistisch« fest, welche Machtdispositive herrschen: z. B. wer wen bei welcher Gefängnisarchitektur wie beobachten, kontrollieren und wozu verurteilen kann. Das durch Foucaults Studie von 1975 *Surveiller et punir/Überwachen und Strafen* berühmt gewordene Beispiel ist das 1787 von Bentham entwikkelte Panopticum, also der in der Moderne epochemachende Wächterturm eines Gefängnisses oder Lagers, der alle Gefangenen einer Beobachtung unterwirft, die ihrerseits aber nicht beobachtet werden kann. Ein anderes Beispiel für Foucaults Diskurs- und Machtdispositiv-Analyse ist die vielbändige Untersuchung der Geschichte von Sexualität (*Histoire de la sexualité* 1976-1992). Sie stellt heraus, was heute (auch dank der Arbeiten von Foucault) fast selbstverständlich ist: daß es »das« normativ richtige Wesen »der« Liebe nicht gibt, sondern daß sich kulturhistorisch hochgradig unterschiedliche Möglichkeiten feststellen lassen, Dispositive der Liebe/Sexualität/Erotik zu formieren. Und daß Menschen, deren festes, wesenhaftes Bild ihrer selbst immer erneut erschüttert wird (→ Anthropologie), Möglichkeiten haben, sich gegen Mächte zu wenden, die sie formieren wollen.

Eine methodisch durch sein gesamtes Werk nahegelegte Frage hat Foucault nicht beantwortet, sondern allenfalls angedeutet, daß er sie für nicht eigentlich beantwortbar hält: Warum transformieren sich die historischen Apriori einer Kultur, warum und wie bilden sich neue epistemische Tiefenstrukturen, gibt es so etwas wie eine *structura structurans*? Die Ersatzfigur für die unmöglichen Antworten auf solche Fragen sind entweder fröhlich positivistisch: »*tempora mutantur*« oder z. B. mit Heidegger tiefsinnig: »Sein ist zeitlich«, oder mit Nietzsches *Geneaologie der Moral* handfest pragmatisch: Der Wille zur Macht sucht sich stets neue Dispositive. Richard Rorty hat bei dem gläubig katholisch groß gewordenen Foucault sogar einen theologischen bzw. satanischen Bodensatz entdeckt: »Die Allgegenwart der Foucaultschen Macht erinnert an die des Satans und damit an die Erbsünde – den teuflischen Fleck auf jeder menschlichen Seele.«[6]

6 Richard Rorty: Stolz auf unser Land. Übers. Herrmann Vetter. Frankfurt/Main 1999, p. 92

Existentialismus

Der Mensch ist zur Freiheit verdammt. Die Hölle, das sind die anderen. Das Leben ist absurd, aber gerade deshalb muß ich mich engagieren. Philosophische Wendungen, Wendungen des Philosophen Jean-Paul Sartre, die ein erstaunliches Maß an Popularität erlangt haben. So häufig kommt nicht vor, wovon Marx, und wohl nicht nur dieser Theoretiker, träumte: daß die Philosophie die Massen ergreift. Dem Marxismus ist das offenbar eine Zeitlang, wenn auch in einer diskussionsbedürftigen Weise, gelungen. Dem Existentialismus ebenso; als Sartre 1980, also zwei Jahrzehnte nach der Hochkonjunktur des Existentialismus starb, begleiteten über 50 000 Menschen den Sarg zum Friedhof auf dem Pariser Montparnasse. Wer in den ersten beiden Jahrzehnten nach dem Zweiten Weltkrieg intellektuell auch nur ansatzweise auf sich hielt und kulturell ambitioniert war, war zumeist »Existentialist«. Das heißt, er stand im Bann des Denkens und der Begriffe Martin Heideggers (1889-1976/→ Seinsdenken) und besonders Jean-Paul Sartres (1905-1980). Filme, Dramen, Lyrik, Romane (wie in Deutschland paradigmatisch die frühen Romane von Martin Walser, Heinrich Böll oder Günter Grass), aber eben auch Kleidungsstil und Habitus der fünfziger Jahre legen davon Zeugnis ab. Man schaute melancholisch, fand sich interessant, trug Rollkragenpullover, war entschlossen, erfuhr, daß man zur Freiheit verdammt war, machte sich keine Illusionen über die Sinnlosigkeit des Lebens und engagierte sich trotzdem oder deshalb. Es ist leicht, im Rückblick den Existentialismus zu belächeln oder zu karikieren; und es fällt nicht schwer, seine Popularität in historische Kontexte zu stellen. Nach den Abermillionen Toten des Zweiten Weltkrieges leuchtete auch spekulativ weniger begabten Köpfen der existentialistische Lehrsatz ein, daß die Existenz der Essenz vorausgeht.

Dieser Satz findet sich in der gewaltigen Abhandlung unter dem nicht minder gewaltigen Titel *L'Etre et le Néant (Das Sein und das Nichts)*, die Sartre 1943 veröffentlichte und die ihn alsbald berühmt machte. Die Existenz geht der Essenz voraus – das heißt schlicht: ich werde unbefragt geboren, wir sind nie der Grund unserer selbst, wir werden, nach Heideggers von Sartre gern zitierter Formel, in die Welt geworfen. Kein Wunder, daß wir zumindest dann, wenn wir uns in Krisen befinden, unsere Existenz als grundlos, abgründig und absurd erfahren. Aber eben diese Erfahrung ist ein starkes Indiz dafür, daß wir zu dem, was wir unfreiwillig sind, in ein in jeder Weise distanziertes Verhältnis treten können, ja offenbar müssen. Ich habe Bewußtsein – von den Sachverhalten der Welt, in der ich und deren Element ich bin, und ich habe auch Bewußtsein von mir selbst. Ich bin ich und nicht dieser andere und schon gar nicht jene an-sich-seiende Sache dort. In der bewußt befremdlich gehaltenen Sprache der eigentlichen Gründungsurkunde des Existentialismus, Heideggers 1927 veröffentlichter Abhandlung *Sein und Zeit*, heißt das: Dasein ist jenes Seiende, dem es in seinem Sein um sein Sein geht.

Dasein sorgt sich um sich selbst. Heidegger vermeidet, vom Dasein handelnd, geradezu überdeutlich den

Begriff, den die philosophische Tradition hier bereithält: den Begriff des Subjekts, des Ego bzw. des Selbstbewußtseins. Sartre verknüpft hingegen bewußt den daseinsanalytischen Neueinsatz Heideggers mit der bewußtseinsphilosophischen Tradition, wenn er zwischen den Sphären des An-sich und des Für-sich unterscheidet. An-sich zu sein: das ist die Seinsweise der mit sich identischen Dingwelt. Für-sich zu sein, sich um sich zu kümmern, sich zu befragen, sich interessant und unheimlich zu sein: das ist die Seinsweise bewußter Subjekte. Die Unterscheidung von An-sich- und Für-sich-Sein läßt sich unschwer auf den philosophischen Begriff bringen: an-sich ist die Sphäre der Faktizität, für-sich die der Transzendenz. Der Begriff Transzendenz hat in diesem Kontext keine theologischen Implikationen. Er meint nur dies, daß (Selbst-) Bewußtsein ekstatisch (ein schon für Kierkegaards früh-existentialistisches Denken wichtiger Begriff) aus der Welt der Faktizität herausragt. Mit Husserls Phänomenologie legt Sartre dar, daß für-sich-seiendes Bewußtsein immer Bewußtsein von etwas ist. Bewußtsein ist intentional auf etwas gerichtet, es ist Bewußtsein von x,y,z (Sachen, Sachverhalten, Ereignissen, Gesetzen etc.). Intrikat wird die phänomenologische Analyse von für-sich-seiendem Bewußtsein in zweierlei Hinsichten. Zum einen gehört auch das bewußte, für-sich seiende Subjekt der Sphäre der Faktizität zu; es ist vorhanden, gegeben, unbefragt in die Welt geworfen worden, seine Existenz geht seiner Essenz chronologisch wie logisch voraus. Zugleich aber und zum zweiten erfährt es diesen Riß, diesen Sprung, diese Leere, das Nichts zwischen Gegeben- und Sich-aufgegeben-

Sein. Bewußte Subjekte sind sich in der Weise gegeben, daß sie sich selbst frei zu machen haben, frei von allen Bindungen der puren Faktizität. Sie können gar nicht anders, als zu sich selbst in ein Verhältnis zu treten.

Der klassische Titel für dieses Zu-sich-selbst-in-ein-Verhältnis-Treten ist Selbstbewußtsein. Ich habe eben nicht nur Bewußtsein von etwas, sondern auch von mir selbst. Selbstbewußtsein (→ Selbstbewußtseinstheorie) aber ist intern anders organisiert als Sachverhalts- resp. Welt-Bewußtsein. Ich kann nicht in der Weise Objekt meines Bewußtseins werden, wie An-sich-Seiendes zum Gewußten, Wahrgenommenen, Apperzipierten meines Bewußtseins werden kann. Wäre Selbstbewußtsein *(conscience de soi)* sein eigenes Objekt resp. Relat, ergäbe sich ein infiniter Regreß und ein mengentheoretisches Dilemma: es müßte ja immer wieder erneut Sich-selbst-Wissen bzw. die Menge aller Mengen sein, die sich selbst als Element enthält. Sartres Schlußfolgerung: Selbstbewußtsein ist nicht reflexiv, also kein Bewußtsein, das sich als Subjekt-Objekt-Relation verständlich machen ließe, sondern präreflexiv. In Sartres Diktion: es ist *»conscience (de) soi«*/Bewußtsein (von) sich/Sich-Bewußtsein. Die Einklammerung des *»de«*/»von« soll schlicht anzeigen, daß ich vorreflexiv mit mir vertraut bin (z. B. Schmerzen spüre, die meine Schmerzen sind), daß eine in cartesianischer Tradition stehende Reflexionstheorie des Bewußtseins das schwer zu bestreitende Phänomen Selbstbewußtsein nicht plausibel erklären kann.

Präreflexive Vertrautheit mit sich schließt Erfahrungen der Furcht und der Angst nicht aus, sondern ein.

Furcht gilt spätestens seit Kierkegaard als das gut begründbare Phänomen, das wir angesichts benennbarer Gefahren spüren. Ich fürchte mich vor Gletscherspalten oder Schlangen. Angst ist hingegen eigentümlich objektlos. Angst habe ich grundlos – nicht vor etwas Seiendem, sondern vor dem Sein und dem Nichts in toto, besonders dann, wenn wir »das Ganze« der Welt und des Lebens als nichtig, vergänglich und letztlich unsinnig erfahren. Es ist eben diese Erfahrung des Nichts und des Nichtenden *(néant)*, die Subjekte zu Für-sich-Seienden macht. An diesem ihrem Status – für sich zu sein – ändert auch die Begegnung mit anderen Subjekten nichts. In einer der berühmtesten Passagen aus *Das Sein und das Nichts* schildert Sartre phänomenologisch, was geschieht, wenn ein Für-sich ein anderes Für-sich erblickt, wahrnimmt, gewahrt. Ego sieht alter an, als wäre er ein An-sich, ein Objekt unter anderen. Der Blick auf den anderen ist per se ein versachlichender, verdinglichender, reifizierender, negierender, ja sadistischer Blick. Die Hölle, das sind die anderen – eben weil ich weiß, daß auch sie mich so wahrnehmen wie ich sie. Das gilt selbst in erotischer Hinsicht: *»il n'existe pas l'amour heureux«*. Der Existentialismus läßt sich eben auch effektvoll singen. Weil sie grundlos sind und ihre Grundlosigkeit erfahren können, weil sie rettungslos vereinzelt sind, weil die anderen die Hölle sind, müssen sich Subjekte um sich kümmern, für sich selbst Verantwortung übernehmen, ihre Freiheit als notwendige und unvermeidliche akzeptieren – es sei denn, sie entscheiden sich für Entlastung, für eine Seinsweise, die der des An-sich-Seins nahezukommen sucht, für *»mauvaise foi«* (Unaufrichtigkeit). Aber auch dies ist, wie Sartre eindringlich darzulegen nicht versäumt, eine Entscheidung.

Wirkungen, Risiken und Nebenwirkungen

Zum durchschlagenden Erfolg der existentialistischen Philosopheme trug entscheidend bei, daß sie außerordentlich literaturtauglich sind und daß Sartre selbst sie literarisch so erfolgreich ausgestaltete, daß er im Jahre 1964 Literaturnobelpreisträger geworden wäre, wenn er sich nicht gut existentialistisch frei entschieden hätte, die Auszeichnung abzulehnen. Wer nicht bereit war, sich durch siebenhundert Seiten terminologisch zumutungsreicher Philosophenprosa zu arbeiten, konnte doch beispielsweise im 1943 entstandenen Stück *Les mouches (Die Fliegen)* oder im 1944 entstandenen Drama *Huis clos (Geschlossene Gesellschaft)* oder bei der Lektüre von Romanen wie *La nausée (Der Ekel)* oder im Zyklus *Les chemins de la liberté (Wege der Freiheit)* eindrucks- und effektvoll erfahren, was es heißt, Existentialist zu sein.

Und was es heißen kann, sich verantwortlich frei zu entwerfen und zu engagieren, führte Sartres politische Aktivität (auch als jahrzehntelanger Herausgeber der Zeitschrift *Les temps modernes*) vor. Sartre wurde nach Émile Zola, der um 1900 im Prozeß der Dreyfuß-Affaire zum überzeugenden Inbegriff des politisch engagierten »Intellektuellen« geworden war, zur sein Vorbild überbietenden Inkarnation des politisch intervenierenden Links-Intellektuellen. So kritisierte er scharf die französischen Kriege gegen die Unabhängigkeitsbewegungen in Algerien und Indochina, den amerikanischen Imperialismus oder das kapitalistische Wirtschaftssystem. Im kollektiven Gedächtnis geblieben sind auch Sartres Besuch der RAF-Häftlinge im Gefängnis Stuttgart-Stammheim, seine vieldeutigen Äußerungen zum frühen Terrorismus und General de Gaulles auf Sartres »illegale« Aktivitäten gemünztes Wort: »Einen Voltaire verhaftet man nicht.«

Von Peinlichkeiten frei ist dieses politische Engagement des Parade-Existentialisten jedoch nicht. Denn Sartre verwickelt sich in eine Paradoxie, die der Heideggers strukturell (und nur strukturell) entspricht. Der deutsche Existenzphilosoph, der 1927 in *Sein und Zeit* gegen die Verfallenheit an das »man« angedacht hatte und der so wirkungsmächtig für die »Eigentlichkeit« plädiert hatte, die sich von der Verfallenheit an die Massengesellschaft absetzt, schrie 1933 mit Millionen anderer Deutscher »Heil Hitler« und hielt seine maßlos peinliche Freiburger Rektoratsrede. Auch Sartres politische Äußerungen sind (und das nicht nur im Rückblick!) häufig selbst für seine treusten Fans peinlich. Denn der französische Existentialist zeigte sich von der individualitätspolemischen Massenideologie des Stalinismus eigentümlich fasziniert.[1] Sartre begeisterte sich für die von ihm bereiste Sowjetunion der späten Stalin- und frühen Chruschtschow-Jahre. 1954 prophezeite er, der Lebensstandard in der Sowjetunion werde in zehn Jahren 30 bis 40 Prozent über dem in Frankreich liegen. Und er diagnostizierte, in der Sowjetunion gebe es uneingeschränkte Freiheit der Kritik. Was ihn nicht davon abhielt, festzustellen, Chruscht-

1 Cf. dazu Bernard-Henri Lévy: Sartre – Der Philosoph des 20. Jahrhunderts. Übers. Petra Willim. München 2002

schows berühmte Rede von 1956, die die stalinistischen Untaten halbwegs beim Namen nannte, sei eine Dummheit, denn man könne den Massen nur dann die Wahrheit zumuten, wenn sie für deren Aufnahme schon bereit seien.

Spätestens seit Mitte der sechziger Jahre geriet die philosophische Konjunktur des Existentialismus in eine Krise. Sartre wehrte sich gegen die aufkommende »Modephilosophie« des Strukturalismus, die er als ein letztes ideologisches Bollwerk gegen den siegreichen Marxismus begriff, indem er jenem Geschichtsvergessenheit, Verantwortungslosigkeit und Zynismus vorwarf. Was Sartre über solche Klischees hinaus sachlich gegen den Strukturalismus vorzubringen hatte, vertraute er seiner 1971/72 erschienenen, monumentalen, ja hypertrophen und wohl eben deshalb nur von wenigen Köpfen wirklich rezipierten Studie *L'idiot de la famille – Gustave Flaubert 1821 à 1857 (Der Idiot der Familie)* an. Diese wohl gründlichste Biographie, die je über einen Menschen geschrieben wurde (Karl Corinos im Jahr 2003 erschienene Musil-Biographie macht ihr bewußt Konkurrenz), geht der so schlichten wie weitreichenden Frage nach, was man über einen Menschen und was dieser Mensch über sich selbst wissen kann. Wenig, so lautet die Antwort, mit der Sartre einige der bekanntesten existentialistischen Theoreme halb zurücknimmt. Denn gerade das, was einen Menschen eigentlich ausmacht, was ihn unverwechselbar macht, was ihm seinen persönlichen Stil verleiht, ist meist Ausdruck und Manifestation der Zwänge, in die er eingelassen ist. Im Individuellen manifestiert und bricht sich das Allgemeine. Soll heißen: all die transindividuellen Gesetze, die z. B. der Strukturalismus analysiert (Sprachregeln, kulturelle Tiefenstrukturen, Verwandtschaftssysteme, Tauschlogiken), gibt es im eigentlichen Sinne nicht – sie »sind« nur in den Akten von sprechenden, tauschenden, begehrenden Individuen, die aber ihrerseits das Allgemeine bilden.

Der individuelle Entwurf und die kollektive Struktur einer Epoche oder einer ganzen Kultur sind zwei Seiten einer Medaille. Aphoristisch gesprochen: Am originellsten, persönlichsten und individuiertesten ist Flauberts Stil dort, wo Flaubert Zwangsneurotiker ist. Aber gerade seine subjektive Zwangsneurose ist erhellend, denn sie bringt die objektive Zwangsneurose seiner Zeit, konkret des Zweiten Französischen Kaiserreiches zum Ausdruck: Ein Zeitalter, das sich selbst als materialistisch und realistisch beschreibt, träumt sich wie Emma Bovary ins Imaginäre hinein. Er (Flaubert), sie (Emma) und es (das Zeitalter) hassen und verwerfen die Realität, die sie sind. Wir Subjekte sind, nach der Formel des wohl umsichtigsten deutschen Sartre-Rezipienten Manfred Frank, Individuelle-Allgemeine, die alle mitsamt darum kämpfen zu erfahren, was es heißt, Individuum, Subjekt und – unbefragt existent zu sein.

Feminismus/Gender Studies

Revolutionen enttäuschen die Erwartungen, die von ihren Anhängern in sie gesetzt werden – das ist ein einigermaßen verläßliches Gesetz. Dennoch gibt es nicht nur erfolgreiche Revolutionen, sondern auch ein funktionales Kriterium für den Grad des Gelingens von Revolutionen: nämlich ein neues verbindliches Recht und damit ein neues System der Machtverteilung. Die Französische Revolution ist in dem Maße nachhaltig erfolgreich, wie der Code Napoléon die Ernte der Umwälzungen von 1789 ff. einfährt. Er etabliert für eine gewisse und gar nicht mal so kurze Zeit u. a. ein neues Justiz-, Ausbildungs- und eben auch Familien-System, das gänzlich neue Machtverhältnisse einführt. Wenn man dieses Kriterium für erfolgreiche Revolutionen anlegt, dann war in den letzten fünf Jahrzehnten keine andere Revolution so erfolgreich wie die sexuelle. Unter dem Begriff »sexuelle Revolution« ist zwar auch, aber eben nicht primär das zu verstehen, was sich in Betten, auf Wiesen oder in Discos tut, sondern vielmehr, was sich im Hinblick auf Machtstrukturen zwischen den Geschlechtern verschiebt. Die Machtverhältnisse zwischen den Geschlechtern aber haben sich in westlichen Gesellschaften in den letzten dreißig Jahren grundstürzend geändert. Und diese Änderung ist juristisch codifiziert worden. Eine Frau, die im Westdeutschland der fünfziger oder sechziger Jahre »schuldig« geschieden wurde, war ruiniert: sie war per definitionem ihren Ehemann, aber eben auch ihre Kinder, ihren guten Ruf und ihren Anteil am Familienvermögen los. Heute klagen zahllose geschiedene Männer darüber, daß sie nach einem Scheidungsprozeß nicht nur finanziell am Ende sind. Kein Wunder, daß sich die Zahlen derjenigen, die eine Scheidung begehren, schlicht verkehrt haben. In den fünfziger Jahren waren es zu ca. 80 Prozent Männer, heute sind es zu 80 Prozent Frauen, die auf einer juristisch geregelten Trennung vom Partner (und häufig auch auf feministisch korrekten Schreibweisen – also: von dem/der PartnerIn) bestehen.

»Wir haben unerhört viel erreicht!« schrieb Deutschlands populärste Feministin Alice Schwarzer »an einem lichten Dezembertag des bald vergangenen Jahrtausends«, also 1999, im Rückblick auf (nach ihrer Rechnung) dreißig Jahre Frauenbewegung.[1] So erfolgreich, so strukturrevolutionär, so nachhaltig auf das Alltagsleben und die Alltagssprache einwirkend (es gibt, jedenfalls in Deutschland, seit langem keine Fräulein mehr; in Frankreich sollte man es sich doch überlegen, ob man eine hochintellektuelle, attraktive junge Feministin mit »Madame« oder nicht doch besser mit »Mademoiselle« anspricht) – so erfolgreich wie der Feminismus war im letzten halben Jahrhundert keine zweite Theoriebildung, nicht der Neomarxismus, nicht die Psychoanalyse, ja nicht einmal die zahlreichen neuen emanzipatorischen Didaktiken und Curricula, die im Hinblick auf ihre juristisch-institutionellen Auswirkungen denen des Feminismus wohl noch am ehesten nahekommen. Dieser Erfolg ist um so erstaunlicher, als im Feminismus noch weniger als bei vergleichbaren Theo-

1 Alice Schwarzer: Eine stolze Bilanz; in: Emma 1/2000, wieder abgedruckt in A. S.: Alice im Männerland. Köln 2002, p. 346

riebildungen eine homogene Formation vorliegt. Bekanntlich gibt es nicht *den* Neomarxismus, *die* Psychoanalyse oder *die* Dekonstruktion. Noch weniger gibt es eine einheitliche feministische Theoriebildung. Vielmehr gilt: Was als plausibler feministischer Grundgedanke gelten könnte, ist eher dem Vergessen anheimgefallen oder gar tabuisiert. Einen solchen tragfähigen Grundgedanken feministischer Theoriebildung hat Johann Jakob Bachofen in seinem 1861 erschienenen monumentalen Werk *Das Mutterrecht* formuliert. Es hält eine wirklich große Erzählung parat. Danach sind die Frühformen gerade auch der Hochkulturen (paradigmatisch der griechischen, aber auch der ägyptischen, indischen u. a.) mutterrechtlich, matriarchalisch oder nach Bachofens Lieblingswort »gynaikokratisch« organisiert. Frauen haben in ihnen aus einem überzeugenden Grund die entscheidenden Machtpositionen inne: Sie gebären und stellen damit das wertvollste Gut nicht nur für frühe tribalistische Kulturen. Ohne Prokreation, ohne Fortpflanzung, ohne Zukunft wäre alles andere nichtig.

Daß Männer an der Schaffung neuen Menschenlebens nicht ganz unbeteiligt sind, ist in diesen frühen Kulturen noch keine geläufige Einsicht. Wie sollte das auch der Fall sein? Vergehen doch zwischen der Zeugung und der Geburt eines Kindes in der Regel neun lange Monate. Unmittelbar augenfällig ist der Zusammenhang zwischen dem Liebesakt, der Schwangerschaft und der Geburt nicht. Noch heute verwenden wir nicht ohne Grund und nicht ohne Peinlichkeitsgefühle das Wort »Aufklärung«, um neugierigen Kindern mitzuteilen, wie sie entstanden sind. Sexuell »aufgeklärt« aber waren die frühen Kulturformationen eben gerade nicht – so Bachofens mit monumentalistisch aufgehäuftem Belegmaterial (religiöse Bräuche, Kulte, Feste, Statuen, Grabstätten etc.) versehene These.

Profitiert haben von diesem unschuldigen Nichtwissen die Frauen und näherhin die Mütter. Sie haben die Macht inne, weil sie als einzige wahre Quelle der Prokreation erscheinen. Ihnen wird deshalb ein deutlich höheres Maß an Verehrung und Respekt entgegengebracht als den überflüssig scheinenden Männern. Das aber löst früher oder später deren Unmut aus. In einer hegelsche Dimensionen streifenden Knecht-Herrin-Dialektik beginnen Männer, Indizien zu sammeln, die geeignet sind, das exklusive Mutterrecht in Frage zu stellen. Was nichts anderes heißt als dies: Männer werden Theoretiker – je nach Beobachtungsperspektive aus Machtinteresse bzw. aus Interesse an der Überwindung ungerechtfertigter Macht. Sie sammeln Daten, bilden Hypothesen, diskutieren mögliche Kausalitätsmodelle und testen ihre zentrale Vermutung, die da lautet: Wir sind so unwichtig bis überflüssig nicht, denn ohne Beischlaf gäbe es keine Schwangerschaft. Es mag aus heutiger Sicht seltsam klingen, jedoch: darauf muß man erst einmal kommen. Wer ist »man«? Natürlich, nein eben nicht natürlich, »der Mann«. Die Griechen sprachen feiner vom *»logos spermaticos«*.

Die männliche These bewährt sich. Und es kommt zu einem veritablen Putsch der zeugenden und ihre Zeugungsleistung aufgeklärt bezeugenden Männer gegen die übermächtigen Frauen bzw. Mütter: incipit Patriarchat. Die Folgen dieses Putsches können kaum dramatisch genug geschildert werden. Denn nicht nur das Binnenverhältnis von Gruppen, das Generationenverhältnis und das Geschlechterverhältnis erfahren grundstürzende Änderungen, auch das gesamte Weltverhältnis von Menschen wird abgründig neu gestaltet. Mit der Umstellung von matriarchalischen auf patriarchalische Machtprinzipien setzt sich auch (je nach Beobachtungsperspektive und Bewertungsmaßstab) ein logisches bzw. theorielastiges, analytisches bzw. entfremdetes, abstraktes bzw. unnatürliches Weltverhältnis durch. Denn die Vaterschaft beruht anders als die Mutterschaft nicht auf sinnlicher Gewißheit. Eine unter Schmerzen gebärende Mutter erfährt mit schwer zu überbietender Anschaulichkeit und Körperlichkeit, daß das aus ihrem Bauch kommende Kind ihres ist. Ein Vater kann hingegen (jedenfalls in Zeiten vor der Gentechnologie!) seiner Vaterschaft nie und nimmer so sicher sein wie die Mutter ihrer Mutterschaft. *Pater semper incertus, mater certissima*, wie nicht erst das klassische römische Recht weiß. Gerade weil die Vaterschaft unsicher ist, sind Männer darauf angewiesen, ihre Geltungsansprüche logisch, argumentativ, Hypothesen erwägend, kurzum: auf der Basis von Abstraktionen durchzusetzen.

In Bachofens klassischen Worten: »Eine ganz neue Anschauung bricht sich Bahn. Ruht die Verbindung der Mutter mit dem Kinde auf einem stofflichen Zusammenhange, ist sie der Sinnenwahrnehmung erkennbar und stets Naturwahrheit, so trägt dagegen das zeugende Vatertum in allen Stücken einen durchaus entgegengesetzten Charakter. Mit dem Kinde in keinem sichtbaren Zusammenhange, vermag es auch in ehelichen Verhältnissen die Natur einer bloßen Fiktion niemals abzulegen. (...) Alle diese Eigenschaften des Vatertums führen zu dem Schlusse: in der Hervorhebung der Paternität liegt die Losmachung des Geistes von den Erscheinungen der Natur, in ihrer siegreichen Durchführung eine Erhebung des menschlichen Daseins über die Gesetze des stofflichen Lebens.« Männer sind nicht klüger, intelligenter und schon gar nicht weltfreundlicher als Frauen. Arme, nämlich um sinnliche Gewißheit in einer zentralen Frage (ist dies mein Kind?) betrogene Männer sind vielmehr zu Abstraktionen, logischen Schlüssen, Kontrollen etc. verdammt, wenn sie ihre Geltungsansprüche durchsetzen wollen.

Bachofens Argumentation ist brillant. Ob seine These vom frühen Matriarchat mysogyn ist, hängt vom Beobachtungsstandpunkt ab, also etwa davon, ob Feministinnen es begrüßen, daß Männer vor langer Zeit einmal der Muttermacht unterlegen waren. Auf kluge Schriftsteller wie Gottfried Keller, Walter Benjamin oder Günter Grass (dessen Roman *Der Butt* ganz im Geiste Bachofens geschrieben ist) hat *Das Mutterrecht* nachhaltig gewirkt; in der Zunft der Frühgeschichtler ist es bis heute umstritten. In feministischen Theoriegefilden findet Bachofen wenig Freundinnen und in patriarchalischen Zirkeln wenig Freunde. Welche Frauenrechtlerin wird erfreut vernehmen, daß das Patriarchat Effekt einer Revolte von Unterdrückten gegen frühes Mutterrecht ist?; welcher bürgerliche Ehemann wird gerne hören, daß Vaterschaft auch in ehelichen Verhältnissen »die Natur einer Fiktion« nicht ablegen kann? Bachofens zentrale Argumentation ist nicht nur zu der Zeit, da sie das Licht der Welt erblickt, so etwas wie eine theoriegeschichtlich unwillkommene Schwangerschaft. An Bachofen knüpft keine der feministischen Theorien der zweiten Hälfte des 20. Jahrhunderts ausdrücklich oder gar zustimmend an. Die neoklassischen feministischen Bücher nach dem Zweiten Weltkrieg z. B. von Simone de Beauvoir *Le deuxième sexe (Das andere Geschlecht)* (1949) oder Kate Millett *Sexual Politics (Sexus und Herrschaft)* (1970) nehmen vielmehr ihren Ausgang von offenbaren Skandalen im Geschlechterverhältnis: daß Frauen bis weit ins 20. Jahrhundert hinein das Wahlrecht verweigert wurde, daß Männer alias Haushaltsvorstände ihren Ehefrauen verwehren konnten, selbständig Geld zu verdienen, daß Vergewaltigungen nicht angemessen juristisch verfolgt wurden (häufig mit dem Hinweis, Frauen hätten es auf ihre Vergewaltigung angelegt), daß das Scheidungsrecht systematisch Frauen benachteiligte, daß berufstätige Frauen schlechter entlohnt wurden als Männer, daß attraktive Berufe für Frauen kaum erreichbar waren, daß auch frühe Abtreibungen mit hohen Strafen bewehrt waren und daß homosexuelle Beziehungen verfolgt wurden.

Der Erfolg feministischer Einsprüche gegen solche Skandale ist unübersehbar und unüberhörbar. Das Scheidungsrecht ist gründlich zugunsten von Frauen und Kindern reformiert, Abtreibungen in den ersten drei Monaten sind nicht mehr strafbewehrt, es gibt deutlich weniger Benachteiligungen für sexuelle Minoritäten, der berüchtigte Homosexuellen-Paragraph 175 und der nicht minder berüchtigte Kuppelei-Paragraph sind gestrichen worden, ehemalige Männerberufe wie Pfarrer, Arzt, Rechtsanwalt, Professor, Unternehmer etc. sind in zum Teil rasantem Maße (Lehrer,

Ärzte, Professorinnen in den sogenannten Geisteswissenschaften, Medien: *anchorwomen*) von Frauen erobert worden; wer mit feministischen Schreibweisen (»frau«, »Studierende«, »-Innen«, mit der signifikanten Ausnahme von Bildungen wie Betrügerinnen und Mörderinnen etc.) nicht so recht zurechtkommt, gilt als sekundärer Analphabet; Frauen, die von einem männlichen Kollegen drei Sekunden zu lange angeschaut werden, können zur Frauenbeauftragten gehen und sich beschweren; die Definitionsmacht ist weitgehend in weiblichen Händen und Mündern (»Belästigung ist, was Frauen als Belästigung empfinden«). Zum durchschlagenden Erfolg des Feminismus und zur durchgreifenden Neugestaltung des Geschlechterverhältnisses in den letzten drei Jahrzehnten haben viele Faktoren beigetragen – u. a. die Studentenrevolte, die Liberalisierung der Justiz und nicht zuletzt »die Pille« sowie die Medientauglichkeit des Themas für Illustrierte und Fernsehen: *sex sells.*

Rasche Erfolge stellen die, die sie errungen haben, vor Probleme: Wie soll es weitergehen? Das probateste Mittel, Revolutionen voranzutreiben, die an ihrem Erfolg zu scheitern drohen, ist bekanntlich gesteigerte Militanz. Frau kann z. B. mit guten Gründen darauf hinweisen, daß in den dreißig größten Unternehmen Deutschlands, die im DAX börsennotiert sind, keine einzige Frau im Vorstand sitzt (es gab in den fünf Nachkriegsjahrzehnten für wenige Monate eine Ausnahme im VW-Konzern: Gertrud Höhler), daß immer noch zu wenig Frauen an den Schaltstellen der Politik sitzen oder daß Frauen keine kulturelle Hegemonie erringen konnten. Frau geht dann aber das Risiko ein, sich Hinweise auf den von Macho-Allüren nicht ganz freien Politikstil z. B. von Maggie Thatcher oder auf Winifred Wagners bzw. Leni Riefenstahls leidenschaftliche Hitler-Liebe gefallen lassen zu müssen. Teile der feministischen Theoriebildung haben deshalb einen anderen Weg eingeschlagen – den der Ontologisierung der Geschlechterdifferenz bzw. des kleinen Unterschiedes. Unter dem Titel *Der kleine Unterschied und seine großen Folgen* erschien 1975 das in Deutschland erfolgreichste feministische Buch. Die Botschaft, die Alice Schwarzer darin und in der von ihr seit 1977 herausgegebenen Zeitschrift *Emma* verkündet, ist eindeutig: Gewalt ist per se männlich, schon der fälschlich so genannte Liebesakt ist ein Penetrations- und also Gewalt- bzw. Unterwerfungsakt. Frauen haben nur dann eine Emanzipationschance und Aussicht auf ein hinlänglich freies Leben, wenn sie sich von Männern und Gebärpflichten fernhalten, um sich statt dessen an sich selbst und ihresgleichen zu erfreuen.

Alice Schwarzer hat einigermaßen erfolgreich eine homosexuelle Kampfschrift als feministisches Emanzipationstraktat ausgegeben und verkauft. So heißt es schon im Vorwort von *Der kleine Unterschied:* »In einer Kultur, in der Zeugung nicht länger primärer Impuls für menschliche Sexualität ist, müßte also bei freien Entfaltungsmöglichkeiten die Homosexualität ebenso selbstverständlich sein wie Heterosexualität und Eigensexualität. Daß sie das nicht ist, hat politische Gründe. Nur eine zum Dogma erhobene Heterosexualität kann das männliche Sexmonopol sichern.« Alice Schwarzers frauenbündische Konzepte stehen in psychodynamischer Hinsicht den homophilen Männerbünden der deutschen Tradition so fern nicht, die u. a. Nicolaus Sombart analysiert hat. Wer heute so gut wie alle an Gender-Diskussionen Beteiligten gegen sich aufbringen will, braucht bloß darauf hinzuweisen, wie gespenstisch intakt homophile Männerbünde im Dienst bedeutender mütterlicher Institutionen über Jahrhunderte waren und zum Teil noch sind. Die großen traditionsreichen Institutionen bzw. »Körperschaften« (ein prächtiges Wort: welches Geschlecht haben Körperschaften?) müssen nicht von auf sie losgelassenen und projektionsfreudigen Psychoanalytikern (→ Psychoanalyse) auf die Abgründe ihrer *corporate identity* hin durchschaut werden. Geben sie diese in ihrer Selbstbezeichnung doch offen zu erkennen: Die Kirche nennt sich »Mutter Kirche«, die Universität bezeichnet sich als »Alma mater«, also als nährende Mutter, und die Armee ist »die Mutter von der Kompanie«. Noch heute sprechen Manager unschuldig davon, daß die Mutterfirma Tochtergesellschaften braucht, um gesund fortzuexistieren und zu prosperieren.

Mütterliche Körperschaften hätscheln ihre Söhne, und diese verehren ihre Mutter. Die klassische katholische Kirche läßt im Priesteramt nur Männer zu (die zu signifikant höheren Prozentsätzen homosexuell sind als in der nichtklerikalen Bevölkerung). Diese geweihten Männer übernehmen prototypisch weibliche Aufgaben. Sie bereiten den Tisch des Herrn, verteilen das Essen und versorgen die Gemeinde mit dem, was zum Überleben notwendig ist. Dafür haben sie auch das Recht, Frauenkleider zu tragen. Priester verstehen sich als Element der Kirche, die sich als Braut Christi versteht. Mit Christus stehen sie über die apostolische

Sukzession (die ununterbrochene Kette des Handauflegens, die geweihte Priester mit den ersten Aposteln und mit Jesus Christus selbst verbindet) in körperlichem Kontakt. Ähnlich feminin und mütterlich wie die Kirche erscheint die klassische Alma mater. Sie verwöhnt ihre männerbündisch organisierten, gut alimentierten, ihre Mutter kultisch feiernden und Talare tragenden Söhne. Während die protestantische Kirche und die Universität in den letzten Jahrzehnten zunehmend heterosexueller wurden, bleiben die katholische Kirche, die Armee (die Männern gestattet, sich kiloweise mit Schmuck zu behängen, wenn sie es schaffen, andere Männer zum Bluten zu bringen, also symbolisch zu Frauen zu machen) und die Wirtschaftsunternehmen auch dann streng männerbündisch, wenn das formal nicht so schlagend geregelt ist wie bei studentischen Verbindungen oder beim Rotary bzw. Lions Club. Viele Indizien und nicht zuletzt die schockhafte Konfrontationen der letzten Jahre mit männerbündischen und frauenphobischen Islamisten sprechen dafür, daß westliche Gesellschaften im 20. Jahrhundert einen bemerkenswerten Heterosexualitätsschub erfahren haben, der sie von ihren tradierten männer- und frauenbündischen Dispositiven löst. Ein Feminismus, wie ihn Alice Schwarzer vehement vertritt, ist auch eine Abwehrbewegung gegen Tendenzen hin zu befreiter Heterosexualität.

Einigen Feministinnen erschien eine fundamentalistische Biologie, ja Ontologie des kleinen Unterschieds und seiner gewaltsamen Folgen als allzu unterkomplex. Vieles am frühen Feminismus war einfach nur eine schlichte Umbesetzung patriarchalischer Werte:

nicht Männer-, sondern Frauenbünde sind gut; Kinder sind nicht die Erfüllung, sondern die Verhinderung eines glücklichen Frauenlebens; Zärtlichkeit und Leidenschaft sind nicht romantische Glückserfahrungen, sondern leicht durchschaubare Herrschaftsinstrumente; wenn Männer Autos und Frauen Wäsche waschen, dann ist das ein Rollenklischee, das gesprengt werden muß, etc. Gegen binär angelegte Theorien, die mit Konstatier-Ontologie-Sätzen wie »Männer sind gewaltsam, Gewalt ist männlich; Frauen sind sensibel, Frieden ist weiblich« daherkamen, entwickelte sich um 1980 ein neuer feministischer Theorieansatz. Er gab erstens die Rede von den zwei Geschlechtern zugunsten der Rede von vielen Geschlechtern auf und begriff zweitens Geschlechteridentität als eine Konstellation von biologischem Geschlecht *(sex)* einerseits und kultureller Kodifikation erotischer und sozialer Rollen *(gender)* andererseits: Gender Studies statt Feminismus.

Von »sexuellen Zwischenstufen« hatte in seinem Titel schon ein vom »Nervenarzt« Magnus Hirschfeld (1868-1935) herausgegebenes Jahrbuch gesprochen. Es geht von der schwer bestreitbaren Feststellung aus, daß das Schema männlich-weiblich nicht ausreicht, um die Vielfalt erotischer Phänomene und Identitäten zu beschreiben. Es gibt eben nicht nur heterosexuelle, sondern auch homosexuelle Männer und Frauen, polymorph perverse Kinder und Erwachsene, Fetischisten, Teilzeitmasochisten, Hermaphroditen, erotische Rollenspieler, Androgyne, effeminierte Männer, maskuline Frauen, Pädophile und und und. Thomas Meineckes 1998 erschienener Roman *Tomboy* weiß ein

Lied von dieser Vielfalt zu singen. Von unabzählbar vielen, also von *n* Geschlechtern bzw. »Wunschmaschinen« handelte das 1972 erschienene Kultbuch *Anti-Ödipus*, das der Philosoph Gilles Deleuze und der (Anti-)Psychiater Félix Guattari gemeinsam verfaßt hatten. Es erschien in eine Theorie-Szene hinein, die sich entschieden von der psychoanalytischen Tradition Sigmund Freuds und Jacques Lacans (→ Psychoanalyse) abzusetzen begann, der sie eingestandenermaßen doch so viel verdankt. Das von Jacques Derrida gewählte Schlüsselwort zur Kritik an der Freud-Lacan-Tradition lautete: »Phallogozentrismus«. Ein erlesenes Kompositum aus »Phallos – Logos – Zentrismus«, das darauf aufmerksam macht, wie skandalös traditionell der große Revolutionär Freud und sein surrealistischer Radikalisierer Lacan in einem entscheidenden Punkt denken. Die Ordnung des Begehrens, des Logos und des Gesetzes ist demnach auf den Phallos zentriert, der (siehe die eingangs referierten Überlegungen Bachofens, die Freud nur marginal und Lacan in seinen *Ecrits* gar nicht erwähnt!) mit dem Logos, nämlich mit »logischen« Geltungsansprüchen mehr zu tun hat, als dem gesunden Menschenverstand schwant. Der Phallos ist der Ort des Gesetzes (paradigmatisch des Inzestverbots zwischen Mutter und Sohn), des Zeugens und des Bezeugens. Im Namen des Vaters wird das setzende und gesetzgebende Nein des Vaters laut. Im Französischen sind der Name und das Nein homophon: *»au nom du père«* ergeht das *»non du père«*.

Gegen phallogozentrische Ordnungen des Geschlechterverhältnisses denken und schreiben die wichtigsten französischen Feministinnen an. Hélène Cixous beschreibt in ihren Büchern (u. a. *Das Buch von Promethea*, 1990, und *Die unendliche Zirkulation des Begehrens, Weiblichkeit in der Schrift*, 1980) weibliches Begehren als ein polymorphes, keinem Gesetz unterstehendes Verströmen (konkret z. B. der weiblichen Stimme, der Muttermilch, der weiblichorgiastischen Lust). Weibliches Genießen sprengt oder unterläuft den ödipalen Logos. Mythologische und poetische Frauengestalten wie die griechische Fruchtbarkeitsgöttin Demeter, die ihre vom Unterweltgott Pluto geraubte Tochter Persephone machtvoll zurückgewinnt, wie Penthesilea, die binär-männliche Entweder-oder-Logiken sprengt, wie Cleopatra, Lulu, Lolita oder auch Freuds Dora entziehen sich phallogozentrischen Ordnungen zugunsten eines unordentlichen Genießens. Das französische Wort *»jouissance«* (Genießen) ist fast homophon mit dem Wortpaar *»jouis sens«*/genieße den Sinn (Genieß-Sinn). Ein solches Genießen dies- und jenseits von männlich binären Gesetzen, die mit ihrer Obsession an Grenzziehungen zwischen männlich–weiblich, oben–unten, ewig–zeitlich, Signifikant– Signifikat, Überbau–Basis etc. interessiert sind, umkreisen die Schriften von Cixous.

Aus Lacans psychoanalytischer Standesorganisation »Ecole freudienne« wurde 1975 eine Feministin förmlich ausgeschlossen, die mit Hélène Cixous wichtige Denkimpulse teilt: Luce Irigaray. Sie hatte in ihrer Habilitationsschrift *Speculum de l'autre femme* (wörtlich: Der Spiegel der anderen Frau) die »Hommosexualität« (ja: mit zwei *m* – wie im französischen Wort für Mann bzw. Mensch *»homme«*) der psychoanalytischen Orthodoxie kritisiert. Diese kenne eigentlich nur ein

Geschlecht, eben den Mann, als dessen kastrierte Minderform allein Frauen vorkommen. Dagegen begreift die Linguistin Irigaray Weiblichkeit als wirkliches *heteron*, als wahrhaft anderes Geschlecht, das eine eigene Sprachlogik aufweist: *»parler femme«*/(als) Frau sprechen. Frauen haben zweimal zwei Lippen – ein Motiv, das in der erotischen Literatur eine ehrwürdige Rolle spielt, man denke nur an Denis Diderots *Les bijoux indiscrets*. Die sich autoerotisch berührenden Scham-Lippen sind nicht minder als der Phallos ein Ort des Logos. Aber eben eines anderen Logos: eines Logos, der nicht verbietet, sondern überströmt, verausgabt und gebiert. Was nicht ausschließt, daß sich zwischen Müttern und Töchtern ähnlich mörderische Dramen ereignen wie zwischen Vätern und Söhnen, die da Laios und Ödipus heißen mögen. Das präsymbolische, symbiotische, noch nicht männlich-phallo(go)-zentrisch codifizierte Mutter-Tochter-Verhältnis steht im Zentrum vieler Studien Irigarays (u. a. *Le corps-à-corps avec la mère*. Montreal 1982).

Ob und wie (z. B. surrealistisch, also avanciert!) Elemente eines solchen präsymbolischen Logos gegen eine phallische Ordnung bewahrt werden können, ohne in wohlfeilen Irrationalismus zu verfallen, steht immer erneut zur Diskussion. So auch in den Schriften von Julia Kristeva, die ebenfalls und pointierter noch als Cixous und Irigaray nach vorsymbolischen weiblichen Sphären sucht und sie im »Semiotischen« zu finden glaubt. Fundamentalsemiotisch sind etwa frühste Gesten, Berührungen, Affektäußerungen und Triebartikulationen, deren Sphäre Kristeva mit einem exquisiten, zuvor nur Platon-Spezialisten geläufigen Begriff charakterisiert: *chora*. Das griechische Wort meint in etwa Leere, Abstand, reiner, noch nicht von einem Chor besetzter und strukturierter Raum. Ihn und genauer: die Mutter-Kind-Dyade mit all ihren polymorphen Freuden überformt das väterliche Gesetz. Aber es bleibt ein unheimlicher Rest, der »semiotisch« besetzt ist und den Kristeva mit ihrer Theorie der »Abjekte« zu erfassen versucht. Abjekte: das sind die unheimlichen, aber eben mitunter auch unheimlich faszinierenden, weil dunkel etwas mitteilenden Dinge, die zum Körper und doch nicht zum Körper gehören: ausgefallene Haare, Speichel, Sperma, Tränen, Kot, Schleim, Schuppen (*Pouvoirs de l'horreur*. Paris 1983). Abjekte sind Abfall im doppelten Wortsinne – das Unsaubere und das Häretische.

Zu den faszinierendsten, in feministischen Kreisen aber eben auch umstrittensten Aspekten der Überlegungen von Julia Kristeva gehört es, Mutterschaft positiv und genauer: Schwangerschaft und Kinder als geglückte Abjekte zu verstehen. Die ihr Herz verdoppelnde Schwangere macht eine Erfahrung, die sich keinem binären Subjekt-Objekt-Schema fügt. Das noch nicht geborene und auch das neugeborene Kind ist mit der Mutter zugleich eins und nicht eins. Beide bilden eine in sich selbst unterschiedene Dyade, die nach einer »Härethik« verlangt – nach einer häretischen Ethik der Liebe (*Histoires d'amour*, dt.: *Geschichten von der Liebe*, Frankfurt/Main 1989). Für diese »Härethik« gilt das Lacansche Gesetz nicht, nach dem das Begehren des Subjekts immer das Begehren des anderen ist (→ Psychoanalyse/Lacan). Die Liebe der Mutter zum Kind und die infantile Mutterliebe sind vielmehr so verfaßt, daß die Mutter im Kind sich selbst et vice versa liebt, weil das Tun des einen das Tun des anderen ist. Gegen mythologische und gynozentrische Überhöhungen dieser »Härethik« ist Kristevas Denken dadurch gefeit, daß es sich über die Unhaltbarkeit dieser semiotischen und vorsymbolischen Sphäre keine Illusionen macht. Für das Gelingen gerade auch weiblicher Biographien ist es vielmehr entscheidend, ob die Trennung von der Mutter gelingt. Wenn die Ablösung des kindlichen Abjekts nicht gelingt, drohen Melancholie und Depression – worüber? Darüber, daß Dyaden nicht dauerhaft sein können (*Soleil noir – Depression et Mélancholie*. Paris 1987).

Jedenfalls nicht im sogenannten wirklichen Leben. Wohl aber in der Poesie. Auch geglückte Poesie ist ein Abjekt, ein abgefallener, ein häretischer, ein »härethischer« Diskurs, der sich zu Theoriediskursen verhält wie die Mutter-Kind-Dyade zur paternalen, phallogozentrischen Ordnung des Symbolischen. An Kristevas Überlegungen knüpfen die von Judith Butler ausdrücklich an. Ihr ist die (doch ersichtlich hochsubtile!) Argumentation von Kristeva noch zu einfach, weil zu biologistisch. Butlers schnell populär gewordener Grundgedanke erfüllt ein paradoxes Kriterium – er ist einfach, weil er höchste Komplexität einklagt und damit immer recht hat: man muß zwischen *sex* (dem biologischen Geschlecht) und *gender* (der kulturellen Konstruktion von Geschlechterrollen) unterscheiden (Judith Butler: *Gender Trouble – Feminism and the Subversion of Identity*, London 1990; dt. *Das Unbehagen der Geschlechter*, Frankfurt/Main 1997). Geschlecht ist demnach nichts, was man/frau hat, und (der durch Erich Fromm geläufig gewordenen Unterscheidung zum Trotz) auch nichts, was man/frau ist, sondern Effekt dessen, was man/frau tut bzw. handelt bzw. mit sich und dem Rest der Welt aushandelt. Gender ist performativ, weil »es immer die Identität konstituiert, die es zu sein vorgibt.«[2] Aus der Unterscheidung von *sex* und *gender doing* resultiert eine unumkehrbare Hierarchisierung. Zugänglich ist Natur und damit auch das »natürliche« Geschlecht nur über kulturelle Symbolisierungen. Und deren gibt es je nach epochalem, mentalem, konfessionellem, ethnischem etc. Kontext unübersehbar viele. Und also gibt es unendlich viele Geschlechtsidentitäten als Resultat all der performativen Kulturtechniken, die »natürliche« Körper modellieren und formieren. Der Gedanke kann leicht illustriert werden. Wenn ein lesbisches Paar bei der Geburt seines per In-vitro-Fertilisation empfangenen Kindes nicht mehr wie ein klassisches Elternpaar ausruft: »Ein Mädchen!«, sondern: »Eine Lesbe!«, dann wird dieses Kind eine andere Geschlechtsidentität ausbilden als in Kontexten, die einst als normal galten, weil die Machbarkeit von Normen nicht hinreichend durchschaut wurde. Wer darauf verweist, daß die Wirklichkeit unendlich komplex und jedenfalls viel komplexer ist als alle Theorie, hat immer recht.

Wirkungen, Risiken und Nebenwirkungen

Die Wirkungen des feministischen Pharmakons auf die Tiefen- und Oberflächenstrukturen des Alltagslebens, dessen wurde eingangs bereits gedacht, waren durch-

2 Judith Butler: Gender Trouble. London 1990, p. 25

schlagend. Die Zugewinne an lebensweltlicher Freiheit nicht nur für Frauen sind unübersehbar. Daß in vielen Teilen der Welt die weibliche Bevölkerungsmehrheit, aber eben auch sexuelle Minderheiten nicht mehr oder doch nicht mehr so grauenhaft wie zuvor benachteiligt oder verfolgt werden, ist ein kaum hoch genug zu schätzender Effekt einer Theorie, die tatsächlich einmal nachhaltig die Massen ergriffen hat. Die junge feministische Theorie hat sich dabei schnell und komplex entfaltet. Um die Theoriegeschichte auf eine unterkomplexe Formel zu bringen: Der frühe Feminismus löste die alte, von Sokrates bis Freud reichende Defizittheorie der Weiblichkeit zugunsten einer Differenztheorie ab. Defizittheoretische Sätze wie »Frauen haben keine Seele, sie sind kastriert, sie sind das schwache Geschlecht« etc. sind seitdem unmöglich; differenztheoretische Sätze wie »Gewalt ist männlich, Frieden weiblich« haben Konjunktur. Der zweite theoriegeschichtliche Schub des Feminismus kann auf die Formel gebracht werden »von der Differenztheorie zur Dekonstruktion« des Geschlechterverhältnisses: man/frau stellt dann eben keine der Ontologisierung verdächtigen Wesens-Differenzen mehr fest, sondern fragt danach, wie Unterschiede gemacht werden. Und auch Köpfen, denen man nicht zu nahe tritt, wenn frau ihnen unterstellt, daß sie Schwierigkeiten und zudem kaum Möglichkeiten haben, die Texte von Cixous bis Kristeva zu verstehen, leuchtet ein, daß die Kolchosebäuerin in der Sowjetunion, die Starfeministin in New York, das klitorisbeschnittene Mädchen in Somalia und die Halbtagslehrerin mit Mutterschaftsurlaub in der Lüneburger Heide unterschiedlichen Bildern von »Weiblichkeit« verpflichtet sind.

Daß von *einer* homogenen bzw. gynogenen Feminismus-Theorie nicht die Rede sein kann, ist schnell ersichtlich. Die Spannungen zwischen einer extrem kulturalistischen *gender theory* und einer naturalistischen, ja latent rassistischen Theorie des kleinen Unterschiedes und seiner unbedingt bekämpfenswerten Gewalteffekte lassen sich kaum vermitteln. Von Rassismus muß gesprochen werden, wenn die Zusprechung von Eigenschaften an biologische Merkmale wie Hautfarbe oder Geschlecht gebunden wird. Gerade dies aber ist bei bestimmten entschiedenen bis militanten Varianten des Feminismus der Fall. Sie gelten heute aus gutem Grund als »postfeministisch« überholt.[3]

Ein Feminismus, wie Alice Schwarzer ihn vertritt, hat seinen Kern in der Denunziation der heterosexuellen Geschlechterverhältnisse überhaupt. Und die bringt selbst im Vergleich mit anderen Theorien, die Schuld auf ganze Gruppen projizieren, unübersehbare Probleme mit sich. Denn wenn man das schlechthin für alles Negative verantwortliche Böse nicht einem Außen zurechnen kann, mit dem man keinen unmittelbaren Kontakt pflegen muß (z. B. Freimaurer, das Weiße Haus, der Kreml, Islamisten, Jesuiten oder Juden), handelt frau sich eine schwer zu vermeidende Kalamität ein: Alltäglich und überall, in öffentlichen Verkehrsmitteln, im Kaufhaus, am Arbeitsplatz trifft sie auf Verkörperungen des Bösen, auf Männer, die dann auch das Feindbild erfüllen. Sie starren eine Frau (zu lange) an, machen sexistische Witze, fahren zu schnell Auto, verdie-

3 Cf. paradigmatisch Gertrud Höhler/Michael Koch: Der veruntreute Sündenfall – Entzweiung oder neues Bündnis? Stuttgart 1998

nen mehr als Frauen und begeistern sich für Fußball. Verständlich, daß eine Feministin mit solchen Kreaturen nichts zu tun haben will – und auch nicht mit Frauen, die Verräterinnen sind, weil sie sich auf Männer einlassen, die ungern putzen und abwaschen, aber gerne ihre verharmlosend so genannte Partnerin penetrieren und damit die Grundfigur der Gewaltausübung praktizieren. Die Abschaffung oder doch zumindest kollektive Umerziehung all dieser Männer zu fordern ist auch nicht so ohne weiteres möglich – ist Gewalt doch ein männliches Prinzip. Eine militante Feministin hat es nicht leicht: die Hälfte der Bevölkerung besteht weltweit aus bösen Feinden. Und allzu viele mögliche Verbündete (wie zum Beispiel Verona Feldbusch) neigen zu Verrat.

Die Postfeministin hat es da deutlich leichter. »Postfeminismus« ist ein Schreckenswort für militante Feministinnen. Gibt es doch zu verstehen, daß die Erfolge des Feminismus so überwältigend sind, daß frau sich gelassen feministisch unkorrekte Fragen wie diese stellen kann, die problematische Nebenwirkungen des Feminismus anzeigen: Wie anstrengend ist ein emanzipiertes Leben? Ist es sinnvoll oder vielmehr nervtötend, jeden Tag partnerschaftlich neu auszuhandeln, wer das Essen kocht und die Kinder zur Schule bringt? Wie lusttötend ist ein Liebesleben, das auf faszinierende Erfahrungen vernunftwidriger und inkorrekter Leidenschaft und tiefer Abhängigkeit verzichten will? Gibt es eine unheilvolle Allianz zwischen der Gender-Rede vom gemachten, ausgehandelten Geschlecht einerseits und einer High-Tech-Medizin andererseits, die Geschlechtsumwandlungen und künstliche Befruchtungen inclusive willkürlicher Geschlechtsbestimmungen ermöglicht? Wo bleiben die großen Gefühle? Muß frau nicht auch Mitleid mit Männern haben, die anders als sie wehr- bzw. zivildienstpflichtig sind, längere Arbeitszeiten sowie eine im Schnitt um acht Jahre geringere Lebenserwartung haben? Sollte die Feminisierung der öffentlichen Sphäre paradoxe Folgen haben – alles wird nüchterner, kalkulierter, cooler? Und wie sieht ein emanzipiertes und aufgeklärtes Leben aus, das ohne den Satz auskommen muß: »Ich liebe dich«?

Gerechtigkeitstheorie (John Rawls)

Ach, wär ich nie geboren. So lautet eine Klage, die aus Orpheus' und Hiobs Mund erging und in die seitdem viele (darunter Goethes Faust) einstimmten. Gerecht geht es zweifellos nicht zu, wenn wir geboren werden: z. B. zu Zeiten lang andauernden Friedens in eine reiche, glückliche, gebildete, sensible Familie hinein oder aber zu Zeiten der Cholera und des Bürgerkrieges in ein von Haß, Not und Traurigkeit erfülltes Milieu. Gerecht geht es auch nicht zu, wenn wir weiterleben. Heinrich Heine hat in seinem *Lazarus*-Gedicht die alten Klagen über die Ungerechtigkeit der Welt und der Lebensordnung schlagend ausgedrückt.

Zum Lazarus

Laß die heil'gen Parabolen,
Laß die frommen Hypothesen –
Suche die verdammten Fragen
Ohne Umschweif uns zu lösen.

Warum schleppt sich blutend, elend,
Unter Kreuzlast der Gerechte,
Während glücklich als ein Sieger
Trabt auf hohem Roß der Schlechte?

Woran liegt die Schuld? Ist etwa
Unser Herr nicht ganz allmächtig?
Oder treibt er selbst den Unfug?
Ach, das wäre niederträchtig.

Also fragen wir beständig,
Bis man uns mit einer Handvoll
Erde endlich stopft die Mäuler –
Aber ist das eine Antwort?

Eine Antwort auf die alte Frage, wie eine gerechte Ordnung des Lebens auszusehen habe, hat der viele Jahrzehnte an der Harvard University lehrende Philosoph John Rawls (1921-2002) in seiner 1971 erschienenen vielbeachteten Abhandlung *A Theory of Justice* (dt. 1971 *Eine Theorie der Gerechtigkeit*) versucht. Theoretisch abgehoben ist diese Frage nicht. Denn angesichts der evidenten und von vielen als skandalös empfundenen Ungerechtigkeit der weltweiten Güter- und Wohlstandsverteilung ist das Problem außerordentlich lösungsbedürftig, wie bei der Gewinnung und Allokation knapper Güter Kooperationslasten und Kooperationsgewinne möglichst einvernehmlich, konfliktfrei und also gerecht geregelt werden können.

Um die Frage nach der Gerechtigkeit möglichst gerecht zu beantworten, muß sie, so die Grundüberlegung, von einer unparteilichen Warte aus angegangen werden. Die Antwort darf also z. B. nicht aus der Position eines Menschen erfolgen, der zufälligerweise ein gesunder, junger, glücklich verliebter und superreicher Bürger der ersten Welt oder ein das Kastensystem akzeptierender Hindu ist, der daran glaubt, daß alles Elend des gegenwärtigen Lebens wohlverdient ist. Vielmehr ist es methodisch geboten, in modifizierter Form an das vertragstheoretische Programm neuzeitlicher politischer Philosophie (Hobbes, Locke, Rousseau und Kant) anzuknüpfen und von einem »Schleier des Nichtwissens« *(»veil of ignorance«)* auszugehen: Für welche Ordnung der Gerechtigkeit würde ich, würden so gut wie alle (so sie frei, gleich, rational und am wohlverstandenen Eigeninteresse orientiert wären) pränatal plädieren, wenn wir nicht wüßten, in welche Verhältnisse wir hineingeworfen werden?

Wir würden in diesem fiktiven Urzustand des Nichtwissens über die uns zufällig bevorstehenden individuellen Lebensumstände für maximale Gerechtigkeit und Fairneß optieren. Selbstische Subjekte würden sich in diesem Urzustand, da sie ja noch prä-individuell und prä-kontingent wären, selbst transzendieren. So lautet die gemeinsame Intuition vieler Moralphilosophen, inclusive Kant – auch der kategorische Imperativ verlangt ja die Selbsttranszendenz: Handle so, daß die Maxime deines Handelns jederzeit allgemeingültiges Gesetz werden könnte. Allen müßten dieselben unveräußerlichen Grund- und Menschenrechte wie Freizügigkeit und offene Berufswahl, ein ausreichendes Einkommen, sicherer Besitz und soziale Anerkennung zukommen. Wir würden uns im prä-individuellen Urzustand (durchaus aus Selbstinteresse!) darum bemühen, ein leitendes Gerechtigkeitsprinzip, das von Rawls sogenannte Maximin-Prinzip, zu formalisieren, dem an einem austarierten Verhältnis von Maximum- und Minimum-Zuständen gelegen ist: »Entscheide dich so, daß die schlechteste denkbare Konsequenz deiner Entscheidung möglichst gut ist (auch für dich).« Gerecht organisiert ist eine Gesellschaft dann, wenn die jeweils am schlechtesten Gestellten dennoch möglichst gut gestellt sind. Man tritt Rawls' Theorie der Gerechtigkeit nicht zu nahe, wenn man in ihrem Grundwebmuster den Gedanken einer universalisierten Versicherung auf Gegenseitigkeit entdeckt.

In ein wenig handfesterer Ausführung legt dieser Gedanke zwei Prinzipien als besonders verbindlich nahe. Das erste Prinzip steht ersichtlich in individual- und freiheitsrechtlicher Tradition: »Jede Person hat einen gleichen Anspruch auf ein völlig adäquates Paket gleicher Grundrechte und Grundfreiheiten, das mit demselben Paket für alle vereinbar ist; und in diesem Paket ist den gleichen politischen Freiheiten, und nur ihnen, ihr fairer Wert zu sichern.« Diesem ersten Gleichheits-Prinzip ist ein zweites sozialrechtlich-wohlfahrtsstaatliches Prinzip, das von Rawls so genannte Differenz-Prinzip, ausdrücklich nachgeordnet: »Soziale und ökonomische Ungleichheiten müssen zwei Bedingungen erfüllen: Sie müssen an Ämter und Positionen gebunden sein, die allen unter Bedingungen fairer Chancengleichheit offenstehen, und sie müssen zum größten Vorteil der am wenigsten begünstigten Gesellschaftsmitglieder sein.« Juristisch gesprochen schlägt Rawls damit ein Beweislastverfahren vor: Wer es viel besser haben will als der Rest der Welt, muß darlegen können, daß es durch seine Besserstellung auch dem Rest der Welt und noch dem Elendsten jedenfalls nicht schlechter, bestenfalls aber besser geht als zuvor.

Rawls hat seine Überlegungen ausdrücklich auch auf Probleme der Generationengerechtigkeit bezogen: Da der Schleier des Nichtwissens auch die Frage tangiert, zu welchem Zeitpunkt wir geboren werden, leuchtet es ein, daß es eine intersubjektive Verpflichtung geben muß, den Planeten Erde der nächsten Generation einigermaßen unbeschädigt zu überlassen und z. B. auch finanzökonomisch (siehe die Staatsverschuldungs- und Rentendebatte) nicht auf Pump der Nachgeborenen zu leben. Die alte Allegorie der ihre Augen freiwillig verschleiernden Justitia ist sinnvoll: ohne Blindheit, ohne Absehen vom Zufall, von dem, was Individuen zufällt, gibt es keine Gerechtigkeit. Aber es bleibt die Frage, was man nicht sieht, wenn man sieht, daß die Gerechtigkeit ohne Blindheit und Nichtwissen nicht auskommt.

Wirkungen, Risiken und Nebenwirkungen

Rawls' Theorie der Gerechtigkeit hat philosophiehistorisch wie politikwissenschaftlich eingeschlagen. Denktypologisch aufschlußreich ist, daß sie im Umfeld der angelsächsischen Philosophie, die in ethischen Sphären lange Zeit weitgehend utilitaristisch geprägt war, für ein Comeback und eine Rehabilitierung normativer Theorien gesorgt hat. Wie hilfreich normative Theorien bei ethischen Debatten sind, war, ist und bleibt wohl umstritten: Eskalieren sie nicht Verteilungs- und Konflikt-Debatten aller Art, indem sie mit den Prädikaten normativ angemessen/unangemessen bzw. ethisch zu rechtfertigen/nicht zu rechtfertigen, vulgo: gut/böse allzu großzügig, zugleich aber mit dem verpflichtenden Hinweis auf ihre unhintergehbare Verbindlichkeit umgehen (→ Systemtheorie)? Weitere Fragen: Wie universalistisch ist eine Theorie, die ihren Argumentationsgestus ersichtlich dem westlich-neuzeitlichen Repertoire und z. B. nicht dem des Buddhismus oder der Scharia entnommen hat? Trägt und hält die Überzeugung, wir alle würden uns im »Urzustand« rational verhalten? Wie ist dieses Argument z. B. mit der Evidenz vereinbar, daß Millionen vergleichsweise rationaler Köpfe gerne Lotto spielen, also lustvoll bis ruinös auf extrem unwahrscheinliche Ungleichheitsgewinne wetten? Muß eine gerechte Ordnung Lottospiele aller Art verbieten? Wie teuer käme es einer gerechten Ordnung zu stehen, wenn sie weltweit ihre Maximen durchsetzte – also z. B. all denen Freizügigkeit gewährte, die gerne als postmetaphysische Atheisten in Mekka wohnen würden? Wie moralverträglich ist überhaupt eine Ethik? Sind Stilprinzipien, die mit Sätzen und Urteilen wie »Das ist unfein« arbeiten, nicht moralischer als ethische Normen? Wie gerecht und wie gerechtfertigt ist eine Theorie der Gerechtigkeit?

Gerechte Fragen, die sich Rawls' Theorie gefallen lassen muß. Ihren Ernst und ihr Überzeugungspotential konnte und kann sie dennoch kraftvoll entfalten. Die Theorie der Gerechtigkeit hatte (ähnlich wie der an Rawls anknüpfende Kommunitarismus) auch im Hinblick auf das, was man einmal in soziopolitischen Grundsatzdebatten mit Gramsci »kulturelle Hegemonie« nannte, eine nicht zu unterschätzende Wirkung. Angesichts der wachsenden Dominanz neoliberaler Denkfiguren, die allzu viele als Freibrief für eine alle Gerechtigkeits- und Stil-Sensibilitäten ignorierende »Bereichert euch«-Mentalität (miß-?)verstehen konnten, bildete sie einen Gegenpol. Einen Gegenpol, der dafür sorgte, daß man nicht nur verlacht wurde, wenn man noch Fragen wie die stellte, ob es denn gerecht sei, wenn einer sein Leben lang arbeiten müsse und der andere nur deshalb nicht, weil er ohne eigenes Verdienst als Kind reicher Eltern geboren wurde; ob es denn gerecht sei, wenn der erste sein geringes Einkommen versteuern müsse und der zweite seine hohen Kapitaleinkünfte nicht oder allenfalls gering; oder ob es denn nicht unsäglich sei, wenn man in der Kranken- und Altersversicherung den Solidaritätsgedanken aufgibt und private Kapitalgesellschaften zwischen guten und schlechten Risiken unterscheiden läßt. Die Gerechtigkeitsfrage ist eben auch eine Stilfrage. Zum Stil der → **Dekonstruktion** gehört der Gedanke, daß man alle vermeintlichen Leitbegriffe dekonstruieren kann – nur nicht den Begriff »Gerechtigkeit«.

Hermeneutik

Die Zeiten sind vorüber, in denen sich Geisteswissenschaftler unabhängig davon, welche Methodologien sie bevorzugen, noch gemeinsam, sei es zustimmend, sei es ablehnend, auf ein und dasselbe Buch beziehen. Hans-Georg Gadamers (1900-2002) voluminöses Werk *Wahrheit und Methode*, das 1960 erschien, hat diese Funktion ein letztes, wenn man die 1968 erschienene Untersuchung *Erkenntnis und Interesse* von Jürgen Habermas in diese Überlegung mit einbezieht, ein vorletztes Mal erfüllt. Wer in den darauffolgenden Jahren in Fächern wie Philosophie oder Soziologie, Literaturwissenschaft oder Theologie, Jurisprudenz oder Kunstgeschichte promovierte und nur einigermaßen ehrgeizig war, ging zumindest im Vorwort seiner Dissertation auf Gadamers Opus magnum ein. Zumeist zustimmend: die vorliegende Dissertation wolle einen hermeneutischen Beitrag zur Aneignung einer vergessenen Tradition, zur Erhellung einer Zirkelstruktur des Verstehens oder zur Verschmelzung von Horizonten leisten, so war da mit einiger Regelmäßigkeit zu lesen. Und wer Inhaber geisteswissenschaftlicher Lehrstühle zwischen Kiel und München nach ihrer methodologischen Orientierung befragte, erhielt auch dann, wenn diese Fachvertreter nicht als genuine Theoretiker hervorgetreten waren, die Antwort, sie verstünden ihr Tun als ein hermeneutisches, es ginge ihnen ums Verstehen, also um Wahrheit und nicht um Methode.

Erstaunlich ist dieser Siegeszug, weil »Hermeneutik« vor 1960 ein allenfalls Spezialisten geläufiges exquisites Fremdwort war. Schon Platon führt in seinem kurios-phantastischen Dialog *Kratylos* das vielsinnige griechische Wort »*hermeneuein*« (in etwa: aussagen, zu verstehen geben, verstehen, verkünden, übersetzen) auf den Gott Hermes zurück, aus dem der römische Gott Merkur hervorgeht. Unter allen Göttern der griechisch-römischen Antike hat Hermes bzw. Merkur den zweifelhaftesten Ruf. Denn er gilt als der Trickser schlechthin. Und so ist er für all die Fälle zuständig, in denen es nicht ganz mit rechten Dingen zugeht. Er ist Schutzgott des Tausches und der Diebe, der Kommunikation und der Nachrichtenverfälschung, des Spurenlesens und des Spurenvertuschens, des Vertragsabschlusses und des Betrugs, des sich aus Kalamitäten herausredenden Lebens und des Todes, der Führung und der Verführung. Als Hermes Psychopompos (Seelenführer) begleitet er überdies die Verstorbenen in den Hades. Kein Wunder, daß Hermes unter den griechischen Göttern über ein zweifelhaftes Renommee verfügt.

Als Fachwort für Probleme des anspruchsvollen Textverstehens hat sich »Hermeneutik« erst spät profiliert. In dem Maße, wie die Buchproduktion steigt, und in dem Maße, in dem selbst sakral-auratische Texte wie die Bibel den Anspruch nicht mehr selbstverständlich verteidigen können, göttliche und als solche unbefragte und unbefragbare Offenbarungsworte zu sein, steigt auch das Bedürfnis, sich Überblick zu verschaffen, das eigentlich Gemeinte zu eruieren, komplexe Texte recht auszulegen, aber eben auch den Geist ganzer Religionen, Epochen, Kulturen »zu verstehen«. So legt Georg Friedrich Meier 1756 den *Versuch einer allgemeinen*

Auslegungskunst vor. Eine erste Konjunktur erlebt der Begriff und das Programm Hermeneutik in der Romantik. Schleiermacher, der noch in seinen *Reden über die Religion* von 1799 gegen die »Wut des Verstehens«[1] polemisiert hatte, die noch dort Vertraulichkeit und Vertrautheit verspricht, wo die Erfahrung des Fremden produktiver wäre, wird zur Gründungsfigur einer romantischen Hermeneutik. Sie versteht sich als ein Programm, mit dem sich die Geisteswissenschaften an der Universität Humboldtscher Prägung gegen den sich abzeichnenden Siegeszug der Naturwissenschaften profilieren wollen und können. Im ausdrücklichen Anschluß an Schleiermacher bringt das Wilhelm Dilthey (1833-1911) auf eine schlagkräftige Formel: Die Phänomene der Natur erklären wir, die Äußerungen des Geistes- und Kulturlebens verstehen wir.

An diese Tradition und an Heideggers Daseinsanalyse (→ Existentialismus) knüpft Gadamer kritisch an. Seine Grundüberlegungen und -begriffe sind bald zur kurrenten Münze sogenannter Geisteswissenschaften geworden. Wer etwas (eine Äußerung, ein Kunstwerk, einen Text) verstehen will, muß erkennen, daß er damit nicht frisch und unschuldig anfangen kann, sondern zuvor immer schon verstanden (bzw. mißverstanden) hat. Dasein heißt (miß-)verstehen. Wir sind (z. B. als Köpfe, die der christlich-abendländischen Tradition zugehören oder so und nicht anders erzogen und ausgebildet worden sind) der *Vorurteilsstruktur des Verstehens* ausgeliefert. Insofern sind wir stets erneut

1 Cf. dazu und zu Ansätzen einer Kritik an der Hermeneutik Jochen Hörisch: Die Wut des Verstehens – Zur Kritik der Hermeneutik. Frankfurt/Main 1988/2000 (2. Erweiterte Auflage)

in den *hermeneutischen Zirkel* verstrickt. Wer etwas Spezifisches und Neues verstehen will, hat immer schon ein Ganzes verstanden; und umgekehrt wirkt sich die neue hermeneutische Erfahrung auf das Verständnis des Ganzen aus, indem es dieses unablässig modifiziert. Wir »applizieren« unsre Einsichten auf Einzelfälle, so wie dies paradigmatisch die juristische Hermeneutik macht, die zwischen allgemeinem Gesetz und Einzelfall vermitteln muß. So führen Verständigungsprozesse zu *Horizontverschmelzungen* und zum *Einrücken in die Überlieferungstradition*: Lesend, sprechend, schreibend, in vielfältiger Weise (z. B. über und mit Kunstwerken) kommunizierend, Recht sprechend gehören wir einem Wirkungsgeschehen zu, in dem sich eben nicht methodisch Schritt für Schritt richtige von falschen Sätzen unterscheiden, sondern »Wahrheit« entfaltet – nämlich die, daß wir etwas als etwas gewahren resp. verstehen können. In Gadamers Worten: »Im Vollzug des Verstehens geschieht eine wirkliche Horizontverschmelzung, die mit dem Entwurf des historischen Horizontes zugleich dessen Aufhebung vollbringt. Wir bezeichneten den kontrollierten Vollzug solcher Verschmelzung als die Aufgabe des wirkungsgeschichtlichen Bewußtseins. Während von dem ästhetisch-historischen Positivismus im Gefolge der romantischen Hermeneutik diese Aufgabe verdeckt worden war, liegt hier in Wahrheit das zentrale Problem der Hermeneutik überhaupt. Es ist das Problem der *Anwendung*, die in allem Verstehen gelegen ist.«[2] Wer sagt: »Habe verstanden«, meint offenbar anderes, mehr, Tie-

2 H.-G. Gadamer: Wahrheit und Methode. Tübingen 1970 (3. Aufl.), p. 290

feres als der, der einen Funkruf mit »alles Roger« quittiert.

Wirkungen, Risiken und Nebenwirkungen

Gadamers Überlegungen zum Prozeß des Verstehens stießen auf viel Verständnis. Die wissenschaftspolitische Wirkung der Gadamerschen Hermeneutik ist unübersehbar: sie bot dem angeknacksten Selbstbewußtsein weitgehend theoriefern (philologisch, »werkimmanent«) operierender Geisteswissenschaften, die »formalistische«, »positivistische«, »psychologistische«, »strukturalistische« oder »soziologistische« Konzepte ablehnten, ein allgemein zustimmungsfähiges Selbstbild. Wer will nicht gern zur Verständigung beitragen und der Entfaltung von Wahrheit dienen? Geisteswissenschaften konnten weitermachen wie zuvor – nun jedoch mit besserem Gewissen und höherem Selbstbewußtsein. Zur Wirkungsmacht der Hermeneutik hat die großartige Persönlichkeit Hans-Georg Gadamers wesentlich beigetragen. Wäre der Topos nicht allzu abgegriffen, so könnte man ohne zu zögern formulieren: Gadamer hat die Hermeneutik gelebt, ja inkarniert. Mit nicht nachlassender Freundlichkeit, Geistesgegenwart, Offenheit und Souveränität hat noch der Hundertjährige an Kongressen teilgenommen, Diskussionen bestritten und sich von Gegenargumenten beeindrucken lassen. Gadamer ist eine der letzten großen Gestalten, die als Person eine Philosophie präsentieren bzw. die Gestalt einer an Einzelpersonen gebundenen Philosophie repräsentieren.

Argumente gegen die Hermeneutik haben es schwer.

Die Hermeneutik-Debatte der sechziger und siebziger Jahre war denn auch weitgehend eine interne Debatte, die Fragen wie diesen nachging: Ist der hermeneutische Zirkel nicht eigentlich eine hermeneutische Spirale, da man sich im Prozeß des Verstehens doch zu immer höheren Einsichten aufschwinge?; ist es nicht geboten, die Vorurteilsstruktur des Verstehens ideologiekritisch zu hinterfragen?; wäre es nicht produktiv, Kritische Theorie und Hermeneutik zu fusionieren und ihre Horizonte zu verschmelzen? etc. Selbst das früh geäußerte nächstliegende Gegenargument: begrifflich-konzeptionell-methodologisch-analytisch hochpräzise sei die Hermeneutik nicht, ist kein Gegeneinwand. Denn die philosophische Hermeneutik will ja gerade keine präzise Methode sein. Ein von Einzelnen (z. B. von einigen Freudianern oder von Adorno → Kritische Theorie) früh artikuliertes Unbehagen an allzu vereinheitlichenden bis totalisierenden Grundbegriffen wie Zirkel, Horizontverschmelzung, Einrücken in das Überlieferungsgeschehen oder Rehabilitierung des Vorurteils konnte erst auf den Begriff gebracht werden, als die → Dekonstruktion und die → Systemtheorie an Einfluß gewannen.

In einer berühmt gewordenen Debatte zwischen Derrida und Gadamer ging es um die tatsächlich entscheidende Frage, ob Einheit oder Differenz den funktionalen Primat bei kommunikativen bzw. hermeneutischen Prozessen innehaben. Um es weniger theorieselig auszudrücken: Kommunizieren und verstehen wir, um Einheit herzustellen oder um Gegensätze zu konturieren? Für Kommunikation kann man, nach einem kleinen Zögern über das erst einmal Kontraintuitive dieser Einsicht, schnell zeigen, daß Kommunikation nur zustande kommt und nur so lange erhalten bleibt, wie die miteinander Sprechenden eben gerade keinen Konsens erzielen. Nach den wechselseitigen Worten »ich stimme dir völlig zu« kollabiert Kommunikation über das dann nicht mehr strittige Thema. Bei Verstehensprozessen verhält es sich ähnlich. Nicht umsonst wehren sich viele Künstler gegen ihre Interpreten. Fragen wie die, ob das Verstehen nicht eine Form des Willens zur Macht über das Verstandene sein mag, sind nicht populär, aber nicht schon darum abwegig. Zum Charme der Hermeneutik gehört es, gutwillige Köpfe nicht auf Abwege zu bringen. Ob das für große Kunstwerke auch gilt?

Iconic Turn

Linguistic turn war der von Richard Rorty plazierte zentrale Zauberbegriff, der angesichts einer Überfülle von neuen bis pseudoneuen Theorieansätzen im 20. Jahrhundert so etwas wie verläßliche Übersicht versprach. Was haben so unterschiedliche Theorien wie die Hermeneutik, die analytische Philosophie, die Kommunikative Ethik von Habermas, die Luhmannsche Systemtheorie, Heideggers Spätphilosophie (→ **Seinsdenken**) und die Dekonstruktion (um nur diese einflußreichen Strömungen zu nennen) gemeinsam? Eben dies: daß sie eine Wende hin zur Sprache, einen *»linguistic turn«* vollziehen, eine Wende und Volte, die sie von den alten Grundorientierungen der Philosophien und Großtheorien an Gott (Theologie), am Sein (Ontologie) oder seit Descartes am Bewußtsein (Idealismus bzw. Subjekt-/Bewußtseinsphilosophie) entfernt. *Linguistic turn:* das war und ist noch heute eine Formel, die eine durchschlagende Reduktion von Komplexität in Theorieangelegenheiten verspricht und die fast alle »modernen« Theorie-Lager als angemessene Etikettierung akzeptieren.

Alles, was ein wenig zu konsenspflichtig oder ein wenig zu evident ist, ist wenn nicht verdächtig, so doch der Verdächtigung wert. Ein Theorie-Kalauer meldete in den späten siebziger Jahren erste Infragestellungen des *linguistic-turn*-Theorie-Totalitarismus an: Wie soll ich wissen, was ich denke, bevor ich höre, was ich sage? Weniger witzig, aber nicht weniger seriös war der Umstand, daß das philosophiehistorisch diskreditierte Bewußtsein durch neurophysiologische Erkenntnisse ein Comeback erfuhr: Bewußtsein geht gerade auch in neurologischer Perspektive nicht in Kommunikation auf, Bewußtsein ist, wie u. a. Messungen von Hirnaktivitäten zeigen, schlicht und einfach etwas (ganz) anderes als Kommunikation; das Bewußtsein von *ego* ist das, was *alter* schlechthin nicht zugänglich ist; Bewußtsein ist das, was sich nicht kommunizieren läßt. Nicht eigentlich kommunikabel sind auch Wahrnehmungen. Wer einmal versucht hat, seine Wahrnehmung eines Sandstrandes, eines Parkettfußbodens oder einer Blümchentapete so zu beschreiben, daß sich dem Zuhörenden ein schlüssiges Bild des Wahrgenommenen ergibt, weiß ein Lied davon zu singen, daß Wahrnehmung eine Größe ist, an dem frohgemute *linguistic-turn*-Rhetoriken abgründig scheitern. Nicht aber optische Medien: man kann den Strand, den Fußboden oder die Tapete ja photographieren oder filmen und damit die Möglichkeit enorm steigern, daß der andere mit Chancen auf Wiedererkennung weiß, wovon man redet.

Nicht umsonst ist das 20. Jahrhundert, dessen Theorie-Moden so deutlich in linguistisch-kommunikative Gefilde tendierten, das Jahrhundert der Bilder, ja der vielbeschworenen Bilderflut. Das ist einfach deshalb buchenswert, weil Bilder jahrhundertelang einen eher problematischen Ruf genossen. Der christlich-abendländischen Tradition war der Ikonoklasmus, also der theologisch begründete Streit gegen die Bilder, nicht fremd. Die byzantinische Ostkirche lieferte sich mit Rom einen geharnischten Streit um den Status der Ikonen, die nach griechisch-orthodoxem Verständnis mehr sind als »nur« Bilder: in ihnen ist nach orthodoxem

Glauben die Muttergottes in etwa so und doch ganz anders präsent als Christus in den eucharistischen Elementen. Bilder haben teil an dem, wovon sie Bilder sind. Eine Bildlegende, die der katholischen Kirche zu weit ging. Dem Protestantismus und dem Calvinismus zumal war hingegen noch die milde katholische Lust an Bildern zuwider. Allein die Heilige Schrift und die Predigt sind ihnen zufolge genuin göttliche Medien. Gott gilt als ein Mann des Wortes, nicht aber der Bilder, hat er doch an prominentester Stelle, nämlich im Dekalog, ausdrücklich dekretiert, man dürfe sich (von ihm) kein Bildnis machen.

Das Judentum und der Islam sind im Hinblick auf die Auslegung des Bilderverbots bekanntlich deutlich rigider als das Christentum, das ja den Mittler Jesus Christus verehrt, seinen Lebensweg von der Krippe über das Abendmahl und das Kreuz bis zur Auferstehung vielfältig darstellt und eine bemerkenswert medienfreundliche Religion ist. Bei aller Medienfreundlichkeit aber blieb und bleibt der Status von Bildern auch im Christentum und selbst in postmetaphysischen Zeiten heikel. Bilder stehen systematisch unter »Ideologie«-Verdacht. Und »Ideologie« heißt ja nichts anderes als Logik der falschen, irreführenden Bilder. Um so buchenswerter ist der (nicht zuletzt medientechnisch begründete → Medientheorien) Siegeszug der Bilder im 20. Jahrhundert. Reklamebilder, Familienphotos, eine expandierende Museumskultur, Warenhauskataloge, Illustrierte, Abbildungen in Büchern, Filme und TV-Sendungen, weltweit im kollektiven Gedächtnis eingemeißelte Bilder wie der sterbende Soldat im Spanischen Bürgerkrieg, der küssende Soldat in Paris, der erschossene Kennedy in Dallas, Marilyn Monroe im hochfliegenden Rock über dem U-Bahn-Luftschacht, der kniende Willy Brandt in Warschau oder die zusammenstürzenden Twin Towers: Bilder allüberall.

Wer heute sich und seine Zeit angemessen verstehen will, muß demnach wissen, was Bilder sind und was es mit Bildern auf sich hat. Er muß mit Bildern mindestens so analytisch umgehen lernen, wie der *linguistic turn* es im Hinblick auf das Medium Sprache postulierte. Also tut, so die Forderung von Kunstwissenschaftlern wie Gottfried Boehm (*Was ist ein Bild?* München 1993) und Horst Bredekamp, ein »*iconic turn*« not (Hubert Burda, Christa Maar (edd.): *Iconic Turn. Die neue Macht der Bilder*, Köln 2004). Eine kritische Bildwissenschaft steht nun aber vor einem eigentümlichen Problem: Sehen und Wahrnehmen sind Aktivitäten, die uns allzu leicht fallen. Es handelt sich um weitgehend automatisierte Vorgänge. Wer sein Auge öffnet und nicht mit Blindheit geschlagen ist, kann nicht nicht sehen. Es dauert Jahre, bis ein Kind, ein *infans* (was ja nichts anderes heißt als sprachloses Wesen → Psychoanalyse) sprechen lernt, es dauert weitere lange Schuljahre, bis es lesen und schreiben kann. Sehen aber kann ein neugeborenes Kind, ohne dies ausdrücklich lernen zu müssen. Diese Leichtigkeit ist ein sehr ambivalentes Geschenk. Denn sie invisibilisiert weitgehend, wie massiv das, was wir sehen, semantisch geprägt und inszeniert wird. Wir sehen nämlich immer schon etwas als etwas. Das gilt für profane Zusammenhänge ebenso wie für weitreichende Bild-Implikationen. Ein neugeborenes Kind mag sehen, was es sieht – es hat dann aber zu lernen, das Wahrgenommene semantisch aufzuladen und diakritisch auszudifferenzieren: dies ist die Rassel, dies das Gesicht von Mama oder Papa, dies mein großer Bruder, der mir immer mein Spielzeug wegnimmt. Kein Ding sei, wo das Wort gebricht.

Einen *iconic turn* vollzieht, wer die Naivität hinter sich läßt, einfach nur zu sehen, um statt dessen analytische Fragen wie diese zu stellen: Wie ist dieses Bild gerahmt, in welcher Perspektive wird der Parteitagsredner gefilmt, sind Brot und Wein auf diesem Stilleben Anspielungen auf die Eucharistie, warum lächelt dieser Totenkopf, was allegorisieren Kirche und Schloß im berühmten Titelkupfer von Hobbes' *Leviathan*, an welche Bildtradition knüpft das Stalin-Portrait an, warum gilt das Urinoir von Duchamps als Kunstwerk, warum ist auf dem schwarzen Quadrat von Malewitsch tatsächlich nichts zu sehen außer tiefschwarzer Farbe, welche Signale gehen vom Design der neuen Luxuslimousine aus, was soll die nackte Frau und die schlangenförmige Gestaltung des Glases auf der Bierreklame, wie wirken dieselben Bilder von den zusammenbrechenden Twin Towers auf Zwanzigjährige in New York, Paris, Neu-Delhi, Kabul und Bagdad? Der Grundimpuls des *iconic turn* ist klar: Wir sollen Bild-Alphabetisierte werden, wir sollen Bilder lesen lernen. Bilder sind wie Sprache und doch ganz anders als Sprache Medien, die gerade deshalb in einem äußerst delikaten Verhältnis zur sogenannten Wirklichkeit stehen, weil sie dieser näher sein zu können scheinen als Sprache. Bilder zu lesen ist kein Exklusivrecht gebildeter bis eingebildeter Kunsthistoriker, sondern etwas, was wir alle immer schon tun – fragt sich nur, mit welchem Alphabetisierungsgrad.

Wirkungen, Risiken und Nebenwirkungen

Man tritt dem Fach Kunstgeschichte nicht zu nahe, wenn man feststellt, daß es über lange Zeiten hinweg Kritiker von der Aufgabe entlastete, es zu karikieren: das tat die Kunstgeschichte schon selbst, indem sie all die obengenannten Fragen nicht stellte. Um so eifriger aber pflegte sie einen Katalog-Positivismus, dessen Verdienste noch größer wären, wenn die erschlossenen und präsentierten Werke auch tatsächlich wahrgenommen worden wären: welches Format hat das Bild?; was ist seine Provenienz?; entstand es in der Rembrandt-Werkstatt oder nicht? Wenn die Kunstgeschichte einmal theoretisch ambitioniert vorging, so stellte sie (ähnlich wie die Literaturgeschichte) die berühmt-berüchtigten Epochenfragen oder wagte eine Wesensschau: wann endet das Barock-Zeitalter?; wann beginnt der Impressionismus?; was ist das Wesen des gotischen Menschen? Ein Ende fand dieser Spuk erst mit der Ikonographie und der Ikonologie, die sich im Umkreis von Aby Warburg (1866-1929) und Erwin Panofsky (1892-1968) entfaltete und der die *iconic-turn*-Ansätze ihre entscheidenden Impulse verdanken. Ikonologie heißt erst einmal nichts anderes als dies: die den Bildern immanente Bedeutungs- und Struktur-Logik analysieren.

Die Rede vom *linguistic turn* der Philosophie war ausdrücklich apothekarisch motiviert: Laßt euch von hohen Worten nicht berauschen, sucht nach einem Antidot, analysiert die Funktionen von Begriffen, vergeßt nicht, daß die Bedeutung eines Wortes die Weise seines Gebrauchs ist. Daß die → Analytische Philosophie paradoxe Nebenwirkungen (wie Rückfall in Mystik,

Sprach- und Aufklärungsverzicht, Exkommunikationslust, Ketzerverfolgung etc.) zuhauf aufwies, gibt zu denken und sollte auch den *iconic-turn*-Ansätzen zu denken geben. Wer einen bösen Blick auf akademische Konkurrenz-Situationen riskiert, dem mag auffallen, daß die Kunstgeschichte bzw. Kunstwissenschaft mit dem *iconic-turn*-Postulat klug auf die Geländeverluste reagiert, die ihr von medienwissenschaftlicher Seite drohen. Wir sind schon da, und wir sehen zudem etwas, was ihr nicht seht, können kluge Kunstwissenschaftler Medienwissenschaftlern sagen, die in der Tat häufig seltsam naiv z. B. Talk-Shows oder Politik-Inszenierungen im Fernsehen analysieren. Wir Kunsthistoriker sehen z. B., welche Pathosformeln in welcher spezifisch postmodernen Wendung in dieses Leitbild eines Parteiprogramms, einer Produktwerbekampagne oder eines Kaufhausprospektes eingehen. In Zeiten der vielbeschworenen Bilderflut hat eine kompetente Bildwissenschaft gute Gründe, eingebildet zu sein.

Bemerkenswert ist allerdings, daß viele der Grundlagen-Voraussetzungen einer *iconic-turn*-Forschung noch weitgehend unerschlossen sind. Schlichte und weitreichende Fragen wie die, was Wahrnehmung von Kommunikation trennt, ob man überhaupt und, wenn ja, *wie* man Wahrgenommenes kommunizieren könne, wie der Sinn in die den Sinnen zugänglichen Bilder komme, sind noch weitgehend unerschlossen. Es ist nicht einmal absehbar, ob für ihre Beantwortung eher die Systemtheorie, die Neurobiologie, die Kommunikationswissenschaft oder die Bewußtseinsphilosophie zuständig ist. Schon Kant hat im wohl schwierigsten Kapitel der *Kritik der reinen Vernunft*, dem über die

Funktion der von ihm so genannten »Schemata«, die zwischen Begriffen und Anschauungen vermitteln sollen, darauf hingewiesen, daß es hier um ein Zentralproblem aller Humanwissenschaften geht: Wie kommen, ja kommen überhaupt die beiden Stämme der Erkenntnis zusammen? Sind wir Zweireichewesen – nämlich solche, die sich einerseits in der Sphäre der Bilder, der Wahrnehmungen, der Sinne und des Sinnlichen in jedem Worte und andererseits in der Sphäre der Begriffe, Abstraktionen und des Sinns tummeln? Wer Bilder sieht, hat sich immer schon ein Bild gemacht, wer im Bilde sein will, wird zumindest ahnen, daß er allzu eingebildet wäre, wenn er nicht begriffe, daß auch andere im Bilde sind. Die Paradoxien, die sich aus solcher Einsicht und mehr noch aus der Verweigerung solcher Einsichten ergeben, hat zum Thema die → … (s. den übernächsten Artikel, der nächste ist ganz kurz)

Interdisziplinarität

Das Modewort der geisteswissenschaftlichen Antragsprosa der letzten Jahrzehnte schlechthin. Es ist so inflationär wie schwachbrüstig, was schon der Umstand zeigt, daß es keine valide Theorie der Interdisziplinarität gibt. Dennoch gilt: Wer Drittmittel einwerben will, muß(te) dieses glanzlose Zauberwort verwenden. Wer zeigen will, daß er wirklich *à la hauteur* ist, muß heute statt »Interdisziplinarität« »Metadisziplinarität«, besser noch »Transdisziplinarität« sagen und schreiben – aber möglichst nicht praktizieren. Die Risiken und Nebenwirkungen sind nämlich erheblich, wenn ein sogenannter Geisteswissenschaftler disziplinär wirklich fremdgeht. So erklärt sich auch die Konjunktur der S(t)ammelbände.

Kommunikationstheorie (Paul Watzlawick)

Lesen Sie diesen Satz nicht! Seien Sie lieber spontan und basteln Sie sich ihre eigenen Theorien, statt sich welche vom Theorie-Apotheker verschreiben zu lassen! »Sei spontan!« Wenn ich diesem Befehl folge, folge ich ihm nicht. Denn ich bin ja gerade nicht spontan, sondern der Inbegriff des Unspontanen: ein schnöder Befehlsvollstrecker. Wenn ich diese beiden Worte als freundliche Anregung (miß)verstehe und ihnen nicht folge, ergeht es mir nicht besser. Denn erstens reagiere ich auf einen Stimulus, bin also auch in diesem Fall nicht spontan. Und zweitens befolge ich ja, indem ich »spontan« den Befehl verweigere, eben diesen Befehl, spontan zu sein. Nur zwei Worte und so viele Probleme und Abgründe. Denken Sie, liebe Leserin, lieber Leser, jetzt an alles, woran sie denken wollen, nur nicht an ein knallrotes Krokodil. Im roten Gewand erschien 1969 die deutsche Übersetzung des zwei Jahre zuvor, also zur Hochzeit der Studentenbewegung, in Englisch erstpublizierten pfiffigen Buches, das der Psychotherapeut Paul Watzlawick (1921-2007) zusammen mit Gregory Bateson und anderen konzipiert hatte: *Pragmatics of Human Communication*, dt. *Menschliche Kommunikation – Formen, Störungen, Paradoxien*, Bern 1969).

Seine mit Witz und Lust an unterhaltsamen Beispielen vorgetragene Grundthese ist nicht ganz neu; wer will, kann sie z. B. auf den wunderbaren Platonischen *Kratylos*-Dialog zurückverfolgen, wer es lieber mit Zeitgenössischem hält, wird starke, aber weniger pointierte Parallelargumente im Umkreis der Sprachpragmatik (→ Sprechakttheorie) finden: Kommunikationsakte haben stets zwei Seiten; denn sie kombinieren eine Inhalts- mit einer Beziehungsebene. »Liebster, ich habe mir viel Mühe mit einem neuen Rezept gegeben, schmeckt dir das Essen?« Der Jungvermählte soll sich doppelt glücklich preisen, wenn es ihm tatsächlich wunderbar mundet; er kann dann die Speise ebenso wie die Liebe seiner Frau genießen. Wenn nicht, steht er jedoch vor einem intrikaten Problem. Sagt er schlicht nein, brüskiert er seine Frischvermählte; setzt er ihr kommunikationsanalytisch geschult auseinander, daß er zwar (Beziehungsebene) ihre hingebungsvolle Bemühung zu schätzen weiß, das Resultat aber (Inhaltsebene) nicht; weil er kein Freund von Froschschenkeln ist, verfehlt er den Ton, der beim Candlelight-Dinner for two angezeigt wäre. Sagt er kontrafaktisch: »Ja, es schmeckt großartig«, so muß er damit rechnen, daß seine ihn treu umsorgende Frau nun jeden Freitagabend Froschschenkel bereitet. Wenn er dann nach sieben Jahren andeutet, daß diese ihm eigentlich seit sieben Jahren zuwider sind, so wird sich seine Frau aus nachvollziehbaren Gründen über mangelnde Aufrichtigkeit beschweren und womöglich argwöhnen, daß dieser Verdacht auch im Hinblick auf andere Inhalte angemessen sei.

Menschliche Kommunikation ist, weil sie gar nicht anders kann, als stets die Inhalts- und die Beziehungsebene miteinander zu vermischen, voller Fallstricke. Wer, wie etwa Habermas und Apel (→ Kritische Theorie), in Kommunikation wohlgemut und hoffnungsfroh das Medium kontrafaktisch erreichbarer Herrschaftsfreiheit und der Entfaltung der Kraft besserer Argumente gewahrt, sollte immer wieder als nachhaltige Ernüchterungsübung Watzlawicks lustige Lektionen lesen. Sie lehren u. a., woran auch und gerade gutwillige Kommunikationsanstrengungen scheitern können. Z. B. daran, daß die Kommunizierenden unterschiedlich sequenzieren und interpungieren. »Ich sage das bloß, damit du keinen Grund hast, mich zu kritisieren.« – »Ich kritisiere doch nur, daß du immer so langweilig Unangreifbares sagst.« – »Du hast damit angefangen, nicht mehr mit mir zu sprechen.« – »Nein, du.« Ein weiteres häufig ertragreich seine Fallen stellendes kommunikatives Paradox ist die *self-fulfilling* bzw. *self-destroying prophecy:* »Ich rate euch, noch schnell die knappen Waren zu kaufen, die sicherlich bald viel teurer werden.« Eine Prophezeiung, die sich, wenn sie auf genügend viele offene Ohren trifft, alsbald erfüllen wird. Am Freitag zu Beginn der großen Ferien werden die Autobahnen verstopft sein, prophezeit der Verkehrsfunk und sorgt damit dafür, daß sich das Verkehrschaos schon am Donnerstag nachmittag einstellt, der Freitag aber wider Erwarten ein vergleichsweises bürgerkriegsfernes Gleiten auf deutschen Autobahnen zuläßt.

Zu den für analytische Köpfe zumutungsreichen Aspekten der Kommunikationstheorie von Watzlawick zählt, daß sie kommunikative Störungen zwischen Inhalts- und Beziehungsebene nicht mit Appellen an Aufrichtigkeit, Wahrhaftigkeit und Klarheit aus der Welt bringen zu können glaubt. Häufig ist wenn nicht stärkeres, so doch listigeres Geschütz angezeigt: die paradoxe Intervention. »Du darfst jetzt noch nicht einschlafen, wir wollen, daß du noch lange wach bleibst«, können entnervte Eltern ihrem trotzigen Kind sagen. Das hat (für eine kurze Weile!) eine gewisse Aussicht auf Erfolg; denn das Kind will ja gerade das tun, was die Eltern nicht wollen. Bald aber wird es mit den Worten reagieren: »Den Trick kenne ich.« Sollte das Kind später in den diplomatischen Dienst gehen, so wird es den alten Diplomatenwitz schnell verstehen: »Was haben wir falsch gemacht? Die Gegenseite hat unsere Vorschläge akzeptiert.« Die Struktur solcher tragischen Witze und komischen Tragik haben die Marx Brothers in ihren Filmen perfektioniert. Groucho Marx steht vor einem schwierigen Problem: Er würde nie einem Verein beitreten, der Leute wie ihn als Mitglieder akzeptiert.

Sophistisch sind diese Beispiele nur scheinbar. Watzlawicks harte These ist schwer zu widerlegen: menschliche Kommunikation ist, eben weil sie stets (wenn auch in unterschiedlich störenden Graden) Inhalts- und Beziehungsebene vermengt, per se pathologisch. Das Paradox ist unübersehbar: vieles spricht dafür, zumindest in den Sphären menschlicher Kommunikation die Pathologie als den Normalfall zu begreifen. Alle denken nur an sich, nur ich, ich denk an mich. Vernünftig und sachlich kommuniziert, wer begreift, daß Vernunft und Sachlichkeit in Kommunikationsakten nicht das erste und nicht das letzte Wort haben. Gescheit ist, wer diese Erfahrung nicht für eine katastrophale, sondern eine befreiende hält. Gescheitert ist, wer diese Erfahrung zum Anlaß nimmt, sich in der Kunst des Unglücklichseins zu üben.

Wirkungen, Risiken und Nebenwirkungen

Watzlawicks Kommunikationstheorie ist apothekarisch im engsten Wortsinne. Sie entstammt der Feder eines gelernten Psycho-Therapeuten; sie kann auf überschaubar viele Antidote gegen Kommunikationspathologien (*self-fulfilling* bzw. *self-destroying prophecy*, Symptomverschreibung, paradoxe Intervention, Neusequenzierung etc.) zurückgreifen; und sie macht sich keine Illusionen darüber, daß auch Antidote Nebenwirkungen haben. Bemerkenswert ist, daß diese Kommunikationstheorie sowohl populär als auch kontraintuitiv ist: allzu viele Menschen verfügen offenbar über einen verwirrend reichen Erfahrungsschatz, der sich produktiv neu organisieren läßt, wenn man ihn mit den so geistreichen wie überschaubaren Mitteln aus Watzlawicks Theoreme-Baumarkt rekonstruiert.

Man kann das Profil von Theorien vielfältig, u. a. auch so rekonstruieren, daß man nach ihren Intimfeinden fragt. Die Anthropologie ist der Intimfeind und Angstgegner von Heideggers → Seinsdenken; → Systemtheorie und → Dekonstruktion sind die Angstgegner von Habermas'nicht mehr → Kritischer Theorie; die → Anarchistische Erkenntnistheorie ist der Angstgegner des → Kritischen Rationalismus; Sloterdijks Schriften sind der Angstgegner aller sprachohnmächtigen (etwa sprachanalytischen) Philosophien. Der Intimfeind Watzlawicks ist schnell ausgemacht, da von ihm eingestanden: die → Psychoanalyse. Über sie vergießt Watzlawick Hohn und Spott. Wer gerne unglücklich bleiben will, kann, so Watzlawick, selbstredend ein Vermögen und sehr viel Lebenszeit an die Klärung der Frage (versch)wenden, warum seine Mutter ihn nach der Geburt eines jüngeren Geschwisters nicht mehr so lange umarmt und umgarnt hat wie zuvor. Er kann aber auch wesentlich schneller die Frage entscheiden, wie sinnvoll, wie apothekarisch angezeigt es ist, solchen Fragen nachzugehen. Der Risiken- und Nebenwirkungs-Gegeneinwand ist gleichermaßen schnell genannt. Wer z. B. an Stelle von weit zurückliegenden Traumatisierungen kommunikative Paradoxien analysiert und sein Kommunikationsverhalten zügig umstellt, kann zum virtuosen Kommunikationstechniker werden, der kommunikationstechnisch so gewitzt wird, wie er tieftraurig bleibt. Denn an den »eigentlichen« Kern seiner Lebensstörung kommt er nicht heran, wenn er sich auf eine der berühmt-berüchtigten Watzlawickschen Kurzzeittherapien einläßt, statt sich mit einer gewissen Lust an der ökonomisch-temporalen Opulenz bei einem ordentlichen Freudianer auf die Couch zu legen und sich selbst interessant finden zu dürfen.

In anderen als biographischen Verstrickungskontexten hat sich die Kommunikationstheorie Watzlawicks hingegen unbestritten bewährt. Ein klassisches Beispiel: Zwei wichtige Abteilungen eines großen Autokonzerns bekriegen sich. Wir konstruieren die besten PKWs, aber ihr Vertriebs- und Werbefuzzis seid nicht in der Lage, das zu begreifen und dem Markt zu vermitteln. Wir können alles verkaufen, aber nicht die überteuerten High-Tech-Spielereien, die ihr da konstruiert, kontert die Vertriebsabteilung. Dann tauscht doch mal die Rollen, sagt der an Watzlawick geschulte Kommunikationsmanager: Ihr PR-Leute entwerft das Auto, das so unwiderstehlich ist, daß es sich von selbst verkauft.

Und ihr Ingenieure erklärt den Käufern inclusive eurer Schwiegermutter, warum sie kaufen sollen, was eurem Spieltrieb entspringt. Bei nachweislichen Zuwachsraten gibt's Gewinnbeteiligung. So einfach, so oberflächlich, so westentaschenhegelianisch können Kommunikationsparadoxien entknotet werden.

Um apothekarisch zu sprechen: Die Kommunikationstheorie Watzlawicks ist so etwas wie Aspirin auf dem Markt der Theorien: vielfach angezeigt, im Zweifelsfall immer einzunehmen, auch für Prophylaxen geeignet, aber doch kein Allheilmittel. Manchmal braucht man mehr als nur Aspirin, um zu überleben und – um glücklich zu sein.

Konstruktivismus

Die suggestivste aller Wahrheitstheorien ist zu schön, um wahr zu sein: die Adäquationstheorie der Wahrheit. Wahr ist demnach, was der Wirklichkeit entspricht, was ihr adäquat ist. Um es im klassischen Latein zu sagen: »*Adaequatio rei et intellectus*«, die Entsprechung bzw. Korrespondenz von Sache (Sachverhalt) und intellektueller Repräsentation ist der Inbegriff von Wahrheit. Laßt uns Realisten sein – alles ist so, wie wir es uns vorstellen. Schön wäre es. Doch schon die einfachste Überlegung zeigt, daß es so nicht sein kann. Die Welt paßt nicht in unsre Köpfe. Eine 1:1-Adäquation ist, wie gerade realistische Erkenntnistheoretiker zugestehen müssen, weder realistisch noch denkbar. Eine Landkarte im 1:1-Maßstab kann es nicht geben; *mind mapping* im selben Maßstab erst recht nicht. Vieles ist zudem denk- bzw. sagbar, was nicht real ist. Was entspräche in der sogenannten Wirklichkeit den Worten »nein«, »kaum«, »Einhorn« oder »der gegenwärtige König von Frankreich«? Nichts. Und was wäre dem intellektuellen Konzept »des Nichts« im Realen adäquat? Es gibt stets mehr Worte als Sachen (Drachen, Mephisto, Dementoren). Intrikaterweise gilt aber auch die Umkehrung dieses Satzes: Es gibt stets mehr Sachen als Worte (Sandkörner, Grashalme, Sterne). Wie soll angesichts solch schlagend schlichter Hinweise eine Adäquationstheorie der Wahrheit punkten? Die realistische Adäquationstheorie der Wahrheit ist inadäquat und unrealistisch.

Das ist ein alter Hut. Spätestens seit Platons Höhlengleichnis steht fest, daß die Grenzen zwischen Er- und Verkennen der Wirklichkeit schwankend sind und daß man wirkungsmächtig das »eigentlich« Wirkliche z. B. gerade auch im wirklichkeitsfernen Reich der Ideen ansiedeln kann. Denn wir können gar nicht anders, als Wirklichkeit zu modellieren, zurechtzulegen, zu interpretieren, kurzum: zu konstruieren. Spätestens mit Kants Transzendentalphilosophie kümmert sich die Philosophie um die strukturienden Interna unsrer Weltkonstruktionen: mit welchen Kategorien (wie Quantität, Qualität, Modalität, Kausalität) und mit welchen a priori gegebenen Anschauungsformen (Raum, Zeit) konstruieren wir Realität? Wie gehen wir mit dem Negativ-Wissen um, daß uns das »Ding an sich« kognitiv unerreichbar bleibt? Solche klugen Fragen provozieren geradezu Überbietungs- und Re-entry-Fragen (das sind Fragen, die eine Seite einer Unterscheidung für Anschlußfragen wieder reaktivieren → Systemtheorie): Konstruieren wir, wenn wir zwischen Realität und Konstruktion unterscheiden, auch noch das Realitätskonstruierende, also das, was Kant das Transzendentalsubjekt nennt? Im Umkreis dieser Meta- und Megafrage entfaltet sich u. a. die Geschichte des deutschen Idealismus (Fichte, Schelling, Hegel, Schopenhauer → Selbstbewußtseinstheorie).

Gegen solche auf Subjektivitätsleistungen fixierten Konstruktivismen wendet sich ein kultursoziologisch orientierter Konstruktivismus. Alfred Schütz (1899-1959) hat ihm im Anschluß an Überlegungen von Max Weber und Edmund Husserl in seinem 1932 erschienenen Buch *Der sinnhafte Aufbau der sozialen Welt – Eine Einleitung in die verstehende Soziologie* zur Kontur verholfen. Die Grundintuition dieses Konstruktivismus, an den u. a. Peter L. Berger und Thomas Luckmann in ihrer 1969 erschienenen Abhandlung *Die gesellschaftliche Konstruktion der Wirklichkeit* anknüpfen, ist schnell nachvollziehbar: Wirklichkeitskonstruktionen müssen nicht nur im Hinblick auf die »ontologische« Wirklichkeit, sondern vor allem im Hinblick auf Intersubjektivitätsstrukturen paßgenau sein. Nicht ich allein konstruiere, sondern wir konstruieren Wirklichkeiten, denen wir unterstellen, daß sie sich zu einer Wirklichkeit fügen müssen, die intersubjektiv kompatibel ist – und wenn es die eine Wirklichkeit des klugen Satzes *»we agree to disagree«* ist. Wer auf der Autobahn in die falsche Richtung fährt, gilt »allgemein« und juristisch als Geisterfahrer, auch wenn er selbst seinerseits darüber entsetzt ist, daß ihm nicht ein, sondern tausend Geisterfahrer entgegenkommen. Wirklichkeitskonstruktionen sind sozial-kulturelle Konstruktionen. Man kann, muß aber nicht Rindfleischkonsum tabuisieren; man kann, muß aber nicht Schweine für unrein erklären; man kann und muß jedoch nachvollziehen, daß es zu heißen Konflikten kommen kann, wenn Hindus und Moslems, die die Welt des Eßbaren unterschiedlich konstruieren, eng zusammen- bzw. auseinanderleben, aber eng zusammenstehen, wenn man ihnen mit den Mitteln konstruktivistischer Theorie verständlich zu machen versucht, daß sie die Welt unterschiedlich konstruieren. Denn als disponible Konstruktionen sollen die Schriften, Traditionen, Riten und Gesetze, auf die sie sich berufen, wenn sie Ordnung in die Welt der Schweine und Kühe, der Reinheit und Unreinheit bringen, ja gerade eben nicht gelten.

Auf Probleme dieses Typs reagiert der radikale Konstruktivismus. Ernst von Glasersfeld hat diesen Terminus geprägt, Heinz von Foerster, Siegfried J. Schmidt u. a. haben ihn in einigen Theoriekontexten populär gemacht, die → Systemtheorie Luhmanns hat ihn aufgegriffen (E. v. Glaserfeld: *Wissen, Sprache und Wirklichkeit*, Braunschweig 1987; S. J. Schmidt: *Der Diskurs des radikalen Konstruktivismus*, Frankfurt/Main 1987). Vom Common-sense-Konstruktivismus, wie er fast überall im erkenntnistheoretischen Milieu anzutreffen ist, unterscheidet sich der radikale Konstruktivismus durch eine Abwertung von gängigen antikonstruktivistischen Einwänden und Vermittlungsversuchen wie dem, die Wirklichkeit werde sich schon bemerkbar zu machen wissen, wenn man sie allzu inadäquat bis »falsch« konstruiert. Falsch, antwortet der radikale Konstruktivismus. Denn zwischen der Wirklichkeit und der Erkenntnis resp. Konstruktion der Wirklichkeit gibt es kein Drittes, aus dessen Perspektive entschieden werden könnte, wie un/angemessen die Wirklichkeitskonstruktion ist. Der Kosmos sagt nicht: »Ja, so ist's«, wenn Einstein »$E = mc^2$« an die Tafel schreibt. *Natura non loquitur*; die Natur spricht nicht; das Sein und die Wirklichkeit (um von den Toten zu schweigen) sind gleichfalls von zumutungsreicher Stummheit. Über die Angemessenheit und Korrekturbedürftigkeit seiner Konstruktionen kann nur der Konstrukteur sprechen; ob Worte und Welt zueinanderfinden, läßt sich nur von der Seite der Worte her entscheiden; eine Zecke, um ein berüchtigtes konstruktivistisches Beispiel zu nehmen, kann die und ihre Welt nun einmal nicht anders als nach der Leit-Differenz Blut/Nicht-

Blut erfahren; und Menschen können nicht anders, als zu konstruieren. Wie gut, erfolgreich, lebenstüchtig, liebenswert ihre Konstruktionen sind, das steht auf einem anderen Blatt als auf dem der konstruktivistischen Erkenntnistheorie.

Wirkungen, Risiken und Nebenwirkungen

Der Konstruktivismus ist erzliberal. Er macht keinerlei Ansprüche darauf, auszuweisen, wie etwas und gar die Wirklichkeit, die Welt oder die Wahrheit wirklich und »an sich« sind. Diese Liberalität macht den Konstruktivismus sympathisch. Jedoch ist der Konstruktivismus auf eine eigentümliche Weise zugleich auf- bzw. abgeklärt und unheimlich. Denn es ist schwer auszumachen, ob der Konstruktivismus trivial oder hochgradig kontraintuitiv ist. Ist es doch tatsächlich so, daß wir dazu verdammt sind, Konstruktivisten zu sein. Man kann nicht nicht konstruieren. Die Konstruktion der Realität ist eins mit der Realität der Konstruktion. Wer theoriegeschichtlich einigermaßen sensibilisiert ist, dem mag auffallen, wie emphatisch ausgerechnet »realistische« Wissenschaftsdisziplinen wie die Biologie konstruktivistische Denk-Ansätze aufgreifen (Humberto Maturana / Francisco J. Varela: *Der Baum der Erkenntnis*, München 1997). Und so mag es mehr als nur eine rhetorische Figur sein, wenn man in Debatten pro und contra (radikalen) Konstruktivismus einen Vorschlag zur Güte macht: es ist hochrealistisch, Konstruktivist zu sein.

Wenn man sich auf diesen Vorschlag einläßt, fangen die Re- und → Dekonstruktionsaufgaben eigentlich an.

Welche Logiken, Effekte und Konfliktpotentiale bergen z. B. welche feministischen, kritisch-rationalistischen oder polittheologischen Konstruktionspläne in sich? Wie geht man mit Leuten um, die ihre Welt so konstruieren, daß für konstruktivistische Einsichten kein Platz ist, weil sie diese als destruktiv empfinden? Welche Leitcodes, Medien, autopoietischen Logiken, Konsensbestrebungen, hermeneutische Horizontverschmelzungen etc. sorgen dafür, daß sechs bis sieben Milliarden Konstruktivisten sich nicht nur und immer mißverstehen? Wie lassen sich Konstruktionen von Simulationen unterscheiden (→ Simulationstheorie)? Wie kommt es, daß das Unwahrscheinliche doch nicht so unwahrscheinlich ist: daß unterschiedliche Konstruktionen miteinander kompatibel sind? Warum sind Konstrukteure Realisten *contre cœur*? Von welchem Beobachtungsposten aus ließe sich unterscheiden, was Konstruktion und was Wirklichkeit ist?

Die rhetorische Figur des Chiasmus hat nicht nur in theologischen Sphären Anspruch auf Gehör. Das erkenntniskritische Kreuz, das wir zu tragen haben, besteht darin, daß die Konstruktion der Realität nur schwer oder eben gar nicht von der Realität der Konstruktion zu unterscheiden ist.

Kritischer Rationalismus

Die Selbstetikettierungen von Theorie-Schulen haben mitunter einen hohen programmatischen Reiz. Wer sich der → Kritischen Theorie zurechnet, gibt zu erkennen, daß er das Projekt einer (sei's normativ, ästhetisch oder geschichtsphilosophisch) begründeten Gesellschaftskritik für nicht überholt hält. Und wer sein denkerisches Tun als »Seinsdenken« versteht, gibt schon dadurch zu verstehen, daß er die gängige »Seinsvergessenheit« der Philosophie und der Theorien sowieso für ein Problem von abgründigen Dimensionen hält. Sich von solchen Impulsen abzusetzen, fällt leicht; denn diese Bezeichnungen lassen Raum für Gegenpositionen. »Kritischer Rationalismus« ist nun eine Selbstbenennung, die Kritikern und Gegnern wenig Spielraum läßt. Denn man wird außerhalb der Gefilde einer theoretischen Spaßguerilla nur wenig Köpfe finden, die fürs Gegenteil von »kritischem Rationalismus« optieren. Wer wird schon von sich sagen wollen, er vertrete einen unkritischen Irrationalismus?

Daß sich spätestens seit Platons Zeiten in der Theorieszene zu viele Köpfe vernehmen lassen, die eben dies tun: unkritisch und irrational reden – dies ist nun aber der Grundvorwurf, den der Vater des »Kritischen Rationalismus«, Karl R. Popper (1902-1994), in seinen einflußreichen Büchern immer wieder artikuliert hat. Popper entwirft in seiner 1934 erschienenen, zum Klassiker avancierten *Logik der Forschung* ein Grunddesign von Theorien, die Anspruch auf die nicht etwa schmückenden, sondern für valide Theorien schlicht entscheidenden Adjektive kritisch und rational erheben können. Theoreme müssen so formuliert sein, daß sie sich der Trial-and-error-Methode stellen können. Bei Theoriesätzen wie: »So ist das und so bleibt das auch, wenn es sich nicht ändert«, ist das nicht der Fall. Der Satz leuchtet ähnlich wie der Satz »Kräht der Gokkel auf dem Mist, ändert sich's Wetter, oder es bleibt, wie es ist« zwar ein. Aber er ist nicht durch Versuch und Irrtum falsifizierbar. Und eben darauf kommt es an: Gute Theorien müssen getestet werden können. Und das heißt: sie müssen so formuliert sein, daß sie falsifiziert werden können. Theorietechnisch gesprochen: Bei validen Theorien darf die Klasse möglicher Falsifikatoren nicht leer sein; sie müssen Kriterien benennen, an denen sie möglicherweise scheitern. Popper argumentiert gleich gegen zwei Lager. Erstens gegen den Verifikationsglauben der logischen Empiristen des frühen Wiener Kreises – vollständige Verifikationen wissenschaftlicher Sätze sind empirisch schlicht unmöglich. Zweitens gegen Theoretiker, die ihren metaphysischen Sätzen (Popper faßt den Begriff Metaphysik bemerkenswert weit) die Dignität des Prädikats »wissenschaftlich« zusprechen wollen – etwa Leninisten oder Psychoanalytiker. Daß die kommunistische Partei objektiv das Klasseninteresse des Proletariats vertritt, ist ebensowenig ein falsifizierbarer Satz wie der, der kleine Hans habe einen Ödipuskomplex.

Eine kritische Prüfung der Geltung von Theorie-Sätzen kann es nur in offenen Gesellschaften geben. Poppers zweites klassisches Buch, *The Open Society and It's Enemies* (1945; dt. 1957: *Die offene Gesellschaft und ihre Feinde*), ist deshalb als sozialphilosophische

Entsprechung zu seiner Wissenschaftstheorie konzipiert. Wissenschaften brauchen Falsifikatoren, rationale Gesellschaften brauchen Kritiker, Andersdenkende und Minderheiten. Andernfalls verzichten beide, Wissenschaften wie Gesellschaften, sträflich (und das heißt: bei Strafe ihrer Implosion) auf die Komplexität, auf den Bewährungsgrad, auf die Wahrheitsnähe, die sie ansonsten erreichen könnten. Gute Wissenschaften wie gute Gesellschaften sind also in jedem Wortsinne revisionsbereite und revisionistische Gebilde. Kirchen haben kein Interesse an einer Kritik am ontologischen Gottesbeweis; kommunistische Staaten haben etwas dagegen, wenn man sagt, man wolle die Aussage empirisch testen, in kapitalistischen Staaten ginge es mehr Menschen schlecht als in realsozialistischen; und psychoanalytische Berufsvereinigungen bestehen darauf, daß die Wahrheit der Freudschen Theorie allenfalls in begrenztem Maße empirisch zu überprüfen ist.

Poppers Wissenschafts- und Gesellschaftstheorie hat viele Anhänger gefunden – neben Philosophen, Wissenschaftstheoretikern und Ökonomen wie Hans Albert (geb. 1921), Paul Feyerabend (1924-1994) und Friedrich August von Hayek (1899-1992) auch so prominente wie den Bundeskanzler Helmut Schmidt. Popularisiert hat den Begriff und das Programm »Kritischer Rationalismus« vor allem Hans Albert, der alle Theorien angreift, die mehr als die der Popper-Tradition versprechen und sich dabei übernehmen. Von ihm stammt der hübsche Begriff »Münchhausen-Trilemma«. Er charakterisiert die Schwierigkeiten aller Großtheorien, die sich wie Münchhausen am eigenen Schopf aus dem Sumpf ziehen wollen, indem sie Letztbegründungs- und

Unfehlbarkeitsansprüche stellen. Wenn Theorien (als Beispiel wird zu Unrecht immer wieder die Philosophie Hegels genannt) das tun, so verwickeln sie sich stets in eine (oder gleich mehrere) von drei klassischen Aporien: sie behaupten etwas dogmatisch (z. B. die Existenz Gottes); sie verwickeln sich in einen infiniten Regreß (wie den, daß Selbstbewußtsein mit sich selbst vertraut sein muß, um sich als sich identifizieren zu können → Selbstbewußtseinstheorie); und/oder sie enden in einem Zirkelschluß (wie: Die Armut kommt von der *pauvreté*). Kritische Rationalisten erkennt man auch daran, daß sie lieber Aussagen anderer falsifizieren, als selbst falsifizierbare Aussagen zu produzieren.

Wirkungen, Risiken und Nebenwirkungen

Eine Theorie muß so beschaffen sein, wie Popper es analysiert. Ansonsten hat sie keinen Anspruch darauf, als wissenschaftlich zu gelten. Nimmt man das Kriterium ernst, so wird der Kreis wissenschaftlich valider Theorien recht klein. Popper, Albert und andere Kritische Rationalisten verwickeln sich in einen internen Widerspruch: ihre Wissenschaftstheorie ist eben nicht ganz so offen, wie ihre Gesellschaftstheorie es behauptet. Sie läßt nur ein bestimmtes Theorie-Design zu und ist somit illiberal. Alberts Polemik gegen die versprengten Köpfe, die heute noch zaghaft zu erwägen wagen, Theologie könne unter gewissen Umständen ansatzweise Relevantes zu bedenken geben, erschien unter dem eindeutigen Titel *Theologische Holzwege* (1973) und ist geradezu verblüffend militant. Ihr rhetorischer Gestus ist so inquisitorisch, daß man schon ein halbes

Jahrtausend zurückgehen muß, um eine vergleichbar vernichtungswillige Theorie zu finden. Doch nicht nur theologische, sondern die meisten der nicht-trivialen Theorien, die nicht im Verdacht stehen, irrational zu sein, genügen (so das »anarchistische« Argument des Popper-Schülers Paul Feyerabend → Anarchistische Erkenntnistheorie) gerade nicht dem Popperschen Falsifikationskriterium: weder Gödels Unvollständigkeitstheorem noch die Quantenphysik, noch rechenintensive Volkswirtschafts-Modelle.

Poppers hochgeschätzte Theorie lebt also entweder von schwachen Gegnern, nämlich solchen, die sich zum unkritischen Irrationalismus bekennen oder ihn zumindest dreist praktizieren. Oder sie läßt sich, wenn sie empirisch verstanden werden soll, falsifizieren – so, wie Popper sie beschreibt, sind wissenschaftlich erfolgreiche Theorien schlicht und einfach nicht formuliert. Oder sie ist latent banal: Man soll zumindest in wissenschaftlichen und argumentativen Kontexten immer kritisch und rational sein. Poppers und Alberts Theorie hat einen normativ-dogmatischen Kern: So sollte es sein. 1961 kam es auf der Tübinger Arbeitstagung der deutschen Gesellschaft für Soziologie[1] zu einem vielbeachteten Showdown zwischen Vertretern der → Kritischen Theorie wie Theodor W. Adorno und Jürgen Habermas einerseits und Kritischen Rationalisten wie Karl Popper und Hans Albert andererseits. Um Jahre und Jahrzehnte überlebt haben diesen Showdown alle

1 Dokumentiert ist die Kontroverse zwischen kritischen Theoretikern wie Adorno und Habermas einerseits und Popper, Albert und Dahrendorf andrerseits in: Th. W. Adorno et al.: Der Positivismusstreit in der deutschen Soziologie. Neuwied/Berlin 1972

Beteiligten. Wer gewonnen hat, ist bis heute strittig; welche Institution oder Autorität diese Frage entscheiden könnte, ist noch strittiger. Schwer zu bestreiten aber sind Sätze wie diese: Wenn zwei Parteien sich streiten, so tun sie dasselbe – sie streiten sich. Genügt dieser Satz den Anforderungen des Falsifikationismus?

Kritische Theorie (Frankfurter Schule)

»Die vollends aufgeklärte Erde strahlt im Zeichen triumphalen Unheils.« So lautet der zweite Satz eines Buches, das 1947 in Amsterdam unter dem Titel *Dialektik der Aufklärung* erschien und zwei Verfasser hatte: Max Horkheimer (1895-1973) und Theodor W. Adorno (1903-1969). Während der Studentenbewegung erlangte dieses Buch geradezu Kultwert. Denn es versprach nichts Geringeres als die angemessene, illusions- und ideologiefreie Gegenwartsdiagnostik: Wir leben in Zeiten, in denen das Unheil triumphiert, weil es z. B. in Phänomenen wie dem Massenkonsum oder der Bewußtseinsindustrie scheinbar überzeugend, beglückend und gewinnend auftreten und auftrumpfen kann. Da das Buch von seinen Autoren aus wissenschaftspolitischen Gründen eher stiefväterlich behandelt worden war, kursierte es in den späten sechziger Jahren als Raubdruck, bevor es dann in Neuauflagen zugänglich wurde. So avancierte es zum Inbegriff dessen, was die Kritische Theorie, die von Freunden und Feinden als universitärer Impulsgeber der Studentenbewegung angesehen wurde, in die Waagschale zu werfen hatte.

Kritische Theorie: das war das Etikett, das Max Horkheimer der sogenannten Frankfurter Schule mitgegeben hatte, deren langjähriger geschickter Manager er war. Institutionelles Zentrum der Frankfurter Schule war und ist das legendäre Institut für Sozialforschung – in der Mainmetropole und ab 1933 in der von Horkheimer hellsichtig organisierten Emigration über Genf nach New York bzw. Los Angeles –, das in den zwanziger, dreißiger und vierziger Jahren viele der Köpfe versammelte, die dann zu Stichwortgebern der 68er Generation wurden. Neben Horkheimer und Adorno zählten u. a. Herbert Marcuse, Siegfried Kracauer, Walter Benjamin, der Psychoanalytiker Erich Fromm, der Literatursoziologe Leo Löwenthal, der Philosoph Alfred Sohn-Rethel, der Medienanalytiker Paul Lazarsfeld, der Ökonom Friedrich Pollock, später Ulrich Sonnemann (→ Anthropologie), Oskar Negt und Alexander Kluge, für kurze Zeit der junge Soziologe Ralf Dahrendorf und Jürgen Habermas (in durchaus unterschiedlichen Positionen) zu den festen oder freien Mitarbeitern des Instituts.

Ihre bei aller Unterschiedlichkeit buchenswerte Gemeinsamkeit: Die Älteren waren anders als viele ihrer universitär einflußreichen Jahrgangsgenossen (etwa Heidegger oder Gehlen), deren Theorien in diesem Buch vorgestellt werden, nicht durch eine Nazi-Vergangenheit kompromittiert; sie sympathisierten als Linksintellektuelle auch nicht ansatzweise mit den »regierenden Postsekretären« (Adorno) des Ostblocks; sie waren trotz all der von ihnen vorgetragenen manifesten Modernitätskritik Theoretiker, die (wiederum anders als etwa Heidegger oder weite Sphären der universitären Geisteswissenschaften) sich auf spezifisch moderne Theorien und Disziplinen wie Soziologie, Ökonomie, Politologie, Medientheorie und Psychoanalyse einließen; sie hatten auch keine Angst vor der ästhetischen Moderne; und sie artikulierten Gedanken, die bei aller Abstraktionslust doch starke Bezüge zu dem unterhielten, woran jungen und hellen Köpfen liegt: an der »Praxis« und der Lebenswelt. Man kann es auch anders sagen: Wem das Leben in den späten Adenauer- und den Erhard-Jahren unheimlich, verlogen, restaurativ, muffig und suspekt vorkam, kurzum: Wer es für überholungsbedürftig hielt, konnte sich aus den Schriften der Kritischen Theoretiker Ermutigung holen.

Das ist insofern erstaunlich, als die Gegenwartsdiagnostik der *Dialektik der Aufklärung* von einem Grundton getragen ist, den melancholisch zu nennen eine scheue Untertreibung wäre. Ihre dunkle Leitthese lautet: Das Projekt der Aufklärung ist trostlos und traumatisch gescheitert. Im technisch durchorganisierten und noch unter Kriegsbedingungen perfekt verwalteten industriellen Massenmord der Nazis manifestiert sich die dunkle Seite der Denk-, Lebens- und Organisationsform, die einen so lichten Namen trägt: Aufklärung. Über dem Projekt der Aufklärung liegt ein mythischer Bann; Aufklärung und Mythos sind zwei Seiten einer Medaille. Nicht umsonst macht einer der frühsten und wirkungsmächtigsten Repräsentanten aufgeklärten Denkens, der Homerische Odysseus, die mythische Erfahrung schlechthin: daß es Gewalten und Mächte gibt, über die ein Subjekt (das nicht umsonst so heißt: Subjekt, griech. *hypokeimenon* = Unterliegendes, Untertan) nichts vermag. Im Interesse seiner Selbsterhaltung verpflichtet sich deshalb Odysseus gegen alle erotischen Verlockungen, die von den unwiderstehlich schönen Sirenen und ihrem Gesang ausgehen, mit sich selbst identisch zu bleiben und sich nicht an seine Lust und an das Andere zu verlieren. Deshalb läßt er sich vor der Vorbeifahrt seines Schiffes an den Sirenen von den Gefährten, denen er sich die Ohren mit Wachs zu verstopfen befiehlt, an den Mast binden. So kann er erstens den Gesang der Elementarwesen, welcher höher ist denn alle Vernunft, genießen; so muß er zweitens unermeßlich leiden, weil er dem so lustvollen wie tödlichen Versprechen der Sirenen nicht zu folgen und sich mit ihnen nicht zu vereinen vermag; und so kann er drittens die Begegnung überleben und sich als das aufgeklärte, vernünftige, mit sich selbst identische Subjekt konstituieren, das sich in der Gewalt hat, weil es sich selbst und seiner Umwelt systematisch Gewalt antut. Der listige Odysseus handelt aufgeklärt, er überlistet alle und noch sich selbst, er hat die Gewalt des Mythos in sich selbst, also in das selbstbewußte, mit sich selbst identische Subjekt hineinkopiert, er tut sich selbstbeherrscht die Gewalt an, die die des Mythos war und bleibt.

Die Homerische *Odyssee* stammt aus dem achten vorchristlichen Jahrhundert. Also aus Zeiten, in denen das Medium der systematischen Herstellung anspruchsvoller Identitätsrelationen allenfalls in seiner Frühphase war: das Geld. Anspruchsvoll soll der Identitätsbegriff heißen, der über die Trivialität hinausgeht, daß etwas, nämlich z. B. ein gegen den Zahn der Zeit vergleichsweise indifferentes Ding wie ein Kieselstein[1] oder ein Symbol (a = a), mit sich selbst identisch ist. Spannend werden Identitätsfragen, wenn zwei unterschiedliche Sachen, Werte, Aspekte desselben gleichgesetzt werden: Die Waren a und b sind gänzlich unterschiedlich, haben aber einen identischen Wert; ein seiner selbst bewußtes und dem reißenden Fluß der Zeit preisgegebenes Subjekt ist als sich wissendes Sub-

1 ... aus dem bekanntlich der Stoff gewonnen wird, aus dem das künst liche Denken ist: Silicium.

jekt mit sich selbst als gewußtem Subjekt identisch. Selbst gute Kenner der Kritischen Theorie verkennen häufig, wie ausschlaggebend das Geld-Äquivalenz-Identitäts-Argument für die frühe Kritische Theorie und für ausnahmslos sämtliche Schriften und Überlegungen Adornos ist. Es geht auf eine ambitionierte Lektüre des berühmten Kapitels über den Warenfetischismus in Marxens *Kapital*, auf Georg Simmels 1900 erschienene *Philosophie des Geldes*, auf Lukács' Studie aus dem Jahr 1923 *Geschichte und Klassenbewußtsein* sowie auf Überlegungen Alfred Sohn-Rethels[2] zurück, mit dem Adorno in engem Gedankenaustausch stand.

Das Grund-Argument lautet: Der Tausch von Dingen, die im Hinblick auf ihren Wert äquivalent gesetzt werden (dies Tuch ist wertidentisch mit jenem Krug voll Wein), ist die Grundfigur von Abstraktion und somit von logischem, rationalem, aufgeklärtem Denken. Wer von allen besonderen Qualitäten absieht, der abstrahiert – das heißt er sieht weg und tritt in ein nicht mehr sinnlichen Gewißheiten, sondern gleichsetzenden, gleichgültigen (äquivalenten!) Denkformen verpflichtetes Verhältnis zur Welt und – zu sich selbst. Im Medium Geld verschafft sich der Äquivalententausch und das Identitätsdenken universale Geltung. Eine so abenteuerliche wie erhellende These: Die Heraufkunft logisch-rationalen Denkens und die Produktion selbstbewußter Transzendentalsubjekte sind Epiphänomene des geldvermittelten Äquivalententauschs. »Die formale

2 Cf. A. Sohn-Rethel: Geistige und körperliche Arbeit – Zur Theorie der gesellschaftlichen Synthesis. Frankfurt/Main 1972 und ders.: Soziologische Theorie der Erkenntnis. Frankfurt/Main 1985 (ein Text, der als Manuskript in den dreißiger Jahren großen Einfluß auf Adornos Denken ausübte)

Logik war die große Schule der Vereinheitlichung. Sie bot den Aufklärern das Schema der Berechenbarkeit der Welt.«[3] Der geldvermittelte Tausch setzt systematisch das Nichtgleiche gleich. Das gilt noch und gerade für das tauschende Subjekt. Tauschen kann man ja nur mit anderen, nicht mit sich selbst. Aber das ichhafte Selbst wird erst dadurch konstituiert, daß es sich als Eigentümer setzt: Dies sind meine Waren, die ich im Äquivalenzmedium Geld mit deinen tauschen kann. Daß du hast, was ich nicht habe, macht meine Identität aus – *et vice versa*. In den Worten der *Dialektik der Aufklärung*: »Die bürgerliche Gesellschaft ist beherrscht vom Äquivalent.« – »Bezahlt wird die Identität von allem mit allem damit, daß nichts zugleich mit sich selber identisch sein darf.« – »Aufklärung ist totalitär.« In seinen späteren Werken – etwa den *Minima Moralia* (1951) und der *Negativen Dialektik* (1966) – hat Adorno für dieses Phänomen einen Begriff gefunden, der bewußt an den Mythos erinnert. Mit dem Äquivalententausch geraten Subjekte und gerät die Gesellschaft unter einen »Bann« – eben den der Identität.

Gegen diesen Bann sind gutwillige Aufklärungsprojekte – wie etwa der »Schein der beliebigen Kommunizierbarkeit« oder der »Fetisch des Verstehens« – machtlos. »Suspekt ist nicht die Darstellung der Wirklichkeit als Hölle, sondern die routinierte Aufforderung, aus ihr auszubrechen.« Wer in aufgeklärten Begriffen denkt, verkennt, daß Begriffe Übergriffe auf das Nichtidentische sind. Weil sie darüber verdrängungsfrei Rechenschaft ablegen, hat die *Dialektik der Aufklärung* ein

3 Dialektik der Aufklärung, p. 29 sq.

auffallendes Interesse an »dunklen« und düsteren Autoren, die sich keine Illusionen über den Stand und die Möglichkeiten von Neuzeit und Moderne machen – also an Theoretikern wie Machiavelli, Hobbes und Nietzsche, ja selbst an einem »schwarzen« *auteur maudit* wie de Sade. Adorno und Horkheimer bekennen in deutlicher Anspielung auf und in Gegenführung zu Spinozas berühmter Formulierung vom *»amor intellectualis dei«* (der geistigen Liebe Gottes – Genitivus subiectivus und obiectivus!) ihren *»amor intellectualis diaboli«*[4]: Wer diabolisch denkt, erkennt mehr als derjenige, der sich dem Schönen, Wahren und Guten verschrieben hat. Denn noch der Wille zum Guten erliegt dem Bann, daß sich alle konsensuell auf ein Identisches verständigen.

Adorno hat solche radikalen Denkfiguren entschiedener vorangetrieben als Horkheimer. So ergab sich zwischen den beiden Kritikern der Arbeitsteilung eine gewisse Arbeitsteilung. Horkheimer war für das Management und die Populärfassung der Kritischen Theorie zuständig. Er schrieb Sätze wie: »Die Gewalt nach außen, die Technik heißt, müssen (die Menschen) sich in ihrem Inneren selbst antun. Der Reichtum, den sie mittels ihrer Apparaturen erweitern, die Gewalt der Maschinerie, schlägt gesellschaftlich in totalitäre Herrschaft, überall und psychologisch in der Herrichtung zum bloßen Scharfsinn für individuelle Selbsterhaltung (...) um.«[5] Adorno hingegen entwickelte, Motive der *Dialektik der Aufklärung* entfaltend, esoterische Philo-

4 Ibid., p. 114
5 Max Horkheimer: Der Preis der Selbsterhaltung (1959); in ders.: GS 6, p. 285

sopheme des »Nichtidentischen«. Sie haben u. a. auch eine theoriestrategische Funktion. Denn die Frage ist kaum zu vermeiden, von welchem Beobachtungsplatz aus sich denn Formeln wie die vom »universalen Verblendungszusammenhang« bzw. vom alles erfassenden »Bann« oder Sätze wie »Das Ganze ist das Unwahre« aussagen lassen. Vom halbexterritorialen Ort großer Kunst aus – so Adornos Antwort. Denn große Kunstwerke entgehen dem Äquivalenz- bzw. Identitätsbann. Sie sind »nichtidentisch«. Das klingt schwer verständlich bis beschwörend, meint aber auch etwas Handfestes. Zu bedeutenden, auratischen Kunstwerken und -ereignissen gibt es kein Äquivalent – weder ein vernünftig-ökonomisches noch ein interpretatorisches, noch ein theoretisches. Kein Kunstwerk gleicht dem anderen, und keines sich selbst, es präsentiert und entzieht sich stets anders. Der Kunstmarkt ist nicht ohne Grund verrückt: das Van-Gogh-Bild kann seinem Erschaffer ein paar Francs einbringen, hundert Jahre später 70 Millionen Dollar kosten und dann, wenn ein Fälschungsverdacht darauf fällt, fast wertlos werden. Jede Interpretation, die vorgibt, dem Werk »äquivalent« zu sein, ihm zu entsprechen, blamiert sich a priori. Und jede Theorie, die sich auf Kunst bezieht oder Kunst einige ihrer Einsichten verdankt, weiß, daß Kunst ganz anders, *totaliter aliter* ist als ein Begriffsgebilde. Und eben deshalb ermöglicht Kunst so etwas wie Restbestände unverdinglichter, nicht unter dem Identitätsbann stehender Einsicht in den Stand der Dinge und den ansonsten universalen Verblendungszusammenhang.

Man muß sich die große Provokation vergegenwärtigen, die (nicht nur!) für die Tradition (neo)marxistischen Denkens in diesem Theorie-Design steckt: ästhetische Theorie tritt an die Stelle, die einmal dem Klassenkampf (bzw. bei »bürgerlichen«, nicht-kritischen Theorien der »Wahrheit«) zukam. Denn die von Theoretikern wie Georg Lukács oder Karl Korsch wirkungsvoll entfaltete und in einem sehr präzisen Sinne dialektische Pointe der Marxschen Theorie lautete ja: Das Kapital ist nichts anderes als sein Anderes – Arbeit. Kapital ist akkumulierte Arbeit. Arbeit ist produktiv, sie bringt hervor, was es zuvor nicht gab. Indem aber das Kapital als das von nichtidentischer, da Mehrwert schaffender Arbeit Begründete seinen Grund zur identischen Ware Arbeitskraft (die Arbeitsstunde xy kostet 11,35 Euro) depotenziert, greift es auf seinen Grund über und sorgt so für verkehrte Verhältnisse. Das Sekundäre, Abgeleitete, Begründete leistet sich einen Übergriff auf das Primäre, die Distributionssphäre greift auf die Produktionssphäre über. Da aber »eigentlich« nur der Faktor Arbeit die gesamte Gleichung von Kapital und Arbeit grundiert, muß es zur Revolution kommen, in der die versteinerten Verhältnisse zum Tanzen gebracht und, wie es im schönen Marx-Deutsch heißt, die Expropriateure expropriiert (auf deutsch: die Enteigner enteignet) werden, damit sich die durch und durch verkehrte Gesellschaft wieder vom Kopf auf die Füße stellt.

Versuche, nach diesem Modell Geschichte und Gesellschaft zu »machen«, statt sich von der verhexten kapitalistischen Gesellschaft fertigmachen zu lassen, konnten, um zurückhaltend zu formulieren, nicht recht überzeugen. Horkheimer und Adorno, entschiedener noch Herbert Marcuse und andere haben daraus unterschiedliche Konsequenzen gezogen – z. B. die, daß die Revolution nicht in der Sphäre der Ökonomie, sondern in der der Lebensformen (Geschlechterverhältnis, große Verweigerung, Ökobewegung, Erziehungssystem, Überbau-Revolution etc.) statthaben müsse. Adornos exquisite Theorie-Option wurde schon skizziert: ästhetische statt proletarische Nichtidentität, ästhetischer Neomarxismus, der mit der schwachen Hoffnung verbunden ist, aus ästhetischer Erfahrung gewonnene Sensibilisierung könne so etwas wie ein Immunsystem gegen die Pathologien der kapitalistischen Tauschgesellschaft sein. So erklärt sich auch Adornos geharnischte Polemik gegen die »Kulturindustrie«, die Hans Magnus Enzensberger später zu einer Kritik an der massenmedial produzierenden »Bewußtseinsindustrie« radikalisierte. Wenn noch und gerade Kunstwerke, Kulturprodukte und Medienereignisse der Rationalität der Tausch-, Kapital- und Geldsphäre unterworfen werden, schwindet das letzte Exil des Nichtidentischen. »Solange Kunst darauf verzichtet, als Erkenntnis zu gelten, und sich dadurch von der Praxis abschließt, wird sie von der gesellschaftlichen Praxis toleriert wie die Lust.«[6]

Vorgetragen hat Adorno die hier bewußt systematisch zugespitzten Theoreme in einer u. a. an den Frühromantikern, Nietzsche, Simmel, dem frühen Lukács und vor allem an Walter Benjamin geschulten fragmentarisch-esoterischen Diktion, die sich geradezu panisch darum bemüht, nicht-szientistisch und nicht-systematisch zu prozedieren. Versteckt hat Adorno seine lei-

6 Th. W. Adorno: Ästhetische Theorie, GS Bd. 7. Frankfurt/M. 1970, p. 50

tenden Theoreme in Essays zur Literatur, in Analysen von Partituren, in Skizzen, Eingriffen und kulturanalytischen Prismen. Gänzlich anders verfährt Jürgen Habermas (geb. 1929), um dessen Denken herum sich die neuere Gestalt Kritischer Theorie konstelliert. Obwohl er seine im Opus magnum *Theorie des kommunikativen Handelns* (erschienen 1981) durchformulierte Philosophie noch als Kritische Theorie charakterisiert, die sich gegen die »Kolonialisierung der Lebenswelt« durch übermächtige Systemzwänge ausspricht, ist sie von den Reflexionsmotiven Adornos denkbar weit entfernt. Für Adorno sind Begriffe wie Kommunikation, Verstehen oder Konsens blanke Konzessionen an den Stand der von der Tauschgesellschaft freigesetzten Verdinglichung und geradezu Musterfälle für den universalen, seine tauschlogische Tiefenstruktur nicht erkennenden Verblendungszusammenhang, für Habermas sind sie hingegen positiv besetzte Scharnierstellen seines Grundgedankens. Der lautet: Wer einen anspruchsvollen Begriff von Wahrheit entfalten will, kann das nicht solipsistisch tun, sondern nur im Gespräch. Wahrheit ist immer intersubjektiv. Als wahr (in einem nichttrivialen Sinn) soll gelten, worauf sich Subjekte nach sachlicher Erwägung aller relevanten Argumente konsensuell verständigen können. In Dialogen können wir herrschaftsfreie Kommunikation kontrafaktisch antizipieren, in der nichts anderes gilt als der zwanglose Zwang des besseren Arguments. Denn diejenigen, die sich auf das Intersubjektivitätsmedium Sprache einlassen, können sich von empirischen Zwängen (wie denen, daß einer stärker, rhetorisch begabter, mächtiger, renommierter ist als der andere) emanzipieren. Sprache ist als Konsensmedium ein Medium der Freiheit, das ungeachtet äußerer Zwänge seine immanente Logik und Kraft entfalten kann. Und die ist auf Konsens gerichtet. Wir sprechen, um uns zu verstehen und uns zu verständigen. Dann kommt es darauf an, die politisch-gesellschaftlichen Verhältnisse soweit möglich auf das Niveau der Einsichten kommunikativen Handelns zu bringen.

Ob das Grundargument von Habermas, das so sehr auf den zwanglosen Zwang des besseren Arguments vertraut, überzeugend ist, ist – um vorsichtig zu formulieren – fraglich. Daß wir in alltäglichen Situationen häufig (etwa dann, wenn wir einen Termin vereinbaren oder uns darüber verständigen, wer die Küche aufräumen soll) auf Konsens angewiesen sind, läßt sich kaum bezweifeln. Wohl aber, daß Konsens die regulative Idee von Kommunikation ist. Umgekehrt, so der Einwand, gilt: Wir kommunizieren eben deshalb unablässig, weil wir uns nicht verständigen und keinen Konsens erreichen. Dissens und nicht etwa Konsens ist die regulative Idee von Kommunikation. Deshalb ist der Begriff Diskurs (den Foucault ähnlich zentral, aber gänzlich anders plaziert als Habermas → Diskursanalyse/Foucault) ein sinnvoller und aussagekräftiger Begriff. Wenn wir kommunizieren, dis-currieren wir. Wir kommen zusammen, um uns zu trennen, auseinanderzugehen, unterschiedliche Informationen, Meinungen, Optionen zu konfrontieren. Wir kommunizieren, weil wir einen Dissens haben. Wenn Verliebte spüren, daß sie zu viel Übereinstimmung haben, um sich weiter interessant und (auf)reizend zu finden, halten sie sich mit gutem Grund an ein Sprichwort, das in all seiner Kürze und

Würze tiefsinniger ist als das voluminöse Hauptwerk von Habermas: Was sich liebt, das neckt sich. Denn wir hören dann auf zu kommunizieren, wenn es Konsens gibt. Konsens ist der Konkurs des Diskurses. Die Philosophie von Habermas ist politisch, nicht aber analytisch korrekt.

Als ein öffentlich Stellung beziehender Intellektueller hat Habermas sich über seine philosophischen Beiträge hinaus einen Namen gemacht. Mit seiner Theorie sind die meisten seiner politischen Interventionen allerdings kaum zur Deckung zu bringen. Denn das, was Habermas etwa im sogenannten Historikerstreit, in der Auseinandersetzung über die politische und kulturanalytische Essayistik von Botho Strauß, Peter Handke und Martin Walser oder über die Gentechnologie in die Waagschale zu werfen hatte, ist stets pointiert, kampfeslustig und durchaus dissensorientiert. Habermas ist es gelungen, die Rolle des öffentlichen Intellektuellen in Deutschland wenn nicht neu zu definieren, so doch zu inkarnieren. Ob die Paradoxieeffekte, die sich dabei einstellen, mit den Mitteln seiner Theorie angemessen analysiert werden können, steht dahin. Als Habermas 2002 den Friedenspreis des deutschen Buchhandels erhielt, war fast das gesamte Bundeskabinett in der Frankfurter Paulskirche anwesend, um dem deutschen Philosophen zu huldigen. Kritische Theorie in ihrer späten Habermas-Ausgestaltung ist zur offiziösen Staatsphilosophie geworden. So viel Konsens war nie.

Wirkungen, Risiken und Nebenwirkungen

Die Kritische Theorie hat, um eine berühmte Marxsche Wendung aufzugreifen, zwar nicht die Massen, aber doch weite Teile der 68er Bewegung ergriffen, motiviert und intellektuell geprägt. Viele der tonangebenden Köpfe des SDS kamen aus dem Umkreis der Frankfurter Schule, hatten die *Dialektik der Aufklärung* verschlungen oder waren direkte Adorno-Schüler. Als entschiedener Kritiker der Kultur- und Bewußtseinsindustrie war Adorno von überragender Medienpräsenz. Kein zweiter deutscher Intellektueller der späten fünfziger und sechziger Jahre dürfte so viele Rundfunk- und Fernsehsendungen bestritten haben wie Adorno. Auch durch seine überaus dichte Publikationstätigkeit erreichte Adorno Multiplikatoren im Schul- und Hochschulbereich, in den Medien und nicht zuletzt in der Literatur. Adorno wurde schnell zum Lieblingsphilosophen linker Schriftsteller und zum Lieblingsgegner konservativer Köpfe, die ihn, der sein gebrochenes Verhältnis zur »Praxis« stets einbekannte, noch für die Terrortaten der RAF mitverantwortlich machen wollten.[7]

Unverkennbar attraktiv war und ist Adornos Denken für alle Köpfe, die an einem ehrgeizigen Programm der Philosophie festhalten, aber dennoch nicht hinterwelt- bzw. hinterwäldlerisch orientiert sein wollen. Faszinierend an Adornos Denken ist nicht zuletzt seine Universalität. Mit Motiven der Kritischen Theorie läßt sich über das Naturschöne und über Becketts Drama-

7 Cf. die dreibändige Dokumentation von Wolfgang Kraushaar (ed.): Frankfurter Schule und Studentenbewegung – Von der Flaschenpost zum Molotowcocktail 1946-1995. Frankfurt/Main 1998

tik, über Mahlers fünfte Symphonie und die Notstandsgesetze, über Jazz und Goethes *Iphigenie*, über Luxuskonsum und über den Totalitarismus, über die Erkenntnistheorie der Phänomenologie und über Heideggers Stil, über die Liebe im Spätkapitalismus und eine Kindheit in Amorbach handeln. Kurzum: Adorno ist unverdächtig, Philosophie ernsthaft als für schlechthin »alles« zuständige Meta- und Mega-Disziplin zu verstehen; und doch hält er an einem unverkürzten Rederecht theoretisch ambitionierten und ästhetisch sensibilisierten Denkens fest. Diese charmant-altmodische Komponente seiner Schriften findet ihr Widerlager in der Offenheit für die avancierte ästhetische wie theoretische Moderne. So ist Adornos Denken eine Figur des Übergangs: ganz vergessener Kulturen Müdigkeiten werden bei Adorno attraktiv recycelt. Die Inkarnation des Bildungsbürgers, der täglich Klavier spielt, hatte in seiner überaus produktiven Schreibmanufaktur Denk- und Analysemotive parat, die deutsche Dichter-, Denker-, Studierenden- und Studienratsköpfe gerade in dem Maße an die radikale Moderne heranführten, in dem Adorno die Pathologien der Moderne scharfsichtig kritisierte. Mit Adorno lassen sich dialektische Erfahrungen wie die benennen, daß die kapitalismuskritische Studentenbewegung den Kapitalismus runderneuert, weil sie jene Emanzipationen mit ausgelöst hat, die dem Spätkapitalismus seine Dynamik sichern – z. B. die Frauenemanzipation, die Liberalisierung der Mediensphäre, die Ästhetisierung der Lebens- wie der Warenwelt oder die Reformen des Bildungswesens.

Mit Habermas hat sich dann die Kritische Theorie elementar gewandelt. Die Umcodierungen lassen sich ohne allzuviel Angst vor Komplexitätsverlust auf Formeln bringen: Als soziale Grundstruktur versteht Habermas die Kommunikation, Adorno den Tausch; als Wahrheitsmedium beschwört er den Konsens statt die Kunst; als Schreibstil pflegt er eine strenge Sachlichkeit statt Überraschungs-Esoterik; und als Denkstil privilegiert er Widerspruchsfreiheit statt Dialektik. Habermas ist seit Jahren der mit Abstand meistzitierte deutsche Gegenwartsphilosoph und die Inkarnation des intellektuellen *juste milieu.* Bei einem Gespräch in München im Jahr 2003 mit dem Chef der Römischen Glaubenkongregation, Kardinal Ratzinger, fiel es Habermas leicht, Gemeinsamkeiten zwischen seinem Denken und dem Ratzingers herauszustellen – *et vice versa.* Die Spätform Kritischer Theorie ist im Vatikan angekommen. Hingegen spielen in der gegenwärtigen Universitätsphilosophie – darüber sollte man sich auch als Liebhaber seiner Schriften keine Illusionen machen – die Schriften Adornos schlechterdings keine Rolle mehr. Ob das für oder gegen Adorno bzw. die Universitätsphilosophie spricht?

Medientheorie(n)

Wer auch immer gefragt wird, was sich in den letzten fünfzig Jahren in den westlichen Staaten und nicht nur dort lebensweltlich-alltäglich wirklich geändert hat, wird mit einer Antwort nicht lange zögern, die keinen Anspruch auf Originalität erhebt und dennoch Wesentliches trifft. Im Jahr 2000 gibt es »für alle« tagtäglich eine ganze Armada von High-Tech-Medien-Geräten, von denen man 1950 nicht einmal träumte: Handys, Personal Computer, das Internet, Videogeräte, CD-, DVD- und MP-3-Player, Navigationssysteme, Organizer, Digitalkameras, Camcorder, Quarzuhren, Playstations – um von so ordinären Apparaten wie Autoradios oder Farbfernsehgeräten, die fünfzig Programme empfangen, zu schweigen. Um 1950 waren hingegen so schlichte Dinge wie Röhren-Radio- und Schwarzweiß-Fernsehgeräte für viele unerschwinglich und letztere in Deutschland noch nicht einmal auf dem Markt. Von heute aus gesehen unglaublich, aber wahr: Wer um 1950 und noch um 1980 ein Buch publizieren wollte, reichte einem Verlag ein handschriftlich bzw. mit Tipp-Ex korrigiertes Schreibmaschinenmanuskript ein, das nach der Lektorierung in den Satz ging. Was nichts anderes hieß als dies: daß ein Setzer, mechanisch sanft unterstützt, Lettern in einem Setzkasten aneinanderreihte. Bücher wie das vorliegende haben eine medientechnisch hochgerüstete Entstehungsgeschichte, die sic um Äonen von Büchern unterscheidet, die vor zwanzig Jahren erschienen. Es gehört heute zum seltsamen Reiz von Büchern, daß ihr klassisches Design ihre Entstehungsgeschichte invisibilisiert.

Man kann lange darüber diskutieren, welche der in diesem Buch referierten und diskutierten Theorien wann warum besonders aktuell waren; man wird hingegen kaum bestreiten, daß die Probleme, die z. B. die Anthropologie, der Existentialismus, die Psychoanalyse oder der Feminismus fokussieren, im Jahr 1950 wie im Jahr 2000 zwar unterschiedlich, aber eben deshalb doch vergleichbar relevant waren. Anders verhält es sich im Hinblick auf das, was unter dem Stichwort »Medientheorie(n)« in den Blick gerät. Um 1950 hätte kaum jemand anzugeben vermocht, was mit diesem Begriff eigentlich gemeint sei – ist doch selbst der Basisbegriff »Medium/Medien« zu dieser Zeit in Lexika, Zeitschriften, Debatten und eben auch in Medien aller Art kaum anzutreffen. Das Fach Medienwissenschaft war bis in die achtziger Jahre hinein an deutschen und nicht nur an deutschen Universitäten schlicht nicht vertreten. Was es gab, war das mäßig gut beleumundete, da als nicht ganz universitätsadäquat angesehene Fach »Publizistik«. Kurzum: die dramatischsten, weil massenwirksamsten Aufmerksamkeitsgewinne unter all den Theorien der letzten fünfzig Jahre kommen der Medienwissenschaft zu – im Verbund mit dem → Feminismus. Alle wissen, erfahren, spüren nicht etwa wegen, sondern trotz der intimen alltäglichen Kontakte mit Mediengeräten, daß die gängige Etikettierung unsrer Gegenwart als Medien-, Welt- und Informationsgesellschaft auf eine dramatische Weise angemessen ist. Und die meisten ahnen zumindest, daß die neuere Medientechnologie zur Feminisierung der Öffentlichkeit beigetragen hat.

So spät die Medientheorie einsetzte, so rasant und

komplex hat sie sich entfaltet. Die konventionelle Entschuldigung ist unvermeidbar: Es ist einfach unmöglich (gäbe es einen sinnvollen Komparativ zu »unmöglich«, so müßte man formulieren: noch unmöglicher als bei anderen Artikeln dieses Buches), auch nur die relevanteren Aspekte gängiger Medientheorien in einem kurzen Artikel angemessen vorzustellen[1]. Um so mehr Mut kann sich der vor seinem Laptop sitzende, nach Eingabe des Suchworts »Medien/Medientheorie« in Internet-Suchprogramme vor *information-overload*-Problemen kapitulierende Schreiber dieser Zeilen für sein Vorhaben machen, gnadenlos zu vereinfachen und dort große Linien zu sehen, wo sich beim Heranzoomen schwer zu lösende Knäuel und Knoten beobachten lassen. Erste Vereinfachung: Die neuere Medientheorie ab 1950 startet als phobische bis paranoische Abwehr aller Medientechnologie nach Gutenberg. Vielgelesene und in Radio wie Fernsehen massenmedial übrigens bemerkenswert präsente Theorieköpfe wie die von Theodor W. Adorno und Günther Anders befinden, daß Massenmedien wie der Film, das Radio und das Fernsehen verblöden, vereinfachen, vereinheitlichen, vermassen, vermasseln, verdinglichen. Denn sie bringen, so das zentrale Theorem aus Adornos/Horkheimers 1947 erschienener *Dialektik der Aufklärung*, zusammen, was nicht zusammengehört: Kultur und Industrie. So wie der Kochtopf ein Topf ist und kein Koch, so wie der Buchdeckel ein Deckel ist und kein Buch, so ist die Kulturindustrie Industrie und keine Kultur. Die Kulturindu-

1 Cf. zum Folgenden Jochen Hörisch: Der Sinn und die Sinne – Eine Geschichte der Medien. Die Andere Bibliothek 195. Frankfurt/Main 2001

strie versündigt sich an der Kultur. Aufgabe von Kunst und Kultur ist es nämlich, dem Besonderen, Unverwechselbaren, Individuiertesten, Nichtidentischen, dem von der Tauschabstraktion (→ Kritische Theorie) noch nicht gänzlich Erfaßten zum Ausdruck zu verhelfen.

Eben diesen Impuls jedes großen Kunstwerkes und jeder wahren Kultur verrät die Kulturindustrie, die das Wahre zur Ware verdinglicht. Denn das Erfolgsprinzip von großer Industrie ist es, nach DIN-Normen massenhaft Waren zu produzieren, deren Tauschwert ihren Gebrauchswert dominiert. Schrecklicherweise ändert sich an der kapitalistischen Suprematie des Tauschwertes über den Gebrauchswert auch dann nichts, wenn nicht mehr nur Seife, Konservendosen und Autos, sondern Kulturgüter massenmedial produziert werden. Dank fortgeschrittener Drucktechnologien und dank Photo-, Phono- und Kinematographie ist – nach dem berühmten Titel von Walter Benjamins Essay aus den dreißiger Jahren – »das Kunstwerk im Zeitalter seiner technischen Reproduzierbarkeit« angekommen. Damit aber verliert das Kunstwerk seine Aura, nämlich sein unvergleichliches Hier und Jetzt, in dem das Fernste (der Sinn, die Transzendenz, die Tradition, der Ursprung) ins Allernächste verwoben wird (die unmittelbar erklingenden Töne des Orchesters, das mich anblickende Original-Gemälde im Louvre, der Theaterabend, an dem mich jene wirklich präsente große Schauspielerin verzaubert). Kurzum: Kulturindustrie ist systematischer und industrieller Verrat am Kunstwerk.

Kulturindustrie ist aber auch Verrat am Leben, das, so es massenmedial kontaminiert wird, nicht mehr recht lebt. Und Verrat an der Welt sowieso. Denn Massenmedien, so die berühmt gewordene Wendung aus dem 1956 erschienenen Buch *Die Antiquiertheit des Menschen* von Günther Anders (er lebte von 1902 bis 1992 und war der erste Ehemann von Hannah Arendt → Totalitarismustheorie), sorgen dafür, daß uns die Welt nur noch als »Phantom und Matrize« erscheint und begegnet. Wer fernsieht, macht nur noch Second-hand-Erfahrungen. Ihm wird die Welt ins Haus geliefert. Und zwar als völlig »verbiederte«, unendlich harmlos gewordene Welt, die noch die großen Gefühle und Ängste vergagt. Zwischen Kunst/Kultur und Massenmedien/Industrie kann es deshalb »eigentlich« nur eine Beziehung geben: Feindschaft.

Zu Adornos wie zu Anders' Ehre sei hinzugefügt, daß beide ihre frühe, ersichtlich von medialen und kulturellen Schockerfahrungen europäischer Bildungsbürger während der Emigrationsjahre in den USA geprägte Medienkritik später zwar nicht zurückgenommen, wohl aber gemildert haben. Für eine gute Schallplattensammlung spreche, daß man mit ihrer Hilfe analytisch und komparativ zu hören lernen könne; einige Filme seiner ehemaligen Nachbarn an der Pazifikküste, von Charlie Chaplin und Fritz Lang, seien wirklich witzig und intellektuell ansprechend; und am Fernsehen sei gewinnend, daß es auch Diskussionen und Interviews mit ihm bringe, befand Adorno. Günther Anders ist nicht entgangen, daß das Fernsehen entscheidend dazu beigetragen hat, den Vietnamkrieg zu beenden. Theoriegeschichtlich aufschlußreich ist bei diesen späteren Volten, daß sie zaghaft genug an Impulse der frühen linken Medientheorie anknüpfen. Adornos Jugendfreund

Siegfried Kracauer (1889-1966) hatte in vielen Filmkritiken seit den zwanziger Jahren, die er dann in sein 1960 erschienenes Buch *Theory of Film* (dt. 1964: *Theorie des Films*) einarbeitete, dem jungen Medium Kino ein gewaltiges Kompliment gemacht: Der Film sei materialistisch im besten philosophischen Wortsinne. Denn er betreibe *die Errettung der äußeren Wirklichkeit* – so der Untertitel von Kracauers Filmbuch in deutscher Übersetzung. Die englische Wendung ist noch exponierter. Denn sie macht aus ihren anti-metaphysisch-theologischen Implikationen kein Geheimnis: Der Film betreibt *The Redemption of Physical Reality*, also nichts Geringeres als die Erlösung der Physis. Kracauers Grundargument ist so schlicht wie einleuchtend. Anders als die klassischen Medien Sprache, Schrift und Buchdruck können die im 19. Jahrhundert erfundenen Medien Photo-, Phono- und Kinematographie »Wirklichkeit« einigermaßen verläßlich wiedergeben: So und nicht anders ist das Blatt vom Baum gefallen, so sieht die Silhouette einer Großstadt aus, wenn sie sich in einer Pfütze spiegelt, so klingt die Stimme von Marlene Dietrich, so bewegt sich der Tramp.

Die klassischen Analogmedien des 19. Jahrhunderts sprengen den Sinn-Primat, der mit den Sprach- und Schriftmedien a priori gegeben ist. Audiovisuelle (AV-) Medien fokussieren unsere Aufmerksamkeit hingegen auf die Sinne: So ist die Welt, so sinnlos, so schön, so schrecklich. Selbstredend ist Kracauer geläufig, daß AV-Medien manipulieren können – sie müssen das (anders als Sprache, die gar nicht realitätsadäquat sein kann!) aber nicht. Der Staatsempfang hat tatsächlich den Verlauf genommen, den die Wochenschau wiedergibt. Was nicht ausschließt, daß dieser Empfang oder jenes Sportereignis anders stattgefunden hätte, da anders inszeniert worden wäre, wenn es AV-Medien nicht gäbe. Kracauer hat (wie ähnlich Béla Balázs) diese einfache, aber stets erneut energisch zugunsten universaler Medienverdächtigung bekämpfte Einsicht auf schlagende Begriffe gebracht. Er spricht erstens vom Film als von der Kunst, »die anders ist«, nämlich realitätstauglich, und er unterscheidet zweitens filmische von unfilmischen Filmen. Realistische Filme in der Tradition des Kino-Pioniers mit dem schönen Namen Lumière, Filme also wie *Die Ankunft des Zuges*, gehören der ersten Kategorie zu; sie sind an einer *Redemption of Physical Reality* interessiert. Trickfilme in der Tradition von Méliès, Filme also, die man rückwärtslaufen läßt, so daß ein Schwimmer mit den Füßen voraus aus dem Wasser auf das Sprungbrett springt, sind witzig, aber »unfilmisch«.

Kracauers Buch ist eine Liebeserklärung an ein neues Medium. Daß Adorno auf das Buch seines alten Freundes entgeistert reagierte, versteht sich fast von selbst. Daß er die Aura-Verlust-These seines ebenfalls alten Freundes Walter Benjamin (1892-1940) sehr einseitig auslegte, versteht sich hingegen nicht von selbst. Benjamin nämlich war durchaus daran gelegen, den Aura-Verlust auch positiv zu verstehen: Schluß mit bildungsbürgerlicher Genie- und Unvergleichlichkeitsverehrung, glotzt nicht so romantisch, richtet euch mit medialer Hilfe auf ein Jahrhundert ein, das ein Jahrhundert des Chocs gewesen sein wird. Und wird nicht mit der Photographie eine neu-alte Form von Aura möglich, eine Aura, von der Goethes Faust träumte, als er den

Augenblick beschwor zu verweilen, weil er doch so schön war? Die Antithese könnte schärfer nicht sein: Für Adorno und Anders sind kulturindustrielle Medien Wirklichkeitsvernichter, für Benjamin und Kracauer können Photographie und Film Wirklichkeitserlöser sein. Dank neuer Medien können wir endlich so weltfromm werden, wie es dem Spinozisten Goethe, der wenige Jahre vor der ins Jahr 1836 fallenden Erfindung der Photographie starb und der also nichts als Worte und Bildskizzen hatte, vorgeschwebt haben mag.

Womit wir bei einer zweiten Vereinfachung wären: Mit Kracauer und erst recht mit Marshall McLuhan setzt in den sechziger Jahren eine bis heute heiß umstrittene Bonifizierung der zuvor häufig genug verteufelten neueren Medien ein. (NB: Es ist auch in theoriegeschichtlicher Hinsicht bemerkenswert, daß die Medientheorie die allzu gnostische und anspruchslose Fragestellung, ob Medien schlecht oder doch in gewisser Hinsicht auch gut seien, nicht los wird.) Der so flippige wie für theologische Implikationen von Medienproblemen sensible, zum Katholizismus konvertierte (Herbert) Marshall McLuhan (1911-1980) hat es geschafft, mit zwei in den sechziger Jahren erschienenen und essayistisch-assoziativ geschriebenen Büchern (*The Gutenberg Galaxy – The Making of Typographic Man*, dt. *Die Gutenberg-Galaxis* 1962, *Understanding Media – The Extensions of Men*, dt. *Die magischen Kanäle* 1964) Denkmotive und Formeln zu lancieren, die die Medientheorie bis heute umtreiben. Die wichtigsten lauten:

– Medien sind »*extensions of men*«. Mit Hilfe von Medien erweitern Menschen ihre beschränkten Fähigkeiten gewaltig. Unser Ohr hat eine bescheidene Reichweite, unsere Stimme desgleichen, unser Blick sieht auch dann, wenn wir scharfe Augen haben, nicht über den Horizont hinaus, man muß nicht an Alzheimer leiden, um sich ab und an eine höhere Speicherkapazität für sein Gedächtnis zu wünschen etc. Dank des Rundfunks, des Fernsehens, des Telephons und des Computers können wir kognitiv aufrüsten. Die ältere, auch von Günther Anders bemühte Prothesen-Metaphorik reicht nicht aus, um die Funktion von Medientechnik zu erfassen. Denn Medien kompensieren nicht nur unsre Mängel, sie machen uns zu Engeln und also zu den Gebilden, die theologisch-traditionell fürs mediale Geschäft zuständig waren. Wenn man Medien als Ausweitung menschlicher Möglichkeiten versteht, so läßt man sich (was viele McLuhan-Leser aus nachvollziehbaren Gründen kritisieren) auf einen inflationären Medien-Begriff ein: auch Kleidung und Reifen sind dann Medien, nämlich Haut- und Extremitäten-Extensionen. Man kommt allerdings auch zu aufschlußreichen Neuperspektivierungen und Fragestellungen: Erfüllen nicht elektrischer Strom oder Geld alle plausiblen Anforderungen des Medien-Begriffs?

– Wir leben am Ende der Gutenberg-Galaxis. Mit der Erfindung der AV-Medien und zumal mit der ungeheuren Entfaltung der elektronischen Medien Radio, TV und (selbst für den begnadeten Visionär McLuhan so noch nicht absehbar) des Computers verlieren der Buchdruck und die Schrift ihre Quasi-Monopol-Stellung für Speicher- und Übertragungs-Medien. Das Buch ist nicht mehr das Zentralgestirn der Mediensphäre. Es wird exzentrisch in jedem Wortsinne. Medientechnologisch hochgerüstet treten wir (wie der McLuhan-Schüler Walter Ong formuliert) in die Phase einer »sekundären Oralität« ein: Wer nicht lesen und schreiben will oder kann, kann im Jenseits der Gutenberg-Galaxis als Radio-Hörer oder Fern-Seher dennoch am Mediensystem teilhaben.

– Alte Medien sind durch neue Medien noch nie vernichtend geschlagen worden. Wohl aber erhalten sie einen neuen Systemplatz. Auch wenn es Schrift gibt, wird noch weiter gesprochen, auch wenn es den Buchdruck gibt, werden noch Handschriften angefertigt, auch wenn es Disketten, Festplatten und CD-Roms gibt, hält die Nachfrage nach Papier an. Wer jedoch heute noch einen handgeschriebenen Brief verfaßt, statt zum Handy zu greifen oder eine E-Mail loszuschicken, tut etwas anderes als derjenige, der zur Goethezeit (mangels Alternativen der Fernkommunikation) einen Brief verfaßte.

– Alte Medien sind (zumeist) der Inhalt neuer Medien. Dramentexte sind der Inhalt von Theateraufführungen, Theateraufführungen der von Filmen, Filme der von Videobändern, schlechthin alle anderen älteren Medien sind der Inhalt des Internet. Die »Inhalte« aber bleiben von der Art ihrer medientechnologischen Verfassung nicht unberührt, denn, so der berühmteste Satz McLuhans:

– *»The medium is the message.«* Ein Satz wie Donnerhall, ein Satz von apodiktischer Kürze und Klarheit, unverkennbar aber auch ein kontraintuitiver, tiefsinniger Satz. Das Medium ist die Botschaft – und eben nicht die Aussage, die einem Medium anvertraut wird. Die These will provozieren, und das gelingt ihr tatsächlich. Man kann jedoch die Plausibilität dieser These leicht testen: Was wäre, wenn Gott die Welt nicht sprechend erschaffen hätte, sondern erst ein CAD (Computer Aided Design) entworfen und sodann einen Kredit aufgenommen hätte, um den Entwurf zu realisieren; was wäre, wenn die *Kritik der reinen Vernunft* kein Buch, sondern ein Film wäre; was wäre, wenn wir in der Zeitung läsen und nicht im Fernsehen mitbekämen, Kanzler Gerhard Schröder habe sich während der Pressekonferenz wiederholt die Nasenflügel gerieben – was also wäre, wenn ein und dieselbe Aussage anderen Medien anvertraut würde? Die theologische, philosophische oder politische Botschaft dieser Aussage hätte sich dramatisch geändert. »Das Medium ist die Botschaft« heißt z. B.: das Fernsehen hält eine tiefenstruktural andere Botschaft über die Welt parat als das Medium des Buchdrucks; denn ersteres fokussiert unsere Aufmerksamkeit auf Sinnesdaten, letzteres auf Sinn. Die Welt des Internet ist eine andere Welt als die des mönchischen Briefverkehrs: Medien haben nicht nur, sie sind einfach als die Medien, die sie sind, Botschaften. Botschaften über letzte wie vorletzte Dinge und über das Allerletzte. Je nach der Medien-Galaxis, in der wir uns bewegen und die uns bewegt, sind wir unterschiedlichen Botschaften und Aufmerksamkeitsfokussierungen verpflichtet.

– Im Zeitalter elektronischer Medien leben wir in einem globalen Dorf. »*Global village*« ist eine Wendung, die Rhetoriker schnell als Oxymoron, also als einen immanenten Widerspruch erkennen: entweder der ganze Globus oder dieses eine Dorf. Es gibt keinen Globus von Deutschland, geschweige denn von irgendeinem Dorf. In der Welt der elektronischen Medien aber wird tatsächlich die Dorfkommunikation global: Hast du schon gehört, na klar hast du, also wie denkst du darüber, was Bill und Monica im Oval Office getrieben haben? Chat reimt sich auf Internet: auch in dieser Hinsicht blamiert sich McLuhan mit seinen Diagnosen und Prognosen nicht. Und schon gar nicht blamiert er sich mit der Frische der Fragestellungen, die seine Thesen, Theoreme, Definitionen und kessen Formeln nahelegen. Z. B. diese: Ist es, wenn der Satz *»The medium is the message«* gilt, nicht ein schlichtes Medien-Mißverständnis, ausgerechnet vom Fernsehen Aufklärung und Sinnangebote zu verlangen? Das TV ist hervorragend geeignet, Emotionen zu erregen, Skandale zu kommunizieren, zu unterhalten und sinnlose Sportveranstaltungen direkt zu übertragen. Wer auf der Sinnsuche ist oder nach Aufklärung verlangt, sollte sich anderen Medien anvertrauen und z. B. Bände der *Anderen Bibliothek* lesen.

McLuhans Medientheoreme haben eingeschlagen, wohl gerade deshalb, weil sie zu keiner kohärenten Medientheorie zusammenwachsen, dafür aber auch keine kulturkonservativen Tabus und Denkverbote auferlegen. An sie knüpfen fast alle folgenden Medientheoretiker mehr oder weniger explizit an. Ausdrücklich tun dies u. a. zwei populär gewordene Medienanalytiker: Neil Postman (1931-2003) und Joshua Meyrowitz. Ersterer gibt McLuhans Überlegungen eine Wende, die sie an die Tradition kulturkonservativer Medienkritik anschließt: AV-Massenmedien, das TV voran, sorgen dafür, daß wir uns zu Tode amüsieren. Die Spaßgesellschaft läßt die Reflexions- und Argumentationskultur verkümmern, ohne die Demokratien nicht dauerhaft existieren können (*Amusing ourselves to Death – Public Discourse in the Age of Show Business*, erschienen 1985, dt. *Wir amüsieren uns zu Tode*). Analytisch aufschlußreicher ist ein zweiter Essay von Neil Postman: *The Disappearence of Childhood*, erschienen 1982, dt. *Das Verschwinden der Kindheit*. Er macht darauf aufmerksam, daß Kindheit historisch unterschiedlich definiert wird. Um stärker zu pointieren, als Postman selbst dies tut: Die Grenzziehung zwischen Kinder- und Erwachsenenwelt ist vom herrschenden Mediensystem abhängig. Wenn Analphabetismus herrscht, gilt ein ca. Sieben- bis Achtjähriger als kleiner Erwachsener, kann er doch einigermaßen komplexe Sätze bilden und verstehen und bei den anfallenden landwirtschaftlichen Arbeiten helfen. Herrscht allgemeine Schulpflicht, so gilt man (je nach Milieu) mit ca. 15 Jahren – bzw. mit 19 oder 20 Jahren nach Erlangung der »Reifeprüfung«, die da Matura oder Abitur heißt – als junger Erwachsener. Was Kinder und was exklusiv Erwachsene lesen dürfen, sollen, müssen, läßt sich durch Lehrpläne, Kanonbildung und Wegsperren von Erotika in privaten und öffentlichen Bibliotheken vergleichsweise leicht regulieren. Im TV-Zeitalter haben hingegen alle Altersstufen, alle Bildungsschichten, alle Konfessionen und alle unterschiedlichen Lifestyle-Milieus gleichermaßen Zugang zu den Sendungen, die eigentlich zählen. Und also schwindet die im bürgerlichen Zeitalter der aufwendigen Lesesozialisation entstandene (andere würden sagen: erfundene) Grenzziehung zwischen der Welt der Kinder, der Adoleszenten und der Erwachsenen.

Stimmt, pflichtet Joshua Meyrowitz bei. In der *Fern-*

sehgesellschaft (so der deutsche Titel seines Buches, das 1985 unter dem aussagekräftigeren englischen Titel *No Sense of Place – The Impact of Electronic Media on Social Behaviour* erschien) erodieren medientechnologisch implementierte Grenzziehungen. Aber nicht nur die zwischen der Welt der Kinder und der der Erwachsenen. Auch die zwischen den Geschlechtern: Männer können, wenn sie Talk-Shows über die Nöte brustamputierter Frauen ihre Aufmerksamkeit widmen, am Arkanwissen von Frauen, und Frauen können, wenn sie Fußballfan-Sendungen von Männern folgen, am Irrsinn der Männer teilhaben. Ähnliches gilt im Hinblick auf die Grenzziehung zwischen der privaten und der öffentlichen Sphäre. Sie läßt sich in der Gutenberg-Galaxis halten, nicht aber in der TV-Epoche. Denn sie bringt zuvor invisibilisierte Hintergründe (wie: die verrutschte Krawatte, der peinliche Versprecher, das Stolpern des Politikers) auf die Bühne. Das Wort »ob-szön« meint ja nichts anderes als dies: daß das, was eigentlich nicht in Szene gesetzt und also anschaulich gemacht werden sollte, dennoch auf die Bühne kommt. Meyrowitz' nur für linke Kulturkonservative und fundamentalistische Medienkritiker überraschende, ansonsten aber schlechthin plausible Schlußfolgerung aus diesem Befund lautet: Dem vielkritisierten Umstand, daß die postmoderne Gesellschaft zur Fernsehgesellschaft geworden ist, haben wir die politischen und sozialen Emanzipationsbewegungen der zweiten Hälfte des 20. Jahrhunderts wesentlich zu verdanken. Ohne TV keine Frauenemanzipation, keine antiautoritäre Erziehung, keine Angst der Militärs vor unpopulären und medienuntauglichen Kriegen, keine Entauratisierung mächtiger Politiker, keine weltweite 68er Bewegung, kein (so könnte man ergänzen: Meyrowitz' Buch ist vor diesem historischen Datum erschienen) Kollaps der autoritären »realsozialistischen« Staaten im Jahr 1989.

Daß Medien und Macht in einem intimen Verhältnis zueinander stehen, ist unumstritten. Nicht nur Putschisten wissen, wie viel davon abhängt, Herr der Sendeanstalten zu sein. Der Zusammenhang zwischen Macht und Medien ist aber nicht nur auf dieser offensichtlichen Ebene gegeben. Paul Virilio und Friedrich Kittler haben in vielbeachteten Untersuchungen darauf hingewiesen, wie intim Militär- und Medientechnologie miteinander verwandt sind. Der Satz gilt: Medientechnologie ist mit frappanter Regelmäßigkeit ein Abfallprodukt von Militärtechnologie. Das Internet wurde uns vom amerikanischen Militär geschenkt; der Computer mußte erfunden werden, um die überkomplexen Geheimcodes der sagenumwobenen Kryptographiemaschine Enigma, mit der die deutschen Militärs im Zweiten Weltkrieg vermeintlich sicher kommunizierten, dennoch zu dechiffrieren; die Hi-Fi-Tontechnologie ist ein Nebeneffekt der U-Boot-Ortungs-Technologie, was die Beatles wußten, als sie den Yellow-Submarine-Sergeant Pepper besangen, der von E- (wie kriegerischer Ernst) auf U-Musik umschaltete; das Fernsehen ist ein Derivat der Radartechnologie; der Rundfunk verrät schon in seinem Begriff, daß er dem Militär-Funk entsprungen ist; der Erfinder des Transportmechanismus für Maschinengewehre und für Filme ist ein und derselbe; der virtuose Einsatz der Telegraphie sorgte für die Überlegenheit schon der napoleonischen Truppen; man

»schießt« ein Photo; und noch Kugeln wie Lettern sind aus demselben Stoff gegossen – Blei. Kurzum: die Sphäre der Medien ist bleihaltig.

Gewalt in den Medien ist ein Reizthema seit je. Daß in Filmen und Computerspielen (wie in Büchern und Dramentexten – Medea, Iphigenie!) viel und grausam getötet wird, dürfte eben auch mit der militärischen (sowie religiösen und ökonomischen[2]) Genealogie von Medien zusammenhängen. Die Geschichte der Medienentwicklung folgt nicht umsonst einem einfachen Schema: Sie braucht immer weniger Menschen und immer mehr Medientechnik – meine Mailbox hört von deiner Mailbox. Harry Pross hat wirkungsmächtig zwischen Primär-, Sekundär- und Tertiärmedien unterschieden. Von Primärmedien soll dann die Rede sein, wenn sowohl die Sender- als auch die Empfängerseite ohne Einsatz von Medientechnik auskommt – also etwa im klassischen Fall der weniger klassisch sogenannten *face to face communication.* Von Sekundärmedien soll gesprochen werden, wenn eine Seite Medientechnik einsetzt – also z. B. beim Buchdruck und bei der Photographie (die Dia-Technik stellt schon einen Grenzfall dar, weil sie auch bei der Betrachtung Technikeinsatz verlangt). Der Begriff Tertiärmedien zielt auf den heute gängigen Medien-Fall, daß sowohl die Produktion als auch die Rezeption von Medien den Einsatz von (Hoch)Technologie verlangt: Schon der Telegraph und das Telephon, erst recht das Fernsehen, die E-Mail und der DVD-Player liefern Beispiele dafür, wie tech-

2 Cf. dazu Jochen Hörisch: Brot und Wein – Die Poesie des Abendmahls. Frankfurt/Main 1992; sowie: Kopf oder Zahl – Die Poesie des Geldes. Frankfurt/Main 1996

nisch hochgerüstet heute auch alltäglich-schlichter Medienkonsum ist. Der Charme eines Buches, wie es gerade jetzt vor dem Auge des geneigten Lesers aufgeschlagen liegt, ruht auch in seinem sekundärmedialen Anachronismus. Wer Bücher liest, braucht kein Abspielgerät, keine Steckdose, keinen Akku, keine Software, kein Laufwerk. Er braucht also auch keinen Stromausfall, keinen Programmabsturz und keine Inkompatibilität mit neuer Medientechnik zu fürchten. Alles, was er zu fürchten hat, ist, unzeitgemäß zu sein.

Wirkungen, Risiken und Nebenwirkungen

Kein zweiter Artikel dieses Buches unterschlägt so viel von dem, was eigentlich zum Thema gehört, wie dieser (nämlich unter vielen anderen mehr die Medientheorien von Assmann, Baudrillard (→ Simulationstheorie), Beck, Bolz, von Braun, Coy, Enzensberger, Flusser, Goody, Groys, Havelock, Innis, Kerckhove, Lazarsfeld, Luhmann, Noelle-Neumann, Reck, Rötzer, Schmidt, Serres, Sloterdijk, Žižek). Unterschlagung – das Stichwort gilt auch für den obligatorischen Anhang dieses Artikels. Nur soviel: In der reinen Welt des Geistes galt das Mediale einfach deshalb, weil es ja schon in seinem Begriff zugibt, sekundär zu sein, lange Zeit als Schmuddelkind. Nicht nur Hegelianern und Kennern der Christologie schwant allerdings, daß das Sekundäre, Abgeleitete, Spätere, Begründete, Abhängige gewichtiger sein und werden kann als das Primäre: der Sohn Gottes ist theologisch aufschlußreicher als sein Vater, und das Kapital als eine von wertschaffender Arbeit abhängende Größe kann machtvoller sein als sein Grund.

Medien können nicht nur Knechte der Botschaften, die eigentlich zählen, sondern selbst die Botschaft sein.

Medien und Theorien, die Medien als Medien ernst nehmen, zu kritisieren ist eines der ältesten Spiele von Philosophen, Denkern, Kulturkritikern und Intellektuellen. Irritierend an diesem Spiel ist seine seltsam langweilige Komponente. Kritisiert wird nämlich fast immer das jeweils neuste Medium, aufgewertet wird das jeweils vorletzte: Wie kalt und herzlos klingt Musik, die auf eine CD gebrannt wurde, wie herrlich ist das Rauschen der Langspielplatte, die die Altvorderen verwarfen, weil doch Musik nur als lebendig produzierte vor den Ohren Gottes Gnade finden kann! Berühmt-berüchtigt ist Platons Kritik des Mediums Schrift. Wer etwas aufschreibt, ist nur zu faul, auswendig zu lernen; er vertraut dem äußerlichen, toten Buchstaben statt dem lebendigen Gespräch; er verrät den Geist an die Materie; er öffnet der Manipulation Tür und Tor; er schafft Kanäle für den Transport des Schmutzigen, Unkontrollierbaren, Niederen. Das Schema der platonischen Schriftkritik kopiert sich munter fort: Wie großartig waren doch die Zeiten, da Mönche noch mühsam individuelle Handschriften anfertigten und ihr Tun dem Geist Gottes verschrieben wußten – heute aber, da Gutenberg das Teufelszeug des Drucks erfunden hat, kann ja jeder kommen und sich preiswert mit unheiligen Schriften eindecken, werden die Reformatoren frech, können selbsternannte Aufklärer die Köpfe der Rechtgläubigen verderben. Wie schrecklich sind Photo- und Kinematographie, nichts als *sex and crime*, das hat's zur Goethezeit nicht gegeben etc. pp.

Ebenso langsam wie mühsam setzt sich die Einsicht

durch, daß die alt-elitäre Medienkritik ganz und gar ordinär ist – und daß es eine grandiose Verkennung ist, davon auszugehen, es habe jemals Zeitalter und Kulturen gegeben, die ohne Medien auskamen und der »Wirklichkeit« näher waren als das hochgerüstete Zeitalter elektronischer Medien. Was ist wirklichkeitsnah an einem cum grano salis »mittelalterlichen« Mediensystem, das die Hostie als Leitmedium verbindlich macht, sie zum Allerwirklichsten, zum *»ens realissimum«* erklärt und alle exkommuniziert, die das nicht beglaubigen wollen oder können? Nach drei bis vier Jahrzehnten stürmischer Entwicklung von Medientheorie, die alle Mühe hat, mit den gleichzeitigen Medien-Innovationen auch nur hechelnd mitzuhalten, gibt es denn doch so etwas wie einen Generalkonsens: Medien sind evolutionäre Errungenschaften, die nicht ernsthaft zur Disposition stehen. Sie sind historische Apriori von Kulturen und Gesellschaften. Fundamentalistische Medienfeindschaft ist schon deshalb ein paradoxes Unterfangen, weil sie, wenn sie effizient sein will, auf Medien angewiesen ist. Sonst gilt der Kalauer von Robert Gernhardt: »Habe mich unheimlich den Medien verweigert, hat nur keiner wahrgenommen.«

Metaphorologie (Hans Blumenberg)

Die Welt ist ein Buch; das Leben ist ein Traum; die Sprache ist das Haus des Seins; hinters Licht Geführte verlassen die dunkle Höhle; das Licht der Aufklärung erhellt die Finsternis; Wissenschaftler, die Neues erkennen, stehen auf den Schultern von Riesen (vgl. → Paradigmenwechsel). Metaphern zuhauf durchziehen nicht nur die Geschichte der schönen, sondern auch die der theoretisch ambitionierten Literatur. Dort aber, in den Gefilden der Theoriebildung, genießen sie keinen guten Ruf. Denn sie sind Formen des »uneigentlichen Sprechens«; sie führen das Denken auf Abwege; sie sind suggestiv, nicht argumentativ; und sie machen ihrem Wortsinn wenig Ehre, denn sie übertragen resp. übersetzen nicht verläßlich etwas von einem Ort resp. Ufer an einen anderen resp. an ein anderes (griech. *metaphorein*), sie versprechen sich vielmehr, wenn sie dies versprechen. Deshalb ist die beste Theoriesprache die metaphernfreie Formelsprache logischer Kalküle. So sagen die einen, die sich selbst einer rationalistischen, analytischen, aufgeklärten Traditionslinie zurechnen. Schön wäre es, wenn Theorie metaphernfrei bleiben könnte, sagen die anderen, die sich einer skeptischen Traditionslinie zugehörig wissen. Seht und hört doch mal genau hin, nicht einmal die sogenannten exakten Wissenschaften können metaphernfrei oder auch nur metaphernfern sein! »In der Astronomie, der Kosmologie und der Physik gibt es Fackeln, Fleckenherde, Koronae, Sonnenwinde, Tierkreislicht, galaktisches Rauschen, Bremsstrahlung, Urknall (...). Die Mathematik kennt Wurzeln, Fasern, Keime, Büschel, Garben, Hüllen, Knoten, (...) Schmetterlinge und Enten.«[1]

Es ist so und es ist, je nach Metaphernstand, auch gut so, daß sich Metaphern nicht vermeiden lassen, sagt Hans Blumenberg (1920-1996). Er legte 1960 unter dem Titel *Paradigmen zu einer Metaphorologie* eine Untersuchung vor, die methodologisch die Tür öffnete (gleich zwei Metaphern: meint das griech. Wort für Methode doch Um-Weg) zu der nachfolgenden Reihe stilistisch brillanter und erzgelehrter Abhandlungen aus Blumenbergs nächtlich hochaktiver Feder. Sie gelten häufig der Leistung von Leitmetaphern wie der vom Buch der Welt (*Die Lesbarkeit der Welt.* Frankfurt/Main 1981) oder der vom Höhlenausgang (*Höhlenausgänge.* Frankfurt/Main 1989). Und sie haben neben anderen Perspektiven ersichtlich ein Ziel: der Philosophie, dem Denken und Nachdenken jene Fülle von Motiven, Themen, Problemen, Texten und Kontexten zurückzugewinnen, die eine metaphernfeindliche Philosophie- und Theorieströmung (→ Analytische Philosophie, → Kritischer Rationalismus) wegzuspülen droht. Daß sich Tausende von erlesenen Seiten Blumenbergscher Reflexionsprosa nicht verantwortlich auf zwei Seiten darstellen lassen, versteht sich von selbst. Daß Blumenberg überdies kein ausgeprägtes Interesse daran hat, den in allen seinen Werken durchgehaltenen Grundgedanken kantig-scharf vorzustellen, versteht sich schon weniger von selbst. Dennoch gibt es diesen roten Faden (um eine Metapher zu bemühen, die Goethes esoterischer Roman *Die Wahlverwandtschaften* populär machte):

1 Hans Magnus Enzensberger: Die Elixiere der Wissenschaft – Seitenblicke in Poesie und Prosa. Frankfurt/Main 2002, p. 271 sq.

Menschen sind ohnmächtig und erfahren sich auch als ohnmächtige Wesen. Denn die Welt ist schon da, wenn wir geboren werden oder eben: zur Welt kommen. Blumenberg hat dafür eine schlagende Formulierung gefunden, deren antiidealistische und antikonstruktivistische Tendenz kaum zu verkennen ist: »Absolutismus der Wirklichkeit«. Die Wirklichkeit ist, wie sie ist. Wir haben sie nicht gemacht, aber eben deshalb wollen und können wir versuchen, sie zu erkunden und zu modifizieren. Der Prozeß der Neuzeit läßt sich als der Versuch verständlich machen, die Tabus zu verflüssigen, die über dem Projekt der Neugier und der Neugestaltung der »absolutistischen« Wirklichkeit liegen. Legitim ist die Neuzeit, wenn man sie nicht, wie üblich, als Säkularisierungsprozeß, also als Prozeß der mit Frevel-Verdächtigungen versehenen Umbuchung religiöser in weltliche Bestände (miß)versteht. Neuzeit und Moderne sind vielmehr Effekte einer humanen Selbstbehauptung angesichts des übermächtigen, schon in Frühgeschichte und Antike erfahrenen Absolutismus der Wirklichkeit, der mittelalterlich in einen Absolutismus der Theologie umgedeutet wurde. Ohne Rückgriffe auf Mythen und Metaphern kann sich aber auch die Neuzeit, die den Absolutismus der Wirklichkeit/Theologie kritisiert, nicht selbst verstehen. »Die Neuzeit suchte nach ihrem Anfang und mußte ihn suchen. Der Nullpunkt der dort erst eigentlich beginnenden (...) Geschichte, der Akt der Selbstermächtigung des Menschen, Geschichte nicht mehr mit sich geschehen zu lassen, sondern sie zu machen, mußte markiert und vorweisbar werden, um das darauf bezogene Selbstbewußtsein einer Epoche, die schon ihrem selbst gegebenen Namen nach keine Nachfolgerin zulassen konnte, bestätigen zu lassen. (...) Eine Epoche, die sich selbst gewollt haben will, bedarf eines ihren Anfang verkörpernden menschlichen Willens, einer weithin sichtbaren Limesfigur. Kolumbus und Luther, Kopernikus und Descartes schienen etwas von dieser Sinnfälligkeit zu besitzen. (...) Die vermeintlichen Gründungsakte der Neuzeit erwiesen sich mehr und mehr als die bloßen Kreuzungspunkte weit aus der Vergangenheit zusammenlaufender Quellenlinien, und die Gründerfiguren erlagen der Erosion des historischen Fleißes, der schließlich immer vermeintliche Revolutionen auf Evolutionen zurückführt.«[2]

Die neuzeitlich humane Selbstbehauptung von Menschen angesichts von Absolutismen aller Art macht nun aber Erfahrungen, die den überwundenen Erfahrungen bei allen »Stellenumbesetzungen« strukturell durchaus verwandt sind. Es ist keine andere Erfahrung als die der Unbegreiflichkeit. Ihr entspricht die Metapher – ist sie doch die rhetorisch-literarische Figur der Unbegrifflichkeit. Was wir nicht begreifen können, was wir nicht auf transparente und distinkte Begriffe bringen können, worauf wir keine Übergriffsmöglichkeiten haben: das können und müssen wir als unbegreiflich begreifen und mit begriffslosen, aber um so reicheren Metaphern verstehen. Ohne Metaphern keine Metaphysik, ohne Metaphysik keine Metaphern: wir werden die Metaphysik nicht los, solange wir noch an Metaphern glauben müssen. Also von Endlichkeit zu Endlichkeit; denn die Alternative »Metaphernlosigkeit« ist nicht er-

2 Hans Blumenberg: Die Legitimität der Neuzeit. Frankfurt/Main 1966, p. 436 sq.

reichbar und nicht eigentlich wünschenswert. Ein geistreicher Bildwitz Robert Gernhardts, der auf einen Aphorismus Lichtenbergs zurückgreift, hat diese Überlegung illustriert. Im ersten Bild sieht man den Göttinger Physiker und Schriftsteller am Fenster sitzend einen Blitz beobachten und mit den Worten kommentieren: »Ich kann es begreifen, aber nicht anfassen.« Sodann geht er zu Bett, sein Weib streichelnd und kommentierend: »Ich kann es anfassen, aber nicht begreifen.«

Die Unhintergehbarkeit metaphorischer Rede provoziert die Theorie der Unbegrifflichkeit, als deren aufgeklärte, weil nicht metaphysische, sondern metaphorologische Variante sich Blumenbergs Denken versteht. Eine Theorie der Unbegrifflichkeit muß alsbald auf eine Mega- bzw. Metametapher stoßen: die vom Buch bzw. die vom Buch der Bücher. Vom Buch der Bücher müßte, sollte, könnte, dürfte es einen Überstieg, ein Übersetzen, ein Übertragen zu den Büchern des Lebens, der Welt, der Schöpfung und der Geschichte geben, eine metaphorisch-metaphysische Bewegung, die letzten Aufschluß über das Unbegreifliche verspricht. So naive wie suggestive Theologien und Metaphysiken arbeiten mit diesem Modell: beide Bücher-Kategorien, die der Welt, Geschichte etc. wie die des Metabuches aller Bücher, haben ein und denselben Autor. Gott hat die Thora, die Bibel und den Koran ebenso verfaßt wie die »Welt«. Eben dieses Verhältnis aber läßt sich nicht begreifen. Denn es müßte dann ja ein weiteres Buch, eine Offenbarung, einen metapherntranszendenten Beobachtungspunkt geben, von dem aus sich feststellen ließe, daß beide Bücher übereinstimmen. Metaphern haben deshalb das vorletzte Wort in einer unbegreifbaren, aber deutbaren Welt, die kein letztes Wort kennt. Ein Gedicht Herders, das Überlegungen aus Campanellas *Il mondo è il libro* paraphrasiert und das Blumenbergs Buch *Die Lesbarkeit der Welt* seinerseits zitiert, kann man deshalb als Programmatik des protoneuzeitlichen Projekts verstehen. Überlegt es doch, seinem rousseauistischen Rückkehrpathos zum Trotz, immerhin, ob nicht »Kopieen des Lebendigen, mit viel/Irrthümern abgenommen« keiner anderen Instanz als »Gottes hohem Lehrstuhl« vorzuziehen sind.

Die Welt, ein Buch, darinn der ewige
Verstand selbst-eigene Gedanken schrieb,
Ist ein lebendger Tempel, worinn Er
Gesinnungen und Handlung, droben, drunten,
Worinn sein Vorbild Er uns selbst gemahlt.
Les' und betrachte Jeder diese Kunst
Lebendig, göttlich, daß er sagen dürfe:
›Ich bins, der sie vollendet und vollführt.‹
Ach aber unsre Seelen sind an Bücher
Geheftet und an todte Tempel. Diese
Kopieen des Lebendigen, mit viel
Irrthümern abgenommen; sie,
Sie ziehn wir Gottes hohem Lehrstuhl vor.
Deßhalb die Strafen, die von jener Irrung
Uns unvermerkt ereilen. Zänkereien,
Unwissenheit und Schmerz. O kehrt zurück,
Zu eurem Urbild, Menschen, und zum Glück.[3]

3 Zit. bei Hans Blumenberg: Die Lesbarkeit der Welt. Frankfurt/Main 1981, p. 84 sq.

Wirkungen, Risiken und Nebenwirkungen

Blumenbergs Wirkung läßt sich ziemlich präzise beschreiben. Er war einer der Mitinitiatoren, regelmäßigen Stichwortgeber und Teilnehmer der in Fachkreisen hochgeschätzten Kolloquiumsreihe *Poetik und Hermeneutik*, in der während der sechziger und siebziger Jahre theoretisch ambitionierte Philologen und philologisch versierte Philosophen zusammenfanden. Eine deutliche, kaum aber durchschlagende Gegenbewegung zu einer im weiteren Sinne analytisch-formalkalkulierenden und argumentierenden Philosophie, die sich weit vom Reichtum phänomen- und textnaher Reflexionen entfernt hat. Blumenbergs Methode ist vertrackt naiv: sehr viel wissen, Metaphorologie statt Metaphysik, akribische Lektüre statt großer Behauptungen.

Die Risiken einer solchen »Methode« werden deutlich, wenn man Blumenbergs kenntnisreiches Zurückschrecken vor großen Thesen etwa mit Nietzsches frühem Essay *Über Wahrheit und Lüge im außermoralischen Sinn* vergleicht, dem Blumenberg ersichtlich entscheidende Anregungen verdankt: »Was ist also Wahrheit? Ein bewegliches Heer von Metaphern, Metonymien, Anthropomorphismen, kurz eine Summe von menschlichen Relationen, die, poetisch und rhetorisch gesteigert, übertragen und geschmückt wurden und die nach langem Gebrauch einem Volke fest, kanonisch und verbindlich dünken: die Wahrheiten sind Illusionen, von denen man vergessen hat, daß sie welche sind, Metaphern, die abgenutzt und sinnlich kraftlos geworden sind, Münzen, die ihr Bild verloren haben und nun als Metall, nicht mehr als Münzen, in Betracht kommen.«[4]

Nietzsche schreibt Klartext; Blumenberg schreibt skrupulös bis alexandrinisch. Man würde deshalb maßlos übertreiben, wenn man ihn als prominenten Philosophen charakterisieren würde. Internationale Ausstrahlung hat er allenfalls in Spezialistenkreisen. Zu den Nebenwirkungen der philosophischen Schriften Blumenbergs dürfte es gehören, daß er wie kaum ein zweiter Denker seiner Jahrgänge die Aufmerksamkeit der Theorie-Interessenten auf Dichtung gelenkt hat. Nicht umsonst stammt aus Blumenbergs Feder eines der bedeutendsten Goethe-Bücher der letzten Jahrzehnte: *Arbeit am Mythos* (Frankfurt/Main 1979). Goethe, der seinen Namen gerne auf Gott und genauer: auf die vielen Götter bezog, Goethe, der matrilinear Textor hieß und wußte, was es heißt, zu texten, zu weben und zu spinnen, Goethe, der nicht nur mit seinem *Prometheus*-Gedicht die spezifisch neuzeitliche Verschiebung von Metaphysik auf Metaphorik (ver)dichtete; Goethe ist mit seinen Werken für den Metaphorologen Blumenberg noch einmal eine und wohl gar die gültige Quelle der allein möglichen vorletzten Einsichten. Schon deshalb steht Blumenberg singulär dar – als ein anachronistischer, unzeitgemäßer Philosoph und Gelehrter, der weiß, wie weit eine einfache Methode trägt: sehr viel zu wissen; und der überdies weiß, wie teuer avancierte Zeitgenossenschaft zu stehen kommen kann.

4 Friedrich Nietzsche: Werke, ed. Karl Schlechta, Bd. III. München 1966, p. 314

Paradigmenwechsel in der Wissenschaft (Thomas S. Kuhn)

Wissenschaftler stehen im Alltagsbetrieb nach einer berühmten Metapher »auf den Schultern von Riesen«. Der amerikanische Wissenssoziologe Robert K. Merton, der sich übrigens einmal nach einem Vortrag McLuhans (→ **Medientheorie**) spektakulär mit dem Medienguru gestritten und die Unwissenschaftlichkeit von dessen Thesen angeprangert hat, worauf McLuhan replizierte: »Ach, schade, meine Thesen gefallen Ihnen nicht. Aber das macht nichts, ich hab noch mehr«, aber wir verlieren uns: Merton also hat die Geschichte dieser suggestiven Metapher geschrieben (*On the Shoulders of Giants* 1965, dt. *Auf den Schultern von Riesen – Ein Leitfaden durch das Labyrinth der Gelehrsamkeit*, 1965, Frankfurt/Main 1980). Sie geht, »wie jedermann weiß«, so er denn gelehrt ist und/oder Bände der *Anderen Bibliothek* liest, auf einen Aphorimus von Didacus Stella zurück (oder eben nicht!), den Robert Burton in seiner berühmten Studie über die Melancholie populär gemacht hat: »*Pigmei Gigantum humeris impositi plusquam ipsi Gigantes vident.*« Zwerge, die auf die Schultern von Giganten gesetzt werden (von wem?), sehen mehr als diese Giganten selbst. Das Bild ist überzeugend. Es erweist den Giganten der Wissenschaftsgeschichte Respekt, und es nobilitiert zugleich den Fleiß der kleinen Wissenschaftler-Zwerge, die es ja immerhin schaffen müssen, die Schultern von Riesen zu erklimmen und von dort aus ohne Vertigo das Relevante in den Blick zu nehmen. Geschichten von David und

Goliath, von Gullivers Reisen oder von der Leistungsfähigkeit der sieben Zwerge sind zu stark im kollektiven Gedächtnis verankert, um sich bei dieser Metapher nichts Böses zu denken.

Erfolg war dem Bild der Wissenschaftsgeschichte als einer Geschichte der kontinuierlichen Wissenskumulation dennoch beschieden. Giganten wie Newton und Einstein arbeiten gemeinsam mit Zwergen im und am Fortschrittsprozeß der Wissenschaft. Falsch, argumentierte 1962 der amerikanische Philosoph Thomas S. Kuhn (1922-1996) in seinem vergleichsweise schmalen Buch *The Structure of Scientific Revolutions* (dt. *Die Struktur wissenschaftlicher Revolutionen*, Frankfurt/Main 1967). Denn Wissenschaft ist kein evolutionärer Kumulationsprozeß, sondern eine Abfolge von Revolutionen. Die Geschichte der Wissenschaft(en) ist eine Geschichte der Diskontinuitäten und Brüche. Zwar gibt es durchaus das, was man Phasen »normaler Wissenschaft« nennen könnte. Dann gibt es eine herrschende Lehre, von der *scientific community* allgemein anerkannte Modelle sowie bewährte Methodologien und Programme der Vervollständigung von Wissenslücken. Die eingespielten Vorstellungen können aber zunehmend in Turbulenzen geraten. Es tauchen z. B. Anomalien oder neue Daten auf, die nicht mehr ins gängige Modell integriert werden können. Darauf kann der Wissenschaftsbetrieb eine Zeitlang reagieren, indem er Ausnahmen von der Regel anerkennt, weiteren Forschungsbedarf anmeldet oder Zusatzannahmen formuliert. Trotz solcher elastischen Zugeständnisse geraten Wissenschaften immer wieder in revolutionäre Phasen, in denen nicht nur die Zwerge von den Schultern der Riesen fallen, sondern die Giganten selbst erschüttert werden und kollabieren. An Beispielen dafür mangelt es auch über den obligatorischen Fall der Relativitätstheorie hinaus nicht. Die Astronomen der Neuzeit wie Kepler, Galilei und Tycho Brahe sorgen nicht nur für neue Kosmos-Modelle, sondern darüber hinaus für ein grundstürzend neues, nämlich nicht länger geo-, sondern heliozentrisches Weltbild – mit erheblichen Konsequenzen für Theologie, Politik, Philosophie und Kunst. Watson und Crick entdecken die Dopplhelixstruktur der DNS, und nicht nur die Wissenschaftsdisziplin Biologie muß sich revolutionäre Umstrukturierungen gefallen lassen, auch das Bild vom Menschen, wenn nicht das Weltbild insgesamt und überhaupt, muß wieder einmal geändert werden. Gödel beweist die systematische Unvollständigkeit der Logik; er zeigt, daß Wahrheit ein mächtigerer Begriff ist als Beweisbarkeit, und sorgt so für Revolutionen ausgerechnet im Hinblick auf den logischen, also vermeintlich schärfsten Wahrheitsbegriff selbst.

Um es mit dem Begriff zu sagen, der durch Thomas Kuhn (und Thomas ist bekanntlich der Name des ungläubigen Apostels) zu einem Modebegriff auch über engere wissenschaftstheoretische Kontexte hinaus wurde: Wissenschaftliche Revolutionen zerstören ein altes und etablieren ein neues Paradigma (griech. für Beispiel, Modell). Das alte und das neue Paradigma sind miteinander inkommensurabel. Der Paradigmenbegriff hat eine zumindest dreifache Valenz: Er meint erstens wissenschaftsintern das jeweils gültige Modell, das gewissermaßen immer damit rechnen muß, revolutionär vom Sockel gestoßen zu werden. Er meint zweitens wissenschaftsextern einen ganzen Weltbildkontext, der (wie etwa beim Sturz des ptolemäischen Kosmos-Gedankens) zusammen mit wissenschaftlichen Revolutionen in Turbulenzen geraten und gerade deshalb immer auch versuchen kann, bestimmte wissenschaftliche Ergebnisse zu zensieren oder zu tabuisieren. Und er meint drittens das wissenschaftssoziologische Phänomen (vgl. → Bourdieu), daß sich gerade auch in Wissenschaftsgefilden Lehrer-, Schüler-, Schul- und Gruppenbildungen (wie Kopenhagener Deutung der Quantenphysik gegen den Rest der Welt, Monetaristen gegen Keynesianer, Freudiander gegen die klinische Psychiatrie *et vice versa*) formieren, die ihre jeweiligen Paradigmata normativ verteidigen, auch wenn sie in aller Regel ihr Tun ganz anders beschreiben. Wer Riese und wer Zwerg ist, steht dahin – bis zur nächsten wissenschaftlichen Revolution.

Wirkungen, Risiken und Nebenwirkungen

Kuhns Theorie der wissenschaftlichen Revolutionen handelt nicht nur von solchen, sie ist auch eine solche. Ältere, aber eben auch gar nicht so alte Theorien vom Fortschritt der Wissenschaft(en) sahen auf einmal alt aus – so z. B. das tradierte Akkumulationsmodell, Rudolf Carnaps logisch-empiristische Wissenschaftsmethodologie oder Poppers renommierte *Logik der Forschung* (→ Kritischer Rationalismus). Kuhns Thesen haben sich erstaunlich schnell und erstaunlich weit durchgesetzt; sie boten sich auch für Radikalisierungen an (vgl. → Anarchistische Erkenntnistheorie). Für einen »Paradigmenwechsel« gesorgt zu haben war das, was Wissenschaftler fortan nur allzu gerne für sich in Anspruch nahmen. Ausdrücklich tat dies z. B. Hans Robert Jauß; seine → Rezeptionsästhetik habe dem Paradigma der werkimmanenten Interpretation den Garaus gemacht, verkündete er stolz. Ob sich der Paradigmenbegriff überhaupt auf weiche Wissenschaften anwenden läßt, ist hingegen umstritten. Sogenannte Geisteswissenschaften müßten erst einmal Anforderungen an scharfe Erkennbarkeit genügen, bevor man von Paradigmenwechsel statt bloß von einem Wechsel der Moden sprechen könne, meinten einige ihrer selbstkritischen Repräsentanten (etwa Norbert Groeben, einer der Begründer einer empirischen Literaturwissenschaft).

Ein aktuelles Beispiel für einen bemerkenswerten Paradigmenwechsel im oben genannten dreifachen Wortsinne ist die gegenwärtige Debatte um die Willensfreiheit des Menschen. Die überkomplexen theologischen, philosophischen, literarischen, psychologischen, kulturalistischen und soziologischen Thematisierungen des uralten Problems (konnten Eva, Kain und Judas anders handeln, als sie es taten?; hatte Luther recht, als er sagte »hier stehe ich, ich kann nicht anders, Gott helfe mir«?) werden durch neurophysiologische Forschungsergebnisse umgestürzt. Danach scheint es, als sei die Willensfreiheit nicht zu retten: wir tun, was unser Hirn uns vorschreibt; was wir als unsere souveräne Entscheidung verbuchen, ist zuvor schon buchstäblich vorprogrammiert. Ein durch Thomas-Kuhn-Lektüre aufgeklärter Kopf kann auf solch aufgeregte Debatten einigermaßen abgeklärt reagieren. Er weiß, daß Paradigmata kommen und gehen. Er weiß, daß die Seele mal in der Milz, mal in der Brust, mal im Kopf und mal nirgendwo ihren Ort zugewiesen bekam; er weiß, daß man mal medizinisch für tot erklärt wurde, wenn kein Atem mehr einen vor die Nase gehaltenen Spiegel beschlug, wenn kein Herzschlag mehr feststellbar war oder wenn keine Hirnströme mehr meßbar waren. Letztere Definition ist bekanntlich die heute in unseren Breiten gültige. Sie führt zu so unheimlichen wie sachlichen Sätzen und Setzungen wie der, daß eine Leiche, nämlich eine schwangere hirntote Frau, einem Kind das Leben geschenkt hat. Paradigmenwechsel können sehr handfeste semantisch-somatische Paradoxien beleuchten und – herbeiführen.

Auf künstlerischem Gebiet ist der Begriff des Paradigmenwechsels fast ein wenig zu griffig. Denn es leuchtet fast zu sehr ein, daß die Zwölftonmusik, der Dadaismus oder das *Schwarze Quadrat* von Malewitsch neue Paradigmata in der musikalischen, literarischen oder bildkünstlerischen Sphäre etabliert haben. Ob es aber eine Logik der Kunst- wie eine der Wissenschaftsentwicklung in dem Sinne gibt, daß es für jede Epoche und jede Disziplin (resp. Kunst) ein herrschendes Paradigma gibt, ist zumindest fraglich. Denn es gibt zugleich und am selben Ort Psychoanalytiker und Psychiater, Keynesianer und Monetaristen, figurale und abstrakte Maler, mathematische Konstruktivisten und Intuitionisten, Antimaterie- und Anti-Antimaterie-Physiker, die sich mitunter spinnefeind sind. Vielleicht muß die Theorie des Paradigmenwechsels → postmodern so umgeschrieben werden, daß heute auch wissenschaftliche Revolutionen nicht mehr das sind, was sie früher einmal waren. Sie haben sich ähnlich zivilisiert wie einige der jüngeren politischen Revolutionen: es gab beim Kollaps eines weltweiten Großreiches 1989 nur wenige Tote. Die meisten altdiktatorischen Herrscher wurden verrentet. Mit einem Wort: die alten Paradigmata sind noch da, nachdem sie überwunden wurden. Auch die Geschichte der Wissenschaft kennt Untote.

Politische Theologie

9/11 – nine/eleven: Nüchterner als mit der amerikanischen Notrufnummer kann man ein epochales Ereignis nicht bezeichnen. Dieses kühle Pathos der Nüchternheit soll offensichtlich als Antidot zum überheißen Kern des Terrorangriffs auf das World Trade Center in New York am 11. September 2001 dienen: daß da im Namen Gottes massenmörderische Politik gemacht wurde. Spätestens 9/11 hat klargemacht, wie unangemessen die gängige Rede von der Säkularisierung als dem ausschlaggebenden Epochenereignis von Neuzeit und Moderne ist. Die von vielen zumindest als Movens von Politik totgesagte Religion hat in den letzten 25 Jahren ein gespenstisches Comeback gefeiert. Die großen Konfliktlinien um die Jahrtausendwende haben unübersehbar an jahrhunderte-, wenn nicht jahrtausendealten religiös-konfessionellen Grenzen statt: so u. a. in Irland, im Balkan, im Nahen Osten, im Iran, in Indien/Pakistan, in Indonesien. Auch auf den zweiten Blick in Weltecken, die nicht ganz so offensichtlich unter der Wiederkehr von Polittheologie zu leiden haben, ist eine politische Wiederbelebung von Gotteskämpfern unübersehbar. Um 1980 betreten mit Karel Woytila, Khomeini und Ronald Reagan Figuren die Bühne der Weltpolitik[1], die bei aller rasant-brisanten Unterschiedlichkeit doch diese Gemeinsamkeit haben, daß ihnen Reden von Satan und dem Reich des Bösen reichlich leicht von den Lippen gehen. Samuel Huntingtons

1 Cf. dazu Jochen Hörisch: Es gibt (k)ein richtiges Leben im falschen. Frankfurt/Main 2003

berühmt-berüchtigte Diagnose vom »*clash of civilisations*« formuliert, wohl aus kluger Rücksicht auf Erfordernisse der *political correctness*, noch zu zurückhaltend. Wer das Buch tatsächlich liest, merkt schnell, worauf seine Gegenwartsdiagnose eigentlich zielt: auf einen *clash of religions and confessions.*

Die Theorie-Entwicklung der letzten Jahrzehnte hatte offensichtlich Schwierigkeiten, mit diesem Phänomen umzugehen.[2] Die Gründe dafür sind, wie sollte es anders sein, vielfältig. Einige aber liegen auf der Hand: Satisfaktionsfähige Theorieköpfe haben (erstens) im 20. Jahrhundert zumindest die Voltaire-, die Lessing- und die Kant-Lektion gelernt, die da lautet: Gott ist offenbar so offenbar nicht – denn sonst könnte es keine Kämpfe um die rechte Offenbarung geben. Und die traditionellen Gottesbeweise, der ontologische voran, sind argumentativ schlechthin unhaltbar. Zweitens haben, wie die Geschichte nun wirklich einmal verbindlich lehrt, religiös hochgereizte Konflikte wie der Dreißigjährige Krieg satanische Dimensionen. Das verwundert nicht. Denn es geht ja in religiös grundierten Konflikten nicht »nur« um vorletzte Dinge wie Macht, Land, Einfluß, ökonomische Stärke und irdische Güter, sondern auch um allerletzte Dinge wie transzendente Werte und ewiges Seelenheil. Und drittens schienen sich die Indizien dafür zu häufen, daß wir spätestens im 20. Jahrhundert in ein postreligiöses und nachmetaphysisches Zeitalter eintreten. Die Diagnosen, die von

2 Eine buchenswerte Ausnahme ist die von Jacob Taubes herausgegebene Trilogie Religionstheorie und Politische Theologie – Bd. 1: Der Fürst dieser Welt – Carl Schmitt und die Folgen, Bd. 2: Gnosis und Politik, Bd. 3: Theokratie. München 1987

Feuerbach, Marx, Nietzsche oder Max Weber diesem Zeitalter gestellt werden, sind unterschiedlich und korrelieren doch in diesem einen Begriff: Wir leben in Neuzeit und Moderne in zunehmend säkularisierten, postmetaphysischen und nachreligiösen Zeiten. Der vierte Grund für die mangelnde Theorie-Sensibilität in politreligiöser Hinsicht ist profan: viele unter denen (nicht alle), die politische Theologie für eine wichtige Disziplin halten, haben sich beschämend diskreditiert.

Das gilt vor allem für den einflußreichsten unter den neueren Polittheologen: Carl Schmitt (1888-1985) hat sich in einer selbst für seine Anhänger unrettbaren Weise den Nazis angedient. *Der Führer schützt das Recht* lautete der aussagekräftige Titel einer Abhandlung, die er 1934 nach der von Hitler befohlenen Ermordung von Röhm und der SA-Führung publizierte. Von Hitler fasziniert war Schmitt 1933 (und darüber hinaus!) nicht zuletzt deshalb, weil er dessen Politik wie einen Beweis für seine 1922 in einer Schrift, die keinen anderen Titel als *Politische Theologie* trug, veröffentlichten Thesen begreifen konnte. »Inzwischen«, so heißt es im Nachwort vom November 1933 zur zweiten Auflage, »haben wir das Politische als das Totale erkannt und wissen infolgedessen auch, daß eine Entscheidung darüber, ob etwas unpolitisch ist, immer eine politische Entscheidung bedeutet, gleichgültig wer sie trifft und mit welchen Beweisgründen sie sich umkleidet.«[3] Schmitts Leitthese zielt in der Tat darauf, das Politische als das Totale zu begreifen (→ Totalitarismustheorie),

3 Carl Schmitt: Politische Theologie – Vier Kapitel zur Lehre von der Souveränität. Berlin 1979 (3. Auflage, zuerst 1922), p. 7

das in engstem Kontakt zum Ganzen steht, dessen sich die Theologie annimmt. »Alle prägnanten Begriffe der modernen Staatslehre sind säkularisierte theologische Begriffe.«[4] Beispiele: Der Ausnahmezustand ist in der Staatsrechtslehre das, was das Wunder in der Theologie ist. Der Souverän ist die weltliche Repräsentanz Gottes. »Souverän ist, wer über den Ausnahmezustand entscheidet.« Der moderne, institutionelle, kalkulierbare Rechtsstaat ist die politische Entsprechung des Deismus, also der Theologie, die davon ausgeht, daß der Schöpfer seine Schöpfung sich selbst überläßt. Das Recht kann sich nicht selbst begründen. Es muß so von einem Souverän gesetzt werden, wie der sprechend schaffende Gott buchstäblich ein Diktator ist.

Die Lektüre von Carl Schmitts Schriften ist, wie u. a. Walter Benjamin erfuhr, der sie in seinem Buch über den *Ursprung des deutschen Trauerspiels* zustimmend zitierte, nicht zuletzt aufgrund ihrer stilistischen Prägnanz außerordentlich anregend. Ihre Attraktivität besteht zudem in der Lust an einer Zuspitzung, über die es heute ein vernichtendes Verdikt gibt: politisch inkorrekt. Politisch inkorrekt, aber analytisch doch diskussionswürdig sind einige weitere Grundannahmen Carl Schmitts. So die, daß die politische Unterscheidung schlechthin die zwischen Freund und Feind ist, daß der klassische gehegte Krieg in der Moderne zugunsten des totalen Krieges und des Partisanenkampfes ein Ende findet, daß Hegemonialmächte darauf aus und darauf angewiesen sind, durch »Land- und Meernahme« für »Großraumordnungen« zu sorgen, daß das ewige Gespräch in einer machtvollen Entscheidung sein Ende

4 Ibid., p. 49

finden muß und/oder daß Thomas Hobbes recht hat, wenn er feststellt, daß nicht die Wahrheit, sondern die Macht (der Souverän) das Recht bestimmt: *»auctoritas, non veritas facit legem.«* Das Hintergrunddesign all dieser Theoreme ist für den konservativen bis ultramontanen Katholiken Carl Schmitt, daß bis zur erneuten Offenbarung Gottes der dezisionsbereite Souverän als Repräsentant Gottes das Sagen haben muß – ein Souverän, der weiß, daß er als »Fürst dieser Welt« nicht den vielen, sondern allein dem Einen Rechenschaft schuldig ist.

Das strukturelle, im engeren Sinne polito(theo)logische Problem der Begründung »richtiger«, substantiell »gerechtfertigter«, gerechter (→ Gerechtigkeitstheorie) Politik läßt sich für polittheologisch geschulte Köpfe leicht angeben: Politik läßt sich sowenig wie das Recht aus sich selbst heraus begründen. Das geben noch aufgeklärte demokratische Verfassungen wie das Grundgesetz der Bundesrepublik Deutschland zu verstehen, wenn sie in der Präambel die »Verantwortung vor Gott und den Menschen« als Basis der Verfassung beschwören. Satzungen beruhen auf Setzungen, Konstitutionen sind konstituiert, also gemacht, nicht aus höheren Ordnungen abgeleitet – sollen aber ihrerseits als höchste Ordnung gelten. Die Menschenrechtsbestimmungen des Grundgesetzes (inclusive des in letzter Zeit so auffallend häufig wieder diskutierten strikten, also einschrankungslosen Folterverbots) rangieren z. B. so hoch, daß selbst eine qualifizierte Zweidrittelmehrheit der Gesetzgebungsorgane sie nicht ändern kann. Die Paradoxien einer letzten Begründung und ultimativen Legitimation politischen Handelns sind offensichtlich. Was macht man etwa, wenn die deutliche Mehrheit eines Landes in einer freien Abstimmung gegen die Demokratie votiert? Eine Frage, die im Hinblick nicht nur auf einige islamische Länder keineswegs sophistisch ist.

Die naheliegende Antwort: nämlich die, eine gottgefällige Politik zu machen, mag in frommen Ohren gut klingen, diskreditiert sich aber alsbald. Denn Gott ist offenbar kein Politiker, der unmittelbare Direktiven, z. B. über angemessene Steuer-, Straf- und Kriegseinsätze, gibt. Noch und gerade Polittheologen müssen Polittheologie mit der Nichtpräsenz Gottes in der Sphäre der Politik begründen. Wer sich als Politiker allzu häufig auf den Willen Gottes beruft, muß mit Dilemmata rechnen: Wenn Allahs Wille geschieht, wie ist es dann zu erklären, daß es in vielen islamischen Ländern den Menschen elend ergeht und Gottes Segen offenbar eher über westlichen Gefilden ruht? Gerade Polittheologen haben, wie Dostojewski in seiner berühmten Geschichte vom Großinquisitor erkannte, der mit seinem Latein und seiner Macht am Ende ist, wenn Christus tatsächlich wiederkehrt, ein dezidiertes Interesse an der Abwesenheit Gottes. Denn nur wenn Gott sich (politisch) nicht (direkt) zu erkennen gibt, muß es einen Fürsten dieser Welt geben. Die naheliegende, spezifisch neuzeitliche und aufgeklärte Alternative ist nicht sonderlich originell, deshalb aber nicht schon falsch. Sie liegt selbstredend darin, Politik und Theologie zu entkoppeln. Um in der Sprache der → Systemtheorie zu reden: Es kommt darauf an, Politik und Theologie als gegeneinander ausdifferenzierte Systeme mit je eigener Problembearbeitungslogik und je eigenem Code zu begreifen und akzeptieren.

Das aufschlußreiche Spiel polittheologischer Analyse aber liegt darin, noch und gerade angesichts solcher Entkoppelungen die Wiederkehr der abgekoppelten Theologie in der Politik zu entdecken: Kommunistische Regime z. B. sind, wie nicht nur Leo Strauss und Eric Voegelin entdeckten, so atheistisch wie liturgieintensiv, erlösungsfixiert, an Lenins Heiligenvita interessiert, auf kultische Verehrung angewiesen und opferlogisch organisiert. Offenbar ist es gar nicht so einfach, die Religion resp. die Theologie loszuwerden. Die Kirche oder aber die Partei hat immer recht. Selbst das Paradox einer Theokratie ohne Gott scheint eine Zeitlang möglich zu sein (→ Totalitarismus-Theorie). Kräftigen religiösen Bodensatz aber findet man nicht nur in totalitären, sondern auch in liberalen Staaten. Schon Alexis de Tocqueville war, als er 1831/32 die jungen USA bereiste, von vielem verblüfft – nicht zuletzt von der intensiven Religiosität dieses doch so spezifisch modernen Staates. Er konstatierte ein Paradox: Politisch einflußreich ist die Religion gerade in dem Maße, in dem Staat und Religion getrennt sind. »Bei uns (in Frankreich, J. H.) sah ich den Geist des Glaubens und den Geist der Freiheit fast immer einander entgegengerichtet. Hier (in den USA) fand ich sie innig miteinander verbunden.«[5] Tocqueville kam deshalb in seinem Buch über *Die Demokratie in Amerika (De la démocratie en Amérique, 1835/40)* zu einer entschiedenen Schlußfolgerung: »Darum muß die Religion, die sich bei den Amerikanern niemals unmittelbar in die Regie-

5 Alexis de Tocqueville: Über die Demokratie in Amerika – Erster Teil. Zürich 1987, p. 445

rung der Gesellschaft einmischt, als die erste ihrer politischen Einrichtungen gelten.«[6]

Selbst ein so nüchterner Analytiker wie Niklas Luhmann hat dargelegt, wie nachhaltig religiöse Basis- bzw. Höhen-Codes die Sphäre des Politischen durchdringen. In einem 1986 erschienenen Aufsatz hat er »Grundwerte als Zivilreligion«[7] moderner, funktional ausdifferenzierter Gesellschaften charakterisiert: Transzendente, also von menschlichen Konstitutionsakten nicht erreichbare Werte bilden den tiefsten bzw. höchsten Grund gerade der Zivilgesellschaften, die auf einer Trennung von Kirche und Staat insistieren. Wie intrikat das Verhältnis von Theologie und Politik (um von der Theorie zu schweigen!) noch in spätaufgeklärten Gesellschaften ist, hat jüngst die seltsam aufgeregte Diskussion um die Thesen des Ägyptologen und Kulturanalytikers Jan Assmann zu Mono- und Polytheismus[8] gezeigt. Bei seiner für viele Kritiker (darunter finden sich neben Theologen auch der *Zeit*-Redakteur Thomas Assheuer oder der Germanist Gerhard Kaiser) offenbar skandalösen Analyse der Kosten des Monotheismus könnte sich Assmann auf keinen Geringeren als Goethe, den Gott des Bildungsbürgertums, berufen, der einen frommen Freund mit folgenden Briefzeilen nachhaltig irritierte: »Ich für mich kann, bei den mannigfaltigen Richtungen meines Wesens, nicht an einer Denkweise genug haben; als Dichter und Künstler bin ich Polytheist, Pantheist hingegen als Naturforscher,

6 Ibid., p. 442

7 Robert N. Bellah prägte 1967 den Begriff »Zivilreligion« (civil religion).

8 Jan Assmann: Die mosaische Unterscheidung oder der Preis des Monotheismus. München 2003

und eins so entschieden als das andre. Bedarf ich eines Gottes für meine Persönlichkeit, als sittlicher Mensch, so ist dafür auch schon gesorgt.«

Der Empfänger dieser Goethe-Zeilen vom 6. Januar 1813 war ein gläubiger, ernster und selbstredend streng monotheistisch gesinnter Christ. Und also war Friedrich Heinrich Jacobi, der Goethe wiederholt die Gretchenfrage gestellt hatte, durch die noch im Hinblick auf letzte Dinge souveränen und enthusiastisch gelassenen Neujahrsgrüße seines »heidnischen« Freundes tief verstimmt. Ähnlich geht es fast zweihundert Jahre später vielen Zeitgenossen Jan Assmanns. Seine durch akribische Forschungen gesättigten Thesen über die mentalen, kulturellen und politischen Effekte des Monotheismus stoßen auf eine auffallend gereizte Abwehr, die ganz offenbar mehr betrifft als ägyptologisch-alttestamentarische Details. Assmanns These ist bei aller materialreich-subtilen Durch- und Ausführung schneidend klar: Der erste von Echnaton im 13. Jahrhundert vor Christus in Ägypten gestartete Versuch, Monotheismus verbindlich zu machen, scheiterte auf geradezu traumatische Weise, wirkte aber, analog zu persönlichen Trauma-Erfahrungen, kollektiv gedächtnishistorisch fort. Dem zweiten Versuch einer revolutionären Durchsetzung des Monotheismus war hingegen ein durchschlagender Erfolg beschieden. »Moses« trifft eine weitreichende Unterscheidung, die das Grunddesign der jüdischen, christlichen und islamischen Religion entwirft: die zwischen dem einen wahren Gott und den vielen falschen Götzen, die zwischen dem erhabenen, nicht darstellbaren Einen und den irreführenden Bildern, die zwischen den weltlichen Statuen und der transzendenten Schrift, die zwischen Welt-Immanenz und Transzendenz, die zwischen Herrschaft und Heil. Mit der »mosaischen Unterscheidung« werden »polytheistische Religionen der Weltbeheimatung« in vielen Weltecken abgelöst durch eine »patriarchalische, monotheistische Religion der Welterlösung«. Und diese sind »von Haus aus ›intolerant‹«. Lautet doch ihr erstes und oberstes Gebot: Du sollst keine anderen Götter haben neben mir.

Die jüdische Religion, die kein Missionsgebot kennt, war eine der Selbstausgrenzung; Christentum und Islam setzen hingegen auf Fremdausgrenzung und systematische Missionierung: Man läuft eben, wenn es um letzte Wahrheit geht, Gefahr, dran glauben zu müssen, wenn man nicht dran glaubt. Natürlich gibt es Haß und Krieg auch in polytheistischen Kontexten. Und natürlich kann man einen allzu harten Monotheismus z. B. dadurch abfedern, daß man auch die Muttergottes, die Trinität oder ein paar hundert Heilige anbetet bzw. um Fürbitte bittet. Dennoch bleibt die weitreichende Einsicht, daß erst ein monotheistischer Offenbarungsglaube für ultimative Eskalationen in Konfliktlogiken sorgt: Was macht man mit denen, die nicht ans Offenbare glauben, die wie die Spinozisten Lessing und Goethe gar darauf hinweisen, daß das Offenbare ganz offenbar so offenbar nicht ist, weil es sonst nicht so viele konfligierende Offenbarungen gäbe? Was macht man mit denen, die verstockt das Heilsversprechen des einzigen, wahren Gottes ausschlagen? Was macht man mit denen, die solche monotheistischen Lehren nicht erfreuen und es deshalb nicht verdienen, ein Mensch zu sein? Was macht man mit denen, die wie Goethe das Leben auf dieser Erde gar nicht so schlecht finden und die Vermutung äußern, daß erst das Erlösungsbedürfnis die Zustände herbeiführt, von denen man gerne erlöst wäre?

Der heiße Kern von Assmanns These: daß Monotheismus Weltfremdheit, ja »Verteufelung der Weltbeheimatung« mit sich bringt, wird von seinen Kritikern nicht oder allenfalls genervt abwehrend aufgegriffen. Wer die Wahrheit beim transzendenten Gott beglaubigt, muß sich in dieser Welt als Fremdling fühlen. Die eigentliche Wahrheit ist die der ganz anderen Sphäre. Exitus ist Exodus, ist Eingang in die erlöste Wahrheit. Die gerade in der Christologie angelegte Möglichkeit, die Menschwerdung Gottes chiastisch als den Tod Gottes zu denken und zu erfahren, ist theologisch stets erneut tabuisiert worden. Zur grotesken Kenntlichkeit entstellt wird die radikalmonotheistisch-transzendenzfixierte Einstellung bei fundamentalistischen »Märtyrern«. Sie haben offenbar das größte Interesse daran, das Leben hienieden zur Hölle zu erklären und zu machen. Gegen diese massive Abwertung des Innerweltlichen und ihre desaströsen Folgen für ein gutes Leben haben kluge Köpfe wie Spinoza, Goethe und Nietzsche Einspruch eingelegt. Assmann sympathisiert offenbar mit spinozistisch-kosmotheistisch-hedonistischen Denk- und Lebensformen und ist doch zu dezent und zu klug, um seine gedächtnishistorische Studie seinerseits mit Konfessionen zu belasten.

Die ausschlaggebenden Theoretiker der späten Moderne sind nicht umsonst Polytheisten – und zwar Polytheisten, die nie und nimmer bestreiten würden, daß der Monotheismus den Abstraktionsschub, in Freuds

Worten: den »Fortschritt in der Geistigkeit«, mit sich gebracht hat, ohne den es die Neuzeit nicht gäbe, so wie es die komplexe Spätmoderne ohne »Polytheismus« nicht gäbe. Max Weber spricht ausdrücklich vom »Polytheismus der Wertreihen«, Niklas Luhmann von ausdifferenzierten autopoietisch prozedierenden sozialen Subsystemen mit je eigenem Code (→ Systemtheorie), Jean-François Lyotard vom »Ende der großen Erzählungen« (→ Postmoderne). Was nichts anderes heißt als dies: Für eine komplexe Moderne wäre es verheerend, wenn sie im Namen polittheologischer Programmatiken Einzelsystemen ihre Autopoiesis verweigern würde, wenn sie sich auf einen monotheistischen Code einschwören ließe, wenn also alle Einzelsysteme wie Ökonomie, Jurisprudenz, Wissenschaft, Erziehung etc. einem und nur einem Gott, Wertesystem, Gesetz und Code verpflichtet wären.

Dieser Gedanke ist für viele Köpfe offenbar allzu zumutungsreich. Daher die nicht endende Debatte um Relativismus und Universalismus, daher die unablässige Suche nach monotheistischen Superformeln wie »Weltethik«, »kontrafaktisch antizipierte herrschaftsfreie Kommunikation« (→ Kritische Theorie), »Konsens« oder »Letztbegründung«. Noch die gegenwärtige neumodisch scheinende Diskussion um alternative, nämlich differenzbetonte, multikulturelle, polytheistische Theoriedesigns (etwa der Systemtheorie, der Dekonstruktion oder des Neoskeptizismus von Odo Marquard) hat eine direkte theologische Vorgeschichte. Das Projekt der Moderne hat, wenn es gelingen will, nur eine Option offen: polytheistisch auf Weltbeheimatung zu setzen. Keiner unter denen, die da meinen, dieses Leben hier sei so schlecht nun auch wiederum nicht, wie Erlösungsfanatiker es machen, wird größere Einwände dagegen haben, wenn es post mortem noch schöner weitergeht. Polytheisten haben kaum Schwierigkeiten, Monotheismen anzuerkennen – als eine unter vielen Optionen. Monotheismen sind in genau dem Maße weniger souverän, in dem sie nur einen Souverän beglaubigen.

Wirkungen, Risiken und Nebenwirkungen

Polittheologische Diskussionen sind zumeist von zumindest latenter Peinlichkeit. Kein Wunder, um nur fünf von vielen Gründen zu nennen: Solche Diskussionen sind erstens ohne Konfessionen nicht zu haben. Noch die Konfession, keinen Glauben zu haben, ist ein Bekenntnis, das als solches heute vielen schwerer fällt, als z. B. die sexuelle Orientierung zu outen. Zweitens steht die Gretchenfrage in Theoriekontexten nicht hoch im Kurs. Glaubensbekenntnisse sind eben keine Argumente. Drittens ist es aufgeklärten Geistern (z. B. Universalisten) nicht genehm, wenn man noch ihren Positionen theologischen (z. B. militant monotheistischen) Ideen-Bodensatz zurechnet. Viertens gelangt man schnell in paradoxes bis vermintes Gelände, wie z. B. der Kopftuchstreit in Frankreich und Deutschland zeigt: Soll man im Namen der Toleranz und der Liberalität persönliche Manifestationen verbieten, die einige als Manifestationen der Intoleranz und der Illiberalität verstehen? Fünftens kann man, wenn man religionskritisch redet, schnell tiefe Gefühle verletzen – z. B. mit dem sachlich vielleicht nicht unangemessenen Hinweis, daß Berufungen auf Gott häufig satanische Effekte freisetzen und daß allzu forsche Glaubensbekenntnisse einen gewissen neuzeitlichen Diskussionsstand schlicht unterbieten. Gute Gründe motivieren die Frage, ob es sich segensreich ausgewirkt hat, wenn polittheologisch versierte Köpfe wie Carl Schmitt oder amerikanische Strauss-Schüler Zugang zur Macht und sehr konkret zu Machthabern gewonnen haben.

Die Rückkehr der politischen Theologie auf die Theoriebühne ist dennoch leicht zu erklären: Es gibt eben in den letzten Jahren und Jahrzehnten ein atemberaubendes Comeback religiös und konfessionell konturierter, gestimmter, (mit)motivierter Konflikte. Wer nicht mehr weiß, was der Unterschied zwischen West- und Ostkirche war, wird Schwierigkeiten haben, den jugoslawischen Bürgerkrieg zu verstehen. Analoges gilt selbstredend für die Analyse der vielen großen mentalpolitischen Konfliktlinien weltweit. Deutlich dürfte sein, daß das alte soziologistische Erklärungsschema, religiöse Trennungslinien seien »eigentlich« Trennungslinien zwischen Arm und Reich, rettungslos unterkomplex ist. Bin Laden ist Multimillionär. Die Terroristen von 9/11 waren samt und sonders privilegierte Auslandsstudenten mit gutdotierten Stipendien, genug Geld für Flugunterricht und wenig Respekt vor den altehrwürdigen und gerade auch dem Islam vertrauten Gesetzen der Gastfreundschaft. Es geht zunehmend mehr satanisch-frommen Köpfen tatsächlich um den rechten Glauben. Politische Theologie bringt den großen Gewinn, sich illusionsfrei über die immense Prägekraft von Religionen und Konfessionen verständigen zu können. Als Theorieform ist sie jedoch genau in dem Maße heikel, in dem es ihr ernsthaft um letzte oder doch zumindest um vorletzte Dinge geht. Für Köpfe, die das Projekt der Aufklärung, inclusive der Analyse der Dialektik von Aufklärung, nicht als gescheitert ansehen, gibt es eine so einfache wie komplexe Alternativoption, für die paradigmatisch Jan Assmanns Abhandlung oder auch die Arbeiten des Religionsphilosophen Klaus Heinrich einstehen: vergleichende Religionswissenschaft statt Politische Theologie. Ob jemand Polittheologe oder Religionswissenschaftler ist, kann man schnell daran testen, ob er folgenden Witz goutiert: Da sitzen, ein paar Jahre muß das nun schon her sein, mehrere Intellektuelle nach dem Genuß von mehreren Gläsern Wein beisammen. Einer fragt halbnüchtern, welche Konfession sein Nebenmann eigentlich habe. Er sei Intellektueller und deshalb natürlich Atheist, kam postwendend die Antwort. Das sind wir doch alle, sagt der erste. Aber bist du ein katholischer, protestantischer oder jüdischer Atheist?

Postmoderne/Posthistoire

Im Epochenjahr 1968, als Studenten nicht nur in Paris, Berlin, Berkeley und Tokio neue Öffentlichkeits- und Lebensformen ausprobierten, die Sowjetarmee in Prag einmarschierte und die erste Landung von Menschen auf dem Mond vorbereitet wurde, erschien ein Essay des amerikanischen Literatur- und Kulturwissenschaftlers Leslie A.Fiedler mit dem Titel *The Case for Post-Modernism (Plädoyer für eine Postmoderne)*. Er machte nicht nur dieses Wort »Postmoderne«, sondern auch sein Kompositionsprinzip populär. In den drei letzten Jahrzehnten des 20. Jahrhunderts hatten Begriffsbildungen mit dem Präfix »Post-« Hochkonjunktur: Poststrukturalismus, Posthistoire, postmetaphysisches Zeitalter, postanalytische Philosophie, Postfeminismus, *postcolonial studies* und andere Post-Begriffe mehr wurden zu gängigen Münzen in Theorie- und Feuilleton-Gefilden. Die gemeinsame Intuition, die hinter diesen hochgradig unterschiedlichen Begriffskonstellationen steht, läßt sich schnell benennen: Wir leben in einer Zeit »danach« – nach dem Strukturalismus, Feminismus, Kolonialismus, wir leben in einer Epoche, die die Metaphysik ebenso wie die Geschichte oder den Kolonialismus hinter sich, überwunden, »verwunden« (Heidegger) hat. All diese Größen aber haben wir nicht nur hinter uns gebracht, wir werden sie zugleich in eben dem Maße nicht recht los, in dem wir ihnen durch das Präfix »Post-« Reverenz erweisen.

Älter und erprobter als der Begriff »Postmoderne« ist der Begriff »Posthistoire«. Er wurde von so unterschiedlichen Köpfen wie Alexandre Kojève (1902-1968) und Arnold Gehlen (→ Anthropologie) 1962 unter Rückgriff auf Überlegungen und Wortprägungen des französischen Volkswirtes und Philosophen Antoine Augustin Cournot (1801-1877) in die Debatte um eine angemessene Gegenwartsdiagnose gebracht. Kojève und Gehlen knüpfen, wenn auch in unterschiedlichen Graden an Explizitheit, an Überlegungen Hegels und Nietzsches an. Geradezu notorisch war und ist Hegels Satz vom »Ende der Kunst«. Er war, als der deutsche Starphilosoph der Goethezeit ihn in seinen *Vorlesungen zur Ästhetik* äußerte, selbstredend nicht so gemeint, wie dumme Gegner ihn gerne mißverstehen: daß alsbald keine Kunstwerke mehr produziert würden. Hegels Diagnose vom Ende der Kunst zielt vielmehr auf das Ende einer kognitiv, mental, reflexiv und innovativ relevanten Dimension von Kunst: Kunst wird in dem Maße beliebig und irrelevant, in dem sie sich vollendet hat.

In Hegels so klassischen wie schönen Worten: »Die eigentümliche Art der Kunstproduktion und ihrer Werke füllt unser höchstes Bedürfnis nicht mehr aus; wir sind darüber hinaus, Werke der Kunst göttlich verehren und sie anbeten zu können; der Eindruck, den sie machen, ist besonnenerer Art, und was durch sie in uns erregt wird, bedarf noch eines höheren Prüfsteins und anderweitiger Bewährung. Der Gedanke und die Reflexion hat die schöne Kunst überflügelt. Wenn man es liebt, sich in Klagen und Tadel zu gefallen, so kann man diese Erscheinung für ein Verderbnis halten und sie dem Übergewicht von Leidenschaften und eigennützigen Interessen zuschreiben, welche den Ernst der

Kunst wie ihre Heiterkeit verscheuchen; oder man kann die Not der Gegenwart, den verwickelten Zustand des bürgerlichen und politischen Lebens anklagen, welche dem in kleinen Interessen befangenen Gemüt sich zu den höheren Zwecken der Kunst nicht zu befreien vergönne, indem die Intelligenz selbst dieser Not und deren Interessen in Wissenschaften dienstbar sei, welche nur für solche Zwecke Nützlichkeit haben, und sich verführen lasse, sich in diese Trockenheit festzubannen.«[1]

Um es im weniger schönen Theoriedeutsch der Jetztzeit zu paraphrasieren: Kunst hat in der Moderne einen anderen Systemplatz als zuvor. Sie hat keine quasireligiöse Autorität mehr, sie hat nicht länger einen Anspruch auf auratische Anerkennung, und sie muß all die Absonderlichkeiten, die sie artikuliert, zur sachlichen Diskussion stellen. Die Wissenschaft hat die schöne Kunst im Hinblick auf argumentative und funktionale Belastbarkeit überflügelt; Newton hat, nicht nur wenn es um Farbtheorie geht, gegen Goethe recht. Hegels Diagnose vom Ende der Kunst hat aber noch eine weiterreichende Dimension. Das, was sich ästhetisch einigermaßen sinnvoll machen läßt, hat sich, um abkürzend und paradigmatisch zu sprechen, mit Goethe, Beethoven und Caspar David Friedrich vollendet. Man kann selbstredend weiterhin Lyrik schreiben, Tonsequenzen komponieren und Leinwände bemalen. Man wird aber Schwierigkeiten bekommen, wenn man damit den Anspruch erhebt, all dies »besser« zu machen als die Genannten. Die Kunstgeschichte ist anders als etwa die Geschichte der Natur- und Technikwissen-

1 Hegel: Vorlesungen, p. 24

schaften nicht sinnvoll als Fortschrittsgeschichte zu schreiben; Sätze wie »Shakespeare hat in seinen Werken Aischylos, und Brecht Shakespeare getoppt, überwunden, widerlegt« würden wir, anders als Sätze wie »Bacons Theorie hat Aristoteles, und Einstein hat Newton überwunden«, zu Recht belächeln. Es ist nicht sonderlich sinnvoll, im Hinblick auf Kunstwerke mit einem fortschrittslogischen Begriff des »besseren« oder »komplexeren« Werkes zu operieren. Besser (im Sinne von genauer) als ein noch so virtuoser realistischer Maler kann allerdings neue Medientechnik wie die Photographie z. B. ein Bauwerk oder menschliche Gesichtszüge speichern. Kurzum: Kunst steht in der Moderne im Zeichen der Verdächtigung, sie habe sich und ihre Möglichkeiten vollendet bzw. erschöpft – mit ihr sei es in diesem Sinne zu Ende.

Nach Hegels Tod (1831) gab es nun aber zweifellos ästhetische Innovationen (u. a. den Symbolismus, Wagners Kompositionen, den Impressionismus, den Dadaismus, die Zwölftonmusik, die abstrakte Malerei), die selbst militant kulturkonservative Köpfe zögern lassen würden, das »Ende der Kunst« auf das Ende der Goethezeit zu datieren. Hegels Frage, ob sich die Kunst erschöpft habe, hat gerade deshalb in der späten Moderne bzw. in der Postmoderne nichts von ihrer Brisanz verloren. Umgekehrt: Sie ließ sich analog so überzeugend in andere Sphären übersetzen, daß sich eine Debatte um die Angemessenheit des Begriffs und der Gegenwartsdiagnose »Posthistoire« ergeben konnte. Auch hier gilt es, allzu plumpe Mißverständnisse gleich anfangs zu vermeiden. Wer nach dem Kollaps des sowjetischen Großreiches 1989 oder nach dem 11. September 2001 ernsthaft behauptete, es gäbe keine historischen Großereignisse mehr, würde sich ja auch ersichtlich selbst disqualifizieren. Zur Diskussion steht etwas anderes: ob es tatsächlich noch Neues unter der Sonne gibt, die auf politische, soziale, mentale und religiöse Strukturen scheint. Posthistorisch geschulte Köpfe haben keine Schwierigkeiten, all das, was heute an historischen Großereignissen geschieht, zugleich interessiert und bei allem moralischen Entsetzen mit einem gewissen analytischen Gähnen zu quittieren. Denn all das hatten wir doch schon: den Zerfall von Großreichen (s. u. a. Römisches Reich), konfessionelle Bürgerkriege wie in Nordirland (s. den Dreißigjährigen Krieg), den Zusammenstoß der Kulturen (s. die Kreuzzüge), den postsowjetischen Räuberkapitalismus, Theokratien, Assassinen, Terroristen, Warlords oder den Wiederaufbau zerstörter Länder.

Posthistoire hieße dann: die Weltgeschichte ist in das Zeichen struktureller Wiederholungen eingetreten. Mit dieser aufschlußreichen These aber kokettieren die frühen Theoretiker der Posthistorie allenfalls. Gemeinsam ist ihnen nämlich, daß sie nicht so sehr (wie etwa Ernst Bloch es bereits 1935 in seiner Essaysammlung *Erbschaft dieser Zeit* tat) auf die gleichzeitige Präsenz ungleichzeitiger Epochen-, Handlungs- und Lebensstile abheben, sondern vielmehr eine sich weltweit durchsetzende Grundtendenz wahrnehmen zu können glauben. Alles läuft, so Gehlen, Kojève und auch noch Fukuyama (*The End of History*, dt. *Das Ende der Geschichte*, München 1992), auf eine posthistorische »kulturelle Kristallisation« (Gehlen) hinaus: Die Welt und die Lebenswelt zumal wird einheitlicher. Nietzsches letzter Mensch setzt sich als ein universaler Typus durch. Er ist rundum versichert, sozialdemokratisch abgefedert, pazifistisch, konsumistisch, hedonistisch, unheroisch, postmetaphysisch und nicht bereit, für große Ideen zu sterben. Stalinismus und US-Kapitalismus, so Kojève in den fünfziger Jahren, konvergieren insofern auf einer tiefenstrukturalen Ebene, als sie beide an einer kollektiv-konsumistischen Stillstellung großer Revolutionsdynamiken arbeiten. Fukuyama hat nach 1989 noch einmal eine solche End-Diagnose gestellt: Der liberale, demokratische, marktwirtschaftliche Staat setzt sich nach dem bemerkenswert undramatischen, dafür aber für seine Fans hochpeinlichen Zusammenbruch sozialistischer Alternativen weltweit durch. Er wird selbst alternativelos.

Das Theorie-Schlagwort »Postmoderne« meint nun, jedenfalls bei einem seiner klügsten Vertreter, genau das Gegenteil einer so finalistisch verstandenen Posthistoire. Jean-François Lyotard definierte in seinem Essay *La condition postmoderne* (Paris 1979, dt. *Das postmoderne Wissen*) die Postmoderne bündig als das Zeitalter, in dem alle »großen Erzählungen« *(grands récits)* an Plausibilität und Suggestivität verloren haben. Die Erzählung von einer posthistorischen Epoche, in deren Zeichen bald weltweit alle Kulturen, Gesellschaften und Lebensformen stehen werden, ist selbst geradezu der Prototyp einer solchen großen Erzählung. Große Erzählungen sind auf einen (finalen oder überzeitlichen) Sinn fokussiert, der alle historischen Einzeldaten mit Bedeutung speist. Die große Erzählung monotheistischer Offenbarungsreligionen berichtet und verheißt von Gottes froher Botschaft, ihren irdischen

Durchsetzungsschwierigkeiten und der ausstehenden Erlösung; die große Erzählung der Aufklärung (re)konstruiert alle Geschichte als Geschichte der Emanzipation von selbstverschuldeter Unmündigkeit; die große Erzählung des Marxismus versteht die Gesamtgeschichte als Geschichte von Klassenkämpfen, an deren Ende die klassenlose Gesellschaft steht, in der Menschen ihre Geschichte mit Willen und Bewußtsein gestalten; und die große Erzählung der Psychoanalyse begreift Geschichte als Geschichte vom Vatermord der Bruderhorde, von der totemistischen Verdrängung dieser Urszene und von der steten Wiederkehr ödipaler Konflikte.

Diese und viele andere, etwa feministische, postkolonialistische, anthroposophische, weltalterliche oder rassistische große Erzählungen stehen ersichtlich in Konkurrenz zueinander. Sie erheben Allgemeingültigkeits- und Letztbegründungsansprüche und müssen doch mit der Kränkung leben, daß es sie ein für allemal im Plural gibt. Postmodern soll nun das Zeitalter heißen, in dem immer mehr ehemals von großen Erzählungen berauschte Köpfe ausgenüchtert zu akzeptieren lernen, daß man all diese Geschichten erzählen, relativieren, zitieren, vergessen und verlachen kann. Es gab sie, es gibt sie, es gibt ihre Konkurrenten, und es gibt die mögliche Einsicht, daß es letzte souveräne Beobachtungspunkte und Machtzentren, an denen die großen Erzählungen ihren privilegierten Ort hätten, sowenig gibt (vgl. → Systemtheorie) wie transzendentale Signifikate (vgl. → Dekonstruktion). Als postmodern kann dann die Epoche gelten, der alle Hierarchisierungs- und Zielgewißheiten abhanden gekommen sind und in der Design- vor letzten Seins-Fragen rangieren. Der Postmoderne ist »alles« zitierbar, damit aber keineswegs schon gleichgültig geworden: man kann heute abstrakt und figural malen, dadaistisch und sozialistisch-realistisch dichten, Heavy Metal und neowagnerianische Kompositionen goutieren, Coca-Cola und Bordeaux-Weine trinken, italienische Designer- oder recycelte Empire-Möbel vorziehen, ein T-Shirt mit Che-Guevara-Portrait oder einen Boss-Anzug tragen; und man kann all diese Vielfalt auch politisch weltanschaulich konstatieren bzw. praktizieren: z. B. neozynisch oder wieder katholisch werden.

Es ist kein Zufall, daß sich in der Architektur die regulative Idee der Postmoderne zügig durchgesetzt hat: zum Epochenstil wird, keinen Epochenstil zu haben, sondern Epochenstile zu evozieren. Das Stuttgarter Staatstheater oder das Pariser Centre Pompidou weisen romanische, gotische, barocke und moderne Bauhaus-Stil-Elemente zugleich auf. Lästerlich bzw. diagnostisch begabte Zungen können dann ergänzen: Es ist auch kein Zufall, daß diese Bauwerke anders als etwa Kathedralen nicht für die Ewigkeit bestimmt sind; schon wenige Jahre nach ihrer Einweihung bedürfen sie der Restaurierung. *Why not*, könnte eine coole postmoderne Gegenfrage lauten. Die Moderne setzte sich selbst noch als Norm. Sie war bis in den ästhetischen Bereich hinein, der doch notorisch verdächtig ist, dem Libertären zu frönen, einem Imperativ unterstellt, den Rimbaud 1873 in seinem Gattungsgrenzen überschreitenden Prosa-Poem *Une saison en enfer* bündig formulierte: *»il faut être absolument moderne!«* Ein deutscher Poet hat es 1886 biederer, aber nicht weniger imperativisch ausgedrückt. Arno Holz dichtete tatsächlich: »modern sei der Poet, / modern vom Scheitel bis zur Sohle!«[2] Postmodern kann das Zeitalter genannt werden, in dem immer mehr Köpfe auf Imperative und normative Verlaufsprognosen mit einem Lächeln reagieren – selbst und gerade auf die der Moderne.

Wirkungen, Risiken und Nebenwirkungen

Cross the border, close the gap – so war ein weiterer Essay des amerikanischen Literaturkritikers Leslie A. Fiedler betitelt, 1969 in einer Zeitschrift erschienen, die ansonsten anderen Lüsten als denen an der Theoriebildung verschrieben ist: im *Playboy*. Fiedlers Essay hatte ersichtlich eine Lust daran, schon durch die Wahl seines Erscheinungsortes zu praktizieren, wovon er handelte: von Grenzüberschreitungen. Sonderlich originell ist der geradezu inflationär verbreitete Grundeinwand gegen die abgründigen Diagnosen postmoderner Theoretiker der Postmoderne nicht: Wer derart Grenzen überschreite, dem werde alles beliebig. Verwerflich postmodern denke, schreibe und handle, wer etwa die Grenzen zwischen Primär- und Sekundärliteratur, zwischen seriösen und unseriösen Publikationsorganen, zwischen Epochenstilen, zwischen Lebensformen oder zwischen normativen und deskriptiven Sätzen ignoriere. Gerade bei Kritikern der Postmoderne, die sich gerne auf analytische Klarheit berufen, liegt hier ein eigentümlich schlichter Kategorienfehler vor. Die Theoretiker der Postmoderne diagnostizieren Beliebig-

2 Vgl. Helmuth Kiesel: Geschichte der literarischen Moderne. München 2004

keit, sie müssen sie deshalb nicht auch propagieren. Wer analytisch feststellt, daß es heute viele unterschiedliche Bau-, Wohn- und Lebensstile gibt, ist deshalb nicht verpflichtet, alle gleich gut zu finden. Er kann sich, auch wenn er sein Geld als Architekt von Bauhaus-Häusern verdient, für eine Berliner Altbauwohnung, eine konservative Partei, die Lebens- und Liebesform einer *ménage à trois* und zugleich für Partyreden gegen postmoderne Beliebigkeit entscheiden.

Wer gegen »postmoderne Beliebigkeit« polemisiert, kann sich eines breiten Beifalls sicher sein. Er verspielt dann aber Möglichkeiten einer angemessenen Diskussion der spezifisch postmodernen Diagnose: daß wir, ob es uns gefällt oder nicht, ob es uns langsam unheimlich wird oder wir uns gerade in solchen Kontexten heimisch fühlen, in postnormativen Zeiten und im Diesseits großer verbindlicher Erzählungen leben. Die Diagnose, erstaunlich vieles sei heute in westlichen Gefilden beliebig geworden, ist selbst keine beliebige und schon gar keine allgemein beliebte Diagnose. Die eine normative Richtschnur gibt es nicht (mehr): weder im Hinblick auf Fragen der Lebensführung, des Liebeslebens, des Benehmens, der Kleidung, der Freizeitgestaltung, des Bildungs-Kanons – im Hinblick eben auf »alles«. Man kann das unterschiedlich bewerten, z. B. kulturkritisch bedauern oder emphatisch begrüßen. Die Diagnose ist aber einigermaßen unabhängig von der Bewertung. Die Gereiztheit der Diskussion um die »Postmoderne« dürfte auch Stellvertreterqualitäten haben. Sie reagiert auf die atemberaubende Geschwindigkeit, mit der sich postmoderne Befreiungen von alten Grenzziehungen eingestellt haben. Man muß sich immer wieder klarmachen, welch jungen Datums elementare Revolutionen des Alltagslebens in westlichen Breiten sind: die sexuelle Revolution, die Popmusik, der Feminismus, die Computertechnologie, die Entwicklung zur Massenuniversität, die Multimediengesellschaft, der halbwegs gelebte Multikulturalismus, die Political-Correctness-Bewegung oder die Emanzipation von Minoritäten aller Art. Das zwölf Jahre zu lang währende Tausendjährige Reich ist gerade mal vor sechzig Jahren untergegangen.

Postmoderne Theorien bzw. Theorien der Postmoderne wären in Zeiten, in denen diese ungeheuren Revolutionen von innen und außen fundamentalistisch herausgefordert werden, noch größerer Aufmerksamkeit wert, wenn sie die Gretchenfrage denn ausdrücklich stellen würden: Wie halten wir es mit der Moderne? Spezifischer: Sind die evidenten Pathologien der Moderne Argumente gegen die Moderne oder – gegen ihre Kritiker? Ist die Moderne nicht genau in dem Maße pathologieanfällig geworden, in dem sie sich so normativ setzen wollte wie die voraufklärerischen Formationen, die sie überwinden wollte? Sind die Pathologien der Moderne nicht vor allem von den militanten Gegnern der Moderne zu verantworten – prototypisch gesprochen: von den Fundamentalisten (wie z. B. den Nazis), die im Namen des Prämodernen (von Blut und Boden, Rasse, Herkommen, religiöser Offenbarung) universal mobil gemacht und z. B. modernste Vernichtungstechnik massenmörderisch eingesetzt haben – um die Welt und Deutschland voran von der Moderne zu befreien? In der Postmoderne findet die Moderne zu sich selbst. Und sie entdeckt dabei, bestürzt oder amüsiert, schockiert oder befreit, daß sie ein substantielles Selbst nicht hat. Die Frage, ob dies ein Fluch oder eine Befreiung ist, läßt sich theoretisch verbindlich nicht beantworten – wohl aber postmodern exponieren und thematisieren.

Psychoanalyse (Alfred Lorenzer, Jacques Lacan, Gilles Deleuze, Félix Guattari)

Im Jahre 1956 jährte sich zum hundertsten Mal der Geburtstag von Sigmund Freud (1856-1939). Das Frankfurter Institut für Sozialforschung (→ Kritische Theorie) richtete aus diesem Anlaß einen großen Kongreß und eine Gedenkveranstaltung aus. An ihr nahmen auch der Bundespräsident Theodor Heuss und der hessische Ministerpräsident Zinn teil. Die seit ihren Anfängen um 1900 in Deutschland akademisch und klinisch (nicht aber unter Künstlern und Schriftstellern!) verfemte Psychoanalyse erfuhr eine Würdigung und Anerkennung, die zuvor schier undenkbar gewesen wäre. Zwanzig Jahre später ist die Psychoanalyse so sehr zu einer Modetheorie avanciert, daß sich der kluge Spaßmacher Robert Gernhardt nicht mehr zu scheuen braucht, sich über sie lustig zu machen. »Zu Sigmund Freud«, so heißt es in einem Text aus dem Jahr 1977, »kam einst ein Mann, der ihm einen seltsamen Traum erzählte. Sein Es habe – im Traum – Triebansprüche geäußert, das Über-Ich habe sie zu unterdrücken versucht, das Ich habe sie daraufhin sublimiert. / ›Haben Sie das wirklich geträumt?‹ fragte Freud. ›Ja‹, entgegnete der Mann. / Freud überlegte einen Moment und sagte: ›Die Erklärung des Traums ist einfach. Ihr Es wird von einem Über-Ich unterdrückt und äußert Triebansprüche, die vom Ich …‹ ›Das ist aber keine Erklärung, das ist mein Traum‹, unterbrach ihn der Mann. / ›Wenn Sie nicht wollen, daß ich Ihnen Ihre Träume erkläre, brauchen Sie es nur zu sagen‹, antwortete Freud schroff und entließ den Mann, den von Stund an ein schrecklicher Minderwertigkeitskomplex befiel.«

Robert Gernhardts Skizze ist so gemein wie erhellend. Stellt sie die Psychoanalyse doch als latent tautologisch dar. Auch wenn der seltsam träumende Mann noch zu Freud höchstselbst geht und die Sottise also aus der heroischen Frühzeit der Psychoanalyse datiert, zielt sie doch offensichtlich auf eine Theorieformation, die sich zu Tode gesiegt hat. Man träumt bereits auf dem Niveau der Freudschen Theorie, die die schlafenden Massen ergriffen hat. Nicht therapierbar ist der Mann, weil er allzu aufgeklärt träumt. Psychoanalytisch gesprochen: Die Differenz zwischen Primär- und Sekundärprozeß ist bei diesem hyperintellektuellen Träumer hinfällig geworden. Mit welchem Grad an Theorie-Bewußtheit auch immer polemisiert Gernhardts Text gegen ein Psychoanalyse-Verständnis, das sich in den sechziger und siebziger Jahren im Umkreis von Alexander und Margarete Mitscherlich, Jürgen Habermas und Alfred Lorenzer entwickelt hatte. Es knüpft an Freuds berühmtes Diktum an: »Wo Es war, soll Ich werden«. Die in diesem Umkreis erfolgende rationalistische Lesart dieses Satzes liegt auf der Hand und theoriegeschichtlich auf der Linie der amerikanischen Ich-Psychologie. Danach sind Fortschritte der Vernunft, der Ichstärke, der Rationalität, der zwischenmenschlichen Verständigung und der Kraftentfaltung besserer Argumente durch die Triebnatur und das Unbewußte des Menschen bedroht. Also kommt es darauf an, das Es dadurch zu domestizieren, daß es dem Ich und Über-Ich zugänglich und formbar wird. Die »emanzipatorische« Neuakzentuierung der späteren Frankfurter Psychoanalyse-Aneignung um Alfred Lorenzer und Jürgen Habermas liegt darin, das Über-Ich und seine Genese aus dem Geist zweifelhafter Autoritäten kritisch zu hinterfragen. Das Über-Ich soll nicht länger als Inbegriff unbefragter Sitten und Gebräuche Triebansprüche zensieren, sondern als Ort konsensueller oder doch zumindest konsensfähiger Rationalität gelten.

Alfred Lorenzer (1922-2002) hat in einem 1970 erschienenen und damals vielrezipierten Werk mit dem Titel *Sprachzerstörung und Rekonstruktion* »Vorarbeiten zu einer Metatheorie der Psychoanalyse« (so der Untertitel) vorgelegt. Diese Vorarbeiten wollen Grundeinsichten der Psychoanalyse mit Überlegungen der → **Hermeneutik** und der Wittgensteinschen Sprachspieltheorie in Verbindung bringen. Lorenzers Ansatz lautet: Die Psychoanalyse ist nach Freuds eigenen Worten eine *»talking cure«*. Der Psychoanalytiker verschreibt keine Rezepte und greift nicht zu Instrumenten, mit denen er den Patienten resp. den Analysanden somatisch zu nahe rückt. Alles, was er tut, ist: zuhören, reden und mimisch-gestisch reagieren. Und eben dies tut auch der Analysand. Beide »interagieren« demnach – aber so, daß der Psychoanalytiker kommunikative Defekte des Analysanden feststellt, der sich und seine Zwänge, Triebregungen, Amnesien, Verdrängungen, Phobien, Neurosen etc. nicht angemessen verstehen und verbalisieren kann. Zu psychoanalysieren ist der Analysand, weil er einer »Sprachzerstörung« unterliegt, die in der Interaktion mit dem Psychoanalytiker »rekonstruiert« und dann rückgängig gemacht werden soll: Wo Es war, soll Ich werden, wo »klischeebestimmtes«, zwanghaftes Verhalten herrscht, soll der Psychoanalytiker durch »szenisches Verstehen« die kommunikative Kompetenz des Analysanden wiederherstellen. »Die Merkmale dieses klischeebestimmten Verhaltens sind, um sie summarisch in Stichworten aufzuzählen: fehlende Erkennbarkeit – Determiniertheit – unverzögerte Entladung – Irreversibilität – Unabhängigkeit und Tendenz zum Einschleifen – Umweltverhaftung, das heißt Verhaftung an eine ›Szene‹ und ›szenische Reproduktion‹, das heißt Wiederholungszwang – entwicklungsgeschichtliche Verankerung. Alle diese Merkmale teilt das klischeebestimmte Verhalten, wie es als Folge einer Verdrängung vorkommt, mit den tierischen Lebewesen, die ein Auslöseschema erwerben.«[1]

Lorenzer knüpft ersichtlich an eine uralte und schon deshalb nicht sehr originelle Denktradition an: Der Mensch ist mehr als ein Tier, da er die Sprache hat (Lacan wird genau umgekehrt argumentieren: Die Sprache hat den Menschen). Wenn tierische Es-Kräfte das Symbolwesen Mensch sprachlos machen, muß seine Sprach- und Symbolfähigkeit wiederhergestellt werden. Sprachfähig sein heißt: sozial sein. In Lorenzers Worten: »Der Ausgangspunkt einer Psychoanalyse aber ist auch ihr Weg und ihr Ziel: Die Freiheit der Reflexion des Individuums, das zugleich seinen Platz im Felde seiner sozialen Interaktion einnehmen und begreifen will.«[2] Wo Es war, soll Ich werden. Der französische Psychoanalytiker Jacques Lacan (1901-1981) hat die

1 Alfred Lorenzer: Sprachzerstörung und Rekonstruktion – Vorarbeiten zu einer Metatheorie der Psychoanalyse. Frankfurt/Main 1970, p. 83

2 Ibid., p. 207

sem Freudsatz eine überraschende, gewaltsam bis verrückt scheinende Deutung gegeben, die der ichpsychologischen, hermeneutischen und rationalistisch-sprachpragmatischen Interpretation schneidend widerspricht. Mit seiner Lesart der Psychoanalyse hat Lacan, der enge Kontakte zu den Surrealisten pflegte, viele der Intellektuellen fasziniert, denen zum Problem wurde, warum so viele Menschen einfach nicht aufgeklärt, nicht rational sein, ihre Triebe nicht kontrollieren, ihre Aggressionen nicht konsensuell zügeln und ihre Geltungsansprüche nicht wechselseitig anerkennen können, ja nicht einmal wollen. »Wo Es war, soll Ich werden« heißt dann: da, wo das Es war, soll das Ich ankommen, erstehen, werden; Da, wo Es ist, bin ich, ist das Ich an seinem genuinen, nämlich exzentrischen Platz. Diese erst einmal exzentrische Lesart des berühmten Freudsatzes kann sich auf eine kaum minder berühmte Wendung Freuds berufen: »Das Ich ist nicht Herr im eigenen Haus«, aber es ist eben nur da Ich, wo es nicht über sich selbst herrscht.

Lacans exzentrische, am Surrealismus geschulte, auf Vieldeutigkeiten sich lustvoll einlassende Schreibweise versucht, der Exzentrik des Subjekts zu entsprechen. Seine abgründigen Grundthesen ordentlich zu referieren verstößt grundsätzlich gegen einen Stil, der mehr als nur ein beliebiger Stil ist: Die Informations- und die Mitteilungsdimension der Äußerungen Lacans sind stets wie in einem Möbiusband ineinander verschlungen. Diese theoriegewichtigen Begriffe lassen sich leicht und drastisch illustrieren. Der Autor dieses Buches hatte zusammen mit über tausend anderen das Vergnügen, als junger Student 1972/73 dem *Encore*-Seminar

Lacans in Paris beizuwohnen. Der elegant gewandete Meister ließ sich, häufig in Begleitung schöner junger Frauen, schon vor Beginn des Seminars im Foyer vor dem großen juristischen Hörsaal an der Place du Pantheon blicken. Die Reihen des Hörsaals füllten sich wegen der übergroßen Nachfrage lange vor der Zeit; die ersten Reihen waren reserviert für prominente Intellektuelle und für »Analysanten« (ein halbes Kunstwort Lacans, das die Analysierenden und zu Analysierenden gleichermaßen bezeichnet und also ihre Differenz – wiederum wie im Möbiusband – aufhebt); eine Sekretärin mit schallgedämpfter Schreibmaschine saß vor dem Pult, um die Worte von Docteur Lacan mitzuschreiben; die Lautsprecher waren mit den Mikrophonen derer behangen, die diese Worte mitschneiden wollten. Lacan betrat das Podium, um sich dann wie jedesmal minutenlang dabei zusehen zu lassen, wie er einen sogenannten krummen Hund, also ein gar nicht phallisch, sondern seltsam zerquetscht aussehendes Zigarillo rauchte. Und dann begann er endlich mit seiner Jean-Gabin-Stimme zu sprechen, anfangs stets dieselben Worte variierend: »*Aujourd'hui le Docteur Lacan va lire E/encore. Le Docteur Lacan, va-t-il lire E/encore? Mais oui, le Docteur Lacan va lire E/encore.*« Nach diesen vielfach variierten Zusicherungen aus dem Munde des Dr.Lacan, daß er noch (weiter) über noch (weiter) vortragen werde, sagte er z. B.: »*Aujourd'hui le Docteur Lacan va lire de l'autre satisfaction de la femme.*« Aber wie er über die andere Befriedigung der Frau sprach – nämlich so, daß seine Stimme musisch-rhythmisch einen sich anbahnenden Orgasmus imitierte: steil ansteigend »*de la-la-la-la-la-la-la*«, dann tief versinkend, ertrinkend »femme«. Wo Es war, soll Ich werden.

Das klang anders, als sich z. B. Mitscherlichs, Lorenzers oder Habermas' Schriften lasen und lesen. Lacans »Rückkehr zu Freud« war eine Rückkehr, die auf die unbewußten, obszönen, perversen, triebbestimmten, verrückten, surrealistischen, exzentrischen, schrecklich faszinierenden Dimensionen, auf die sie stieß, nicht sofort reflexartig mit dem Impuls »Das muß man aufklären, therapieren, ordnen, abtreiben, austreiben« reagierte, sondern sie erst einmal so verdrängungsfrei wie möglich zur Kenntnis nahm und artikulierte. Die Artikulationsweise ist dabei von den etablierten wissenschaftlichen Standards skandalös weit entfernt. Und dies in zwei extreme Richtungen: Lacans Diktion ist teils so hyperabstrakt, daß der Verdacht naheliegt, sie wolle szientistische Maßstäbe karikieren; und sie ist zugleich so hyperkonkret, sprachspielerisch, infantil und assoziativ, daß der Verdacht naheliegt, sie wolle sich an der Aufgabe versuchen, das Unbewußte selbst zum Sprechen zu bringen.

Ordentliche Lacan-Schüler haben aufgrund der außerordentlichen Dichte von Lacans Theoriedesign und Diktion aus nachvollziehbaren Gründen viele Reserven gegen Versuche wie den folgenden, die wichtigsten Theoreme Lacans so klar wie möglich vorzustellen. Eine Initiation in seine Grund- bzw. Abgrund-Überlegungen kann ein Sophisma leisten, das Lacan wiederholt beschäftigt hat[3] und das viele seiner Leitbegriffe allegorisch, also ohne direkte Nomenklatur-Verweise,

3 J. Lacan: Le temps logique et l'assertion de certitude anticipée; in: Lacan: Ecrits. Paris 1966, pp. 197-213

ins Spiel bringt. In einem Gefängnis werden drei Verurteilte zu einem zumindest latent sadistischen Gefängnisdirektor gerufen. Er verspricht ihnen die Freiheit bzw. droht ihnen mit Hinrichtung, wenn sie folgendes Problem lösen bzw. nicht zu lösen vermögen: er werde jedem der drei eine von fünf Scheiben, von denen drei weiß und zwei schwarz sind, auf den Rücken heften, und jeder müsse nun, ohne mit den anderen kommunizieren zu dürfen, in einem spiegellosen Raum herausfinden, welche Scheibe ihn markiere. Wer die Lösung gefunden habe und auch die Logik der Lösung darlegen könne, solle den Raum verlassen. Nachdem der Direktor den armen G/Bezeichneten nun ausschließlich die drei weißen Scheiben auf den Rücken geheftet hat, betrachten sich die buchstäblichen Sub-jekte = Unterworfenen wechselseitig, sehen, was diese selbst nicht sehen können, geraten offensichtlich in tiefes und zugleich aufwallendes Nachdenken, gehen zum Ausgang, zögern erneut und verlassen dann den Raum. Draußen aber geben sie folgende Antwort auf die Frage, wer sie denn seien bzw. in welchem Zeichen sie stünden: »Ich bin ein Weißer. Bei meinen beiden lange sinnend herumgehenden Mitgefangenen habe ich je weiße Scheiben auf dem Rücken gesehen. Wenn ich nun eine schwarze Scheibe getragen hätte, so hätte einer dieser beiden doch denken müssen: Wenn auch ich eine schwarze Scheibe trüge, so ginge der Dritte sofort hinaus. Aber das tat er nicht. Also folgert er, daß auch er ein Weißer ist, und ich folgere aus beider Zögern, daß das auch für mich gilt. Ich weiß, daß ich weiß bin.«

Der Status dieses Wissens ist heikel. Denn sicher könnte das Wissen eines der drei Gefangenen nur dann genannt werden, wenn er bei den beiden anderen je eine schwarze Scheibe sehen würde. Dann, und nur dann, wäre der Schluß, selbst eine weiße Scheibe auf dem Rücken zu tragen, analytisch wirklich zwingend. Bei allen anderen Verteilungen aber stellt sich die Notwendigkeit ein, »unreine« Verhältnisse und genauer Intersubjektivitätsrelationen zu bedenken: Was denkt der andere, was ich denke, wie sieht und deutet er mein Sehen, wie begehrt er, mein Begehren zu erfahren? Lacans Theoreme sind Elemente einer Kritik der durch und durch unreinen Vernunft. Wer z. B. von der Zeit des logischen Schließens auf den Inhalt des Schlusses (schwarze oder weiße Scheibe) schließt, begeht einen Kategorienfehler, einfach deshalb, weil ein logischer Schluß unabhängig von der Zeit stimmen sollte, die das Schlußverfahren in Anspruch nimmt – wer so unrein denkt, begeht also einen Fehler, der ihm das Leben rettet. Das Sophisma illustriert basal eine Formel Lacans: *Das Begehren des Subjekts ist das Begehren des anderen.* Alle drei Gefangenen begehren je für sich, was auch die beiden anderen begehren: freizukommen. Die Formel ist aber nicht nur als Genitivus subiectivus, sondern auch als Genitivus obiectivus lesbar. Das Begehren des einen ist das Begehren nach dem Anderen. Von mir selbst etwas wissen und erfahren kann ich nur durch den Kontakt mit dem und den anderen.

Der Zugang zu ihnen aber ist nur durch das *Große Andere der symbolischen Ordnung* möglich, die der Direktor allegorisiert. Die symbolische Ordnung bzw. die Ordnung des Symbolischen sorgt dafür, daß Scheiben eben nicht nur etwas im Realen, sondern auch Symbole sind, die Intersubjektivitätsstrukturen formieren. Und zwar handgreiflich so, daß Subjekte ihren Wortsinn erfüllen, nämlich Subjekte = Untertanen zu sein, die die Suprematie (Vorherrschaft) der symbolischen Ordnung über Subjekte erfahren. Wer als *infans* (was ja nichts anderes heißt als: sprachloses Wesen) so in die Welt geworfen wird wie die zur Stummheit verurteilten Gefangenen in den Raum, macht, konstituiert, konstruiert nicht etwa die Regeln, die er befolgen muß, er findet sie vielmehr vor und wird von ihnen geprägt, sie werden ihm – nach dem schnell zum Modewort avancierten Begriff – so »eingeschrieben«, wie den Gefangenen die Scheiben auf den Rücken geheftet werden. Zeichen/Signifikanten sind mächtiger als Bezeichnete inclusive benamste Subjekte, die ja bezeichnenderweise von anderen im Namen eines großen Anderen unbefragt auf einen Namen getauft werden, den sie dann euphemistisch Eigennamen nennen. Die Lacanschen Theorieformeln für diese Zeichen-Sachverhalte, die die Gefangenen drastisch erfahren, lauten: *Suprematie des Signifikanten über das Signifikat und über das Subjekt.*

Was die Gefangenen beanspruchen, wünschen und begehren, ist durch den Diskurs des und der Anderen strukturiert. Nichts wäre ihnen lieber als ein Spiegel, der ihnen unmittelbar einsichtigen, eben evidenten Aufschluß darüber gäbe, wer sie sind und in welchem Zeichen sie stehen. Damit ähneln sie abhängigen Kleinkindern, die nach dem wohl populärsten Theorem Lacans im Alter von 12 bis 18 Monaten ins sogenannte *Spiegelstadium* eintreten, in dem sie sich kontrafaktisch als Größenselbst erfahren. Menschen kommen im Vergleich zu anderen Säugetieren als extrem von Fürsorge abhängige Existenzen zur Welt. Ein von der »Prämaturität der menschlichen Geburt« (→ Anthropologie) geprägtes *infans* an der Schwelle vom Krabbelkind zum aufrecht gehenden Lebewesen bzw. vom sprachlosen zum immerhin stammelnden Wesen ist nicht Herr der Welt, nicht Herr des Diskurses und nicht einmal Herr seiner selbst. Um so jubelnder begrüßt es sein Spiegelbild, um so mehr lacht es sich selbst an, wenn es sich im Spiegel (v)erkennt. Doch der Schein des Selbstbewußtseins im psychologischen wie im bewußtseinstheoretischen Sinn ist ein falscher Schein. Denn Erwachsene haben dem *infans* gesagt: »Das bist du, so süß, toll, großartig siehst du aus.« Nun aber beginnt das *infans*, sich all das selbst zuzurechnen, seinen noch unintegrierten, ihm selbst nicht recht verfügbaren Körper (Lacan spricht gar vom zerstückelten Körper, vom *corps morcelé*) als gehabten Körper zu erfahren. Das Kind imaginiert sich als das Größen- und Ideal-Ich, das es nicht ist und nie sein wird. Es ist ganz in der »Sphäre des Imaginären«, der falschen Bilder gefangen und muß wie die drei Gefangenen lernen, sich auf die Logik der »Sphäre des Symbolischen«, der Codifizierungen und des Diskurses einzustellen. Geprägt ist diese Sphäre vom Gesetz, von Regeln, von Verboten, nach Lacans reizvollem Spiel mit Homophonen vom *»nom/non du père«*, vom Nein bzw. Namen des Vaters, der fast so streng, so verfolgend so *»père sevère«* (strenger bzw. verfolgender Vater) ist wie der Gefängnisdirektor.

So wird das Kind in die trianguläre Ordnung des Symbolischen initiiert. Nicht länger kann es in einer fast-symbiotischen Einheit mit der Mutter leben, in der es keine distinkten Ichgrenzen (an)erkennt. Aus seinem vorsprachlichen Anspruch *(demande)* nach der Präsenz der Mutter und genauer: der stillenden Mutterbrust erwächst die Erfahrung, daß etwas eben nicht nur präsent, sondern auch absent sein kann: fort/da, o und a, Omega und Alpha skandieren eine erste rudimentäre Ordnung, als deren Herrscher sich das *infans* im Spiegelstadium noch phantasmatisch stilisieren kann: Wenn ich brülle, kommt ein Wesen, das nur für mich da ist, und stillt mich. Ein Ende findet diese imaginäre Lust und Lust am Imaginären, wenn das Kind der triangulären, ödipalen, symbolischen Ordnung unterstellt wird. Es muß dann erfahren, daß sein Begehren das Begehren des Anderen ist, das Begehren, das auch ein Anderer hat. *Das Unbewußte ist der Diskurs des Anderen.* Um das sehr handfest zu illustrieren: Der Vater verweist das Kind aus dem Ehebett. Und die Mutter als ödipales Objekt des Begehrens spricht im Namen des Vaters das Nein des Vaters aus und verwickelt das Kind in die unvermeidbaren Paradoxien der symbolischen Ordnung und des Subjekts: Du sollst mich lieben, aber du darfst mich nicht lieben – es gilt das mit Kastrationsdrohungen bewehrte Inzestverbot, das »phallogozentrisch« (Derrida) ist. Der Phallos ist ein Signifikant – ein Zeichen einschneidender Absenz/Präsenz (Kastration!), ein Zeichen der Macht, der Ordnung und des Logos (→ Feminismus).

So die hier bis zur Karikatur heruntergebrochene, harte Lacansche Lesart von Freuds Ödipus-Theorie. Hamlet, Ödipus' Bruder im Geiste und im Begehren, spielt nicht umsonst gerne Theater. Ist das Theater doch der Ort des Imaginären. Das Imaginäre bezeichnet das

Reich der Phantasievorstellungen, eben der Imagines, der Imaginationen. Als solches hat es seinen unwiderstehlichen Reiz. Denn es ist konsistent, kommt den Wünschen und dem Begehren des Subjekts entgegen, hängt nur von diesem ab, duldet keine Einreden und läßt sich federleicht einrichten. Diese Vorzüge haben ihren so schlichten wie hohen Preis. Sie sind nicht durchzuhalten. Die symbolische Ordnung als eine Ordnung des Versagens, des Gesetzes und der Verbote fordert ihren Tribut. Phobien, Psychosen, Perversionen, Neurosen etc. sind als unterschiedliche Strategien zu verstehen, diesen Tribut zu verweigern. So verdrängen Neurosen den Namen des Vaters, sie verrätseln die Gebote, die sie übertreten: Wer zwangsneurotisch davor zurückscheut, auf die Striche zu treten, die die Platten auf dem Gehweg voneinander trennen, sollte sich fragen (lassen), welches Gebot und welche Grenzziehung er eigentlich übertritt bzw. übertreten will. Der Psychotiker hingegen verrätselt nicht. Sozial unerträglich ist er gerade deshalb, weil er ständig Klartext spricht und lebt: Er hat den Namen des Vaters und mit ihm die symbolische Ordnung nicht nur verdrängt (und das Verdrängte kehrt bekanntlich wieder), sondern verworfen. Und also ist er selbst verworfen und auf verrückte Weise dem Realen (zu) nahe gerückt.

Das Symbolische ist als Symbolisches nicht »das Reale«, das eigentlich Wahre, das so wahr wie unerreichbar ist. Ein schlichtes, weil dem umgangssprachlichen Gebrauch des Wortes »real/Reales« nahes Beispiel für das Verhältnis von »real« und »symbolisch« sind große Bibliotheken. Darin mögen real mehrere Millionen Bücher aufgehäuft sein. Wenn sie nicht über symbolische (Alphabets-, Epochen-, Register-)Ordnungen erschließbar sind, ist das faktisch vorhandene, reale Buch, das eigentlich zählt und Objekt meiner Lesebegierde ist, nicht auffindbar. Ecos lacanistischer Bestseller-Roman *Der Name der Rose* weiß ein episches Lied von diesem Problem zu singen. Kataloge und Landkarten sind Beispiele für die Symbolsysteme und Texturen, die uns vor dem Realen schützen, indem sie es uns (v)erschließen. Sie dürfen bekanntlich nicht völlig präzise und verläßlich sein. Eine Landkarte im Maßstab 1 : 1 wäre keine Landkarte. Eine Welt, die eine solche Landkarte implizierte, wäre eine verrückte, eine noch verrücktere Welt als die, die symbolische Ordnungen kennt, die nicht stimmen und nicht stimmig sind.

Objekte, die in der symbolischen Ordnung nicht aufgehen, weil sie nicht adäquat repräsentierbar sind, bezeichnet Lacan als *»objets petit a«* (Objekte klein a). Notabene: Nicht-darstellbar bzw. nicht-repräsentierbar zu sein ist, wie Lyotard herausstellt, das klassische Kriterium des Erhabenen. »Objekte klein a« sind erratische Reste des nicht erreichbaren Realen, auf das das Genießen zielt. Wir begehren das sich stets erneut entziehende Genießen, das Lacan wortspielerisch avisiert: die *joui-sense*/Genieß-Sinn.

Man kann es mit Goethes Faust auch suggestiver sagen: »So tauml ich von Begierde zu Genuß / Und im Genuß verschmacht ich nach Begierde.« Das Genießen ist stets ein verfehltes Genießen. Und es muß verfehlt sein, weil die Erfüllung des Genießens dem Genießen ein Ende bereiten würde. Ein Riß zwischen Sein und Sinn ist die Bedingung der Möglichkeit des Begehrens und Genießens. Das »Objekt klein a« existiert nicht oder existiert allenfalls so heikel wie der gleitende Schlitten-Signifikant »Rosebud« in Orson Welles' Film *Citizen Kane*. Dennoch setzt das »Objekt klein a« eine Serie von Effekten frei. »Objekte klein a« sind als Reste des unerreichbaren Realen Effekte der symbolischen Ordnung.

Das »Objekt klein a« irritiert und stimuliert die symbolische Ordnung. Es meint ein Mehr und einen Überschuß, der dem Begehren eine verrückte Dimension gibt. Rätselhafte Muster auf vergilbten Rauhfasertapeten oder Fetische sind mögliche Beispiele für »Objekte klein a«. Schon Freud macht deutlich, daß sexuelle Fetische (z. B. Schuhe oder Federn) die ihnen eigene Faszinationskraft ausüben können, weil sie ein Phallus-Supplement und zugleich mehr als »nur« ein Phallus-Supplement sind. Fetischisten sind an »normaler« = genital-fixierter Sexualität, die den Anforderungen der symbolischen Ordnung entspricht, desinteressiert. Leidenschaftlich aber interessieren sie sich für »Objekte klein a«, die wie religiöse Fetische den unmöglichen Zusammenfall, die Identität von Sein und Sinn, von Ding und Bedeutsamkeit, die Landkarte im 1:1-Maßstab versprechen – erneut kann das Gefangenen-Sophisma mit seinen Scheiben-Fetischen als Illustration herhalten. Slavoj Žižek hat das Lacansche »Objekt klein a« mit dem berüchtigten »McGuffin« der Hitchcock-Filme bzw. der Filmtheorie von Hitchcock in Verbindung gebracht, also mit den sinnlos-surrealistischen Objekten und Motiven, die seine so wohlkalkulierten und streng organisierten Werke durchkreuzen. Wer fragt, was denn »McGuffin« sei, erhält z. B. zur Antwort: ein Apparat, mit dem man in Schottland Löwen einfängt. Die Reaktion auf diese Auskunft dürfte mit einiger Regelmäßigkeit lauten: In Schottland gibt es doch gar keine Löwen. Eben das spricht, so die Replik, für die enorme Effektivität des McGuffin. Talismane funktionieren ähnlich: Solange man sie mit sich führt, wird man nicht von Dämonen verfolgt. Wenn man den Talisman aber zu Hause läßt, läuft man Gefahr, paranoisch zu werden. Ein berühmter Physiker soll ein glückspendendes Hufeisen in seinem Labor gehabt haben, um Versuchsunfälle zu vermeiden. Ob er denn an solchen Unsinn glaube, fragte ihn ein irritierter Kollege. Selbstredend nicht, er sei doch ein rational denkender Naturwissenschaftler, lautete die Antwort. Das Verrückte aber sei: Das Hufeisen funktioniere dennoch.

Lacans »Rückkehr« zu einem militant verstandenen Freud stieß auf enthusiastische Zustimmung in einigen avancierten Kreisen, wie üblich auf modische Nachredner und nicht zuletzt auf geharnischte Ablehnung derer, die die Psychoanalyse als Programm verstehen, Vernunft noch in der Sphäre der Triebe und des Unbewußten zu implementieren. Vernunftkritisch überholt wurde Lacans Psychoanalyse durch das 1972 erschienene Buch *L'Anti-Œdipe* (dt. *Kapitalismus und Schizophrenie I: Anti-Ödipus)*, das der Philosoph Gilles Deleuze gemeinsam mit dem Psychiater Félix Guattari verfaßt hatte. Sein Grundimpuls ist schnell genannt. Ödipale Strukturen »triangulieren« das anarchische Wünschen – spannen es also in eine Dreierordnung von Vater, Mutter und Kind ein, die Ordnungen der Intersubjektivität überhaupt einübt. In dem Maße aber, wie die Moderne sich als kapitalistisch-revolutionäre, alle tradierten Ordnungen erodierende Entgrenzungsdynamik durchsetzt, zerfallen feste Strukturen zugunsten von überbordenden Strömen: Ströme des Begehrens, der Information, der Zahlungen, der Migrationen, der Sendungen, der musikalischen Dauerberieselung, des Individualverkehrs etc. sorgen für »schizophrene«, polymorphe, unter keine verläßlichen Ordnungsstrukturen mehr subsumierbare Ereignismengen, die im buchstäblichen Sinne anarchisch sind. »Rhizome«, also Wurzelnetzwerke, treten an die Stelle »phallogozentrischer« Hierarchien und Strukturen. Marx hatte recht: Der Kapitalismus ist nicht so sehr der große Unterdrükker und Ausbeuter, sondern vielmehr die revolutionäre und subversive Kraft, die alle Identitäten zersetzt und an der alle symbolisch-traditionellen Ordnungsversuche scheitern. Wo (Über-)Ich war, soll Es werden.

Wirkungen, Risiken und Nebenwirkungen

Die intellektuelle Faszinationskraft der »französischen« Kunst, Freud neu zu lesen, war und ist groß. »Deutsche« Psychoanalyse-Fortschreibungen sehen dagegen alt aus. Man kann mit Erich Fromm dafür plädieren, das Sein nicht geringer zu schätzen als das Haben, man kann mit Horst Eberhard Richter dafür plädieren, destruktive Triebe aufzuhellen und Kriegslüsterne zur Vernunft zu bringen, man kann mit Alice Miller zu der Einsicht gelangen, daß man schutzbedürftige Kinder nicht verletzen oder gar traumatisieren darf. All das ist so einleuchtend, daß die Frage naheliegt, ob man dazu die kontraintuitiven Einsichten der Psychoanalyse braucht. Auf- und anregender als diese milden waren da schon die wilden, die Theorien von Marx und Freud zusammenbringenden Psychoanalyse-Varianten, die sich im Umkreis der Studentenbewegung Gehör verschafften: etwa Herbert Marcuses Analysen zu Orpheus und Narziß als postödipale, konsumkapitalistische, auf den Sozialismus vorverweisende Psycho-Mythen oder Neuanknüpfungen an Wilhelm Reichs in den dreißiger und vierziger Jahren entwickelte »Sexpol«-Theorie, der zufolge die soziale Revolution nur als sexuelle *et vice versa* gelingen kann. Vieles spricht dafür, daß der Popularitätsgewinn der Psychoanalyse im Deutschland der sechziger und siebziger Jahre bald zu ihrer theoretischen wie alltagssemantischen Trivialisierung geführt hat – »Ich hab da ein Beziehungsproblem ...« – »Ich hab Schwierigkeiten mit meinem Über-Ich« – »Der ist doch total neurotisch« – »Ich fühl mich so elend, weil meine Mutter ...« Ab den achtziger Jahren hat die Psychoanalyse einen buchenswerten Prestigeverlust erlitten. Was ihre kassenärztliche Anerkennung nicht aus-, sondern einschließt.

Die Psychoanalyse hat es nicht nur mit »unreinen« Phänomenen, vulgo mit Sex und zumal mit Perversionen aller Art zu tun – sie ist auch eine bemerkenswert »unreine« Theorie. Darüber, ob sie eher in die medizinische, die naturwissenschaftliche, die geisteswissenschaftliche, die sozialwissenschaftliche oder eben mangels Wissenschaftlichkeit in gar keine universitäre Fakultät gehört, gibt es nicht endenden Streit. Die Möglichkeit, ihr in der theologischen Fakultät Asyl zu gewähren, ist trotz der häufig erkannten und von Foucault erneut herausgestellten Affinität zwischen Beichtpraxis und psychoanalytischem Setting nie ernsthaft erörtert worden. Dabei hat die Psychoanalyse mit der

Theologie einen gewaltigen Anspruch gemeinsam: Vergangenheit zu revidieren, von vergangenen Sünden zu erlösen. Das Vergangene gilt gemeinhin als das Nicht-Reversible bzw. Nicht-Revidierbare. Die Psychoanalyse verspricht jedoch, Urszenen etwa der Traumatisierung, Phobisierung oder Neurotisierung zu erschließen und – neu zu modellieren. Was macht die Psychoanalyse? In Freuds klassischen Worten: erinnern, wiederholen, durcharbeiten.

In den letzten Jahren zeichnet sich allerdings im Diesseits solcher Überlegungen eine bemerkenswerte Neubewertung der Psychoanalyse ab. Die Theorie Freuds, deren Begründer sich als, wenn auch dissidenter, Naturwissenschaftler verstand und doch stets Angriffe der klinischen Medizin und Psychiatrie zu gewärtigen hatte, erhält Unterstützung von unerwarteter Seite. Denn die neuere Hirnforschung hat viele der Grundannahmen Freuds bestätigt.[4] So auch die zentrale, daß ein entscheidender Teil menschlichen Verhaltens unbewußt gesteuert ist. Patienten mit verletztem Hippocampus sind häufig unfähig, sich an zentrale Erfahrungen und Erlebnisse zu erinnern. Dennoch wird ihr Verhalten deutlich von diesen Erfahrungen gesteuert. Freud sprach generell von »frühkindlicher Amnesie«, und auch diese Behauptung hat eine Bestätigung gefunden. Frühkindliche Erlebnisse aus den ersten beiden Lebensjahren, die dem Erwachsenen nicht mehr erinnernd zugänglich sind, entscheiden über die Art und Weise, wie das menschliche Gehirn Nervennetzwerke

4 Cf. die Beiträge des Spiegel-Spezial-Heftes 4/2003, Die Entschlüsselung des Gehirns (bes. den Beitrag von Mark Solms: Was bleibt von Freud?, pp. 60-62)

und damit gleichwertig, welche Persönlichkeits- und Charakterstruktur es ausbildet. Das Ich sei nicht Herr im eigenen Haus, hatte Freud einmal formuliert. Das »Ich« könne das »Es« allenfalls mit List und Kompromißbereitschaft in Schach halten. Auch in dieser Hinsicht gibt die neuere Hirnforschung Freud recht. Menschen, deren Hirne im für Realitätsverarbeitung zuständigen und zugleich handlungshemmenden Bereich des ventralen Frontallappen-Quadranten verletzt sind, denken und assoziieren völlig wunschabhängig und illusionär. Sie »konfabulieren« – suchen sich also erfundene Geschichten zusammen, die ihren Es-gesteuerten Ideal-Ich-Vorstellungen, nicht aber ihrer tatsächlichen Vorgeschichte entsprechen. Auch die populärste, weil sexistischste der Freudschen Thesen hat sich neurologisch bestätigt. Wir denken und fühlen und handeln sexy und triebbestimmt. Das Hirn ist ein triebgesteuertes Kommandosystem. Der zur Zeit wohl bedeutendste Erforscher emotionaler Intelligenz, Antonio Damasio, hat festgestellt, daß die Neurowissenschaft Freuds Einsicht in die Triebnatur unsrer Gefühle, aber auch unserer kognitiven Prozesse vollauf bestätigt hat.

Auch Theorien können sexy sein. Die Auswirkungen psychoanalytischer Einsichten etwa auf die sexuelle Revolution (→ Feminismus), die Frauenemanzipation, die Kindererziehung, die Reform des Bildungssystems oder die Avantgardekunst des 20. Jahrhunderts sind kaum zu überschätzen. Wie die Literatur seit 1900 ohne Freud aussähe? Anders, ganz anders. Heute agieren viele literarische Protagonisten wie ein Ödipus, der Freud und Lacan gelesen hat. Und also kein Ödipus mehr ist. Medienanalytisch geschulten Köpfen fällt zudem auf, daß Freuds Theorie literaturgestützt, die von Lacan hingegen neumedial gestützt ist. Die Überlegung mag befremdlich klingen, muß deshalb aber nicht schon abwegig sein: Das Jenseits der Gutenberg-Galaxis (→ Medientheorien) bringt neue Psycho- und Krankheitsdispositive hervor. Die Theaterkrankheit Hysterie war um 1900 eine Modeerscheinung (was »authentische« Leidenserfahrung nicht in Frage stellen soll); heute ist sie schlicht aus den Kliniken verschwunden. AV-Medienkrankheiten wie Borderline-Zustand oder Derealisierungserfahrung sind hingegen »angesagt«. Angesagt ist sicherlich auch die Überlegung, daß die Psychoanalyse (wie u. a. auch der Feminismus oder die Kritische Theorie) zu den Theorieformationen zählt, die, anders als z. B. die Astronomie, sehr kompakte Rückwirkungen auf die Phänomene zeitigt, die sie in Gedanken erfaßt. Hübsch gesagt – in psychoanalytischer Perspektive: verdächtig hübsch formuliert – hat das schon in den Geburtsjahren der Freudschen Theorie ihr eifersüchtiger, dringend analysebedürftiger Beobachter Karl Kraus: »Die Psychoanalyse ist die Krankheit, als deren Therapie sie sich ausgibt.«

Rezeptionsästhetik

Die Frage, welche Wirkung ein schlechthin nicht-rezipiertes Werk, z. B. ein unpubliziertes oder gänzlich ungelesenes Buch, habe, ist nicht ganz so verrückt, wie sie auf den ersten Blick scheinen mag. Gibt es doch ernstgemeinte, nicht sofort von der Hand zu weisende, naturgemäß aber hochumstrittene Theorien wie die von »morphogenetischen Feldern« (der Begriff stammt vom 1942 geborenen britischen Biologen Rupert Sheldrake): Was einmal gedacht, konzipiert, ins Werk gesetzt sei, zeitigt demnach auch dann mentalkognitive Effekte, wenn es nicht ausdrücklich rezipiert oder auch nur oberflächlich zur Kenntnis genommen wurde. Die alte fromme Rede vom Geist, der weht, wo er will, oder auch die gängige Rede vom Zeitgeist geben dieser esoterischen Vermutung populären Ausdruck. Die Rezeptionsästhetik kommt hingegen, obwohl ihr zur Zeit ihres Auftritts auf der Theoriebühne der Ruf des angenehm Avantgardistischen beiwohnte, durchaus mit einer biederen Suggestionskraft daher. Bücher wollen gelesen sein, und sie werden zu unterschiedlichen Zeiten von unterschiedlichen Köpfen unterschiedlich gelesen. Wer wollte da widersprechen?

Was heute trivial klingt, will jedoch vor dem Hintergrund des literaturwissenschaftlichen Theoriestandes des Jahres 1970 rezipiert werden, in dem der Konstanzer Romanist Hans Robert Jauß (1921-1997) seine Antrittsvorlesung an der Reformuniversität unter dem Titel *Literaturgeschichte als Provokation der Literaturwissenschaft* publizierte. Die Idee einer »richtigen«, werkimmanent zu entwickelnden Interpretation großer Werke war damals wenn auch nicht mehr unbefragt, so doch immer noch vorherrschend.

Jauß griff auf Überlegungen der → Hermeneutik Gadamers zurück, um Literaturwissenschaftler zu ermuntern, nicht allein das Werk selbst, sondern auch seinen Leser und dessen Perspektive zu berücksichtigen. Seine Grundthese ist schnell genannt. Unter »Rezeptionsgeschichte« versteht er »die sukzessive Entfaltung eines im Werk angelegten, in seinen historischen Rezeptionsstufen aktualisierten Sinnpotentials, das sich dem verstehenden Urteil erschließt, sofern es die ›Verschmelzung der Horizonte‹ in der Begegnung mit der Überlieferung kontrolliert vollzieht.«[1]

Ein von Jauß genanntes Beispiel: Als Flauberts Roman *Madame Bovary* 1856 erschien, war das zeitgenössische Lese-Publikum über den seltsam sachlichen, sich aller moralischen Urteile enthaltenden Stil des Werkes schockiert. Der damals gängige »Erwartungshorizont« wurde nicht etwa durch eine gesuchte Provokation, sondern durch einen als outriert sachlich empfundenen Realismus herausgefordert. Ein Stil, der alsbald Furore machte und der zusammen mit anderen Impulsen dafür sorgte, daß sich das literarische wie moralische Urteilsvermögen modifizierte, so daß man alsbald und heute erst recht diesen Roman anders liest als zur Zeit seines ersten Erscheinens – z. B. als *den* Klassiker der prosaischen Moderne. So weit, so gut.

Man (wer ist man?) liest, um ein von Jauß nicht genanntes, aber rezeptionsgeschichtlich gut erforschtes

1 Hans Robert Jauß: Literaturgeschichte als Provokation. Frankfurt am Main 1970, p. 186

Beispiel zu nennen, Johann Wolfgang Goethes 1795 erschienenen Bildungsroman *Wilhelm Meisters Lehrjahre* im Laufe der Jahrzehnte und Jahrhunderte hochgradig unterschiedlich: z. B. als Roman von der sukzessiven Entfaltung einer sich bildenden Persönlichkeit, als Initiation in die Lebenskunst (Friedrich Schlegel), als Kapitulationserklärung der Poesie angesichts höherer ökonomischer Mächte (Novalis), als Geschichte eines armen Hundes, der sich die Hörner abstößt (Hegel), als Freimaurer-Roman, als ödipale Vater–Sohn-Konflikt-Story (Psychoanalytiker), als Werberede für den Sozialismus (Lukács), als *gender-trouble*-Geschichte (warum tragen bis auf Philine alle weiblichen Hauptgestalten Männerkleidung?) oder als postrevolutionäre Erzählung von früher europäischer Amerika-Begeisterung. Die Sache ist ein wenig zu offensichtlich: Ein Leser, der mit Sympathien für Freuds Theorien und in Zeiten der Psychoanalyse-Hochkonjunktur zu Goethes Bildungsroman greift, wird sich eher die Passagen anstreichen, die vom Motiv des kranken Königssohnes handeln, als ein psychoanalytisch unverdorbener, den Bildungs- und Persönlichkeitsbegriff kultisch feiernder Leser des späten 19. Jahrhunderts.

Epochen und Individuen haben ihre je spezifischen »Erwartungshorizonte«. Und die können durch Lektüren bestätigt, modifiziert oder enttäuscht werden – daß Martin Walser soooo einen Roman schreibt, daß der Roman über die deutsche Wiedervereinigung kommen mußte oder daß dieser letzte literarische Tabubruch fällig ist, das konnte man eigentlich erwarten oder eben nicht. Jeder ist ein Kind seiner Zeit, jeder liest unterschiedlich, jeder und jede füllt die »Unbestimmtheitsstellen« der schönen Literatur unterschiedlich auf und macht sich z. B. sein Bild vom Aussehen Wilhelm Meisters, das Goethe auffallenderweise nicht beschreibt. Literarische »Unbestimmtheitsstellen«: Jauß greift auf diesen Begriff aus der phänomenologischen Literaturtheorie Roman Ingardens gerne zurück. Literarische Texte ziehen anders als etwa wissenschaftliche Texte ihren Reiz aus der Unbestimmtheit ihrer Diskurse. Sie können und wollen sich Vieldeutigkeiten leisten – das ist das Kerngeschäft der schönen Literatur. Wer immer sie rezipiert, vereindeutlicht sie. Rezeptionsgeschichte ist die Geschichte der Reduktion von poetisch-semantischer Überkomplexität.

Wirkungen, Risiken und Nebenwirkungen

Man tritt der von Jauß propagierten Rezeptionsästhetik nicht zu nahe, wenn man ihr eine gewisse Unbestimmtheit sowie eine Nähe zu höheren Trivialitäten attestiert: Werke werden unterschiedlich rezipiert, und diese Unterschiedlichkeiten der Rezeptionen haben mit Kontexten aller Art zu tun. Macht diese Nähe den Erfolg, der der Rezeptionsästhetik für einige Zeit in akademisch-geisteswissenschaftlichen Sphären beschieden war, zum erstaunlichen oder umgekehrt zum plausibel erklärbaren Phänomen? »Jauß wurde der Name für ein Programm, das noch am ehesten die Integration traditioneller philologischer Fragestellungen mit der unabweisbar gewordenen ›Modernisierung‹ hinsichtlich der ›Theoriebildung‹ versprach.«[2] Zudem regte die

2 Hans-Harald Müller: Tendenzen der westdeutschen Literaturwissenschaft nach 1945; in: Sprache und Literatur in Wissenschaft und Unterricht 15/1984, p. 93

Rezeptionsästhetik vermehrte Aktivitäten eines feindlichen Bruders an. Die empirische Rezeptionsforschung gewann mit ihren präziseren Fragen an Boden: welche Auflagen hatte ein Buch, fand es Aufnahme in Curricula, kam es auf Bestsellerlisten, wie wurde es rezensiert, wurde es zensiert, wer hat welches Buch mit welchen Effekten für das eigene Werk nachweislich gelesen, wie lesen ganze Jahrgangskohorten Erfolgsromane (in der Regel so, wie es avancierten Literaturwissenschaftlern nicht genehm ist: mit großer Lust an Identifikationen mit den Protagonisten)?

Eher unfreiwillig hat die Rezeptionsästhetik auch eine Gretchenfrage der Literaturwissenschaft (und Gretchenfragen sind bekanntlich kluge Grundsatzfragen) erneut provoziert: Was und wo sind die Grenzen von Interpretation? Kann man mit hinreichend guten Gründen ein und dasselbe Werk ganz unterschiedlich deuten? Wie ist es z. B. erklärbar, daß deutsche Soldaten im Ersten Weltkrieg massenhaft Hölderlins »Vaterländische Gesänge« in den Tornister steckten und die 68er Germanisten dieselben (dieselben? Editionsgeschichtlich hatte sich bemerkenswert viel geändert!) Texte als jakobinische Ermunterungen zur Revolte gegen nationalistische Väter verstehen konnten? Nicht ohne abgründige Dimensionen ist es auch, daß die Rezeption der Rezeptionsästhetik sich erheblich verändert hat, als eine konsternierte Öffentlichkeit erfuhr, daß ihr Gründer, dies lange leugnend, SS-Mitglied gewesen war. Ist es eine bösartige Rezeption, wenn man auf dem Hintergrund solchen Wissens rezeptionsästhetische Formeln wie »Einrücken in das Überlieferungsgeschehen« anders liest als zuvor?

Seinsdenken (Martin Heidegger)

An herausgehobener Stelle, nämlich auf der letzten Seite seines 1927 erschienenen Werkes *Sein und Zeit*, plaziert Martin Heidegger (1889-1976) das Zitat einer Wendung, deren Herkunft der Autor nicht belegt. Heidegger setzt in dieser Schlußpassage seines epochalen Werkes (→ Existentialismus) sein Seins-Denken von der Tradition der Ontologie ab, indem er ausführt: »Daß die antike Ontologie mit ›Dingbegriffen‹ arbeitet und daß die Gefahr besteht, das ›Bewußtsein zu verdinglichen‹, weiß man längst. Allein was bedeutet Verdinglichung? Woraus entspringt sie? Warum wird das Sein gerade ›zunächst‹ aus dem Vorhandenen ›begriffen‹ *und nicht* aus dem Zuhandenen, das doch *noch näher* liegt? *Warum* kommt diese Verdinglichung immer wieder zur Herrschaft? Wie ist das Sein des ›Bewußtseins‹ *positiv* strukturiert, so daß Verdinglichung ihm unangemessen bleibt? Genügt überhaupt der ›Unterschied‹ von ›Bewußtsein‹ und ›Ding‹ für eine ursprüngliche Aufrollung der ontologischen Problematik? Liegen die Antworten auf diese Frage am Wege? Und läßt sich die Antwort auch nur *suchen*, so lange die *Frage* nach dem Sinn des Seins überhaupt ungestellt und ungeklärt bleibt?«[1]

»Verdinglichung des Bewußtseins« war in der Mitte der zwanziger Jahre des 20. Jahrhunderts eine feuilletontaugliche Wendung, deren Herkunft man auch außerhalb der Kreise philosophisch-theoretisch besonders

1 Martin Heidegger: Sein und Zeit. Tübingen 1967 (11. Aufl.), p. 437

ambitionierter Köpfe sofort zuschreiben konnte. Georg Lukács hatte sie 1923 in seiner schnell berühmt gewordenen neomarxistischen Studie *Geschichte und Klassenbewußtsein* populär gemacht. Das Argument von Lukács: Bewußtseinskategorien werden nicht von der Produktions-, sondern von der Distributionssphäre formiert. Denn diese abstrahiert unablässig, wenn sie im geldvermittelten Tausch Nichtgleiches gleichsetzt (→ Kritische Theorie). Dinge werden, wenn sie wert-äquivalent gesetzt werden, systematisch vergleichgültigt, also um ihre Individualität gebracht. Der Kapitalismus setzt mit der industriellen Massenproduktion von Warendingen und zumal damit, daß er noch die Arbeitskraft, die Warendinge allererst produziert, seinerseits zur Ware macht, die Verdinglichungstendenz absolut. Denn im Kapitalismus werden Verhältnisse zwischen Individuen behandelt, als handele es sich um Beziehungen zwischen Subjekten und Objekten. Mit einem Wort: der Kapitalismus »verdinglicht« systematisch Intersubjektivitätsstrukturen und das Bewußtsein von Subjekten. Nur die Avantgarde der verdinglichten Arbeiterklasse, nur die kommunistische Partei, ist noch in der Lage, diese vollendete Sündhaftigkeit zu durchschauen und revolutionär aufzulösen.

Gegen diese These geht Heideggers Denken nonchalant und rhetorisch gereizt an – »daß die Gefahr besteht, das ›Bewußtsein zu verdinglichen‹, weiß man längst.« Wie sehr sich eben nicht nur der frühe, sondern noch der späte Heidegger an neomarxistischen Gegenwartsdiagnosen gerieben hat, wissen selbst gute Kenner von Heideggers Werk häufig nicht[2]. Heideg-

2 Lucien Goldmann hat auf die Lukács-Referenzen in Heideggers

gers raunender Spätstil, der immer wieder und aus gut nachvollziehbaren Gründen zum Gegenstand schärfster Attacken von seiten etwa der → Analytischen Philosophie wurde, verdeckt sein scharfes Grundargument: Die »Verdinglichung des Bewußtseins« ist kein Effekt von Handel, Äquivalententausch und Geldverkehr, sondern von »Seinsvergessenheit«. Heidegger hat sich in vielen seiner späten Essays aus den fünfziger und sechziger Jahren (wie vor ihm Nietzsche) den Formen vorsokratischen Tiefsinns und besonders den Fragmenten von Heraklit, Parmenides und Anaximander zugewandt. Sie liest er als Dokumente eines Denkens, das noch nicht seinsvergessen ist, weil es der »ontologischen Differenz« eingedenk ist. Ontologische Differenz: das meint den Unterschied zwischen Sein und Seiendem. Seiendes ist etwas neben anderem etwas. Seiendes ist das, was es gibt. Seiendes ist etwas Bestimmtes, raumzeitlich Lokalisierbares, Bedingtes, Dingliches.

Sein ist all dies nicht; Sein ist kein Seiendes; und so gibt es (wer bzw. was gibt?) die ontologische Differenz, die dem Sein innewohnt. Die ab- und aufschließende, kursiv gesetzte Frage der letzten Seite von *Sein und Zeit* – »*Wie ist erschließendes Verstehen von Sein daseinsmäßig überhaupt möglich?*« – wollte Heidegger im zweiten Band seines Hauptwerkes beantworten, der unter dem Titel *Zeit und Sein* stehen sollte. Geschrieben hat er diesen zweiten Band nicht. Wohl aber hat er in Vorlesungen, Seminaren, Abhandlungen und Auf-

Werk hingewiesen; seine einschlägige und nicht nur theoriegeschichtlich erhellende Abhandlung wird jedoch nur wenig rezipiert: Lukács et Heidegger – Pour une nouvelle philosophie. Paris 1973

sätzen die genannte Frage immer erneut umkreist und dabei eine »Kehre«, eine Abkehr, eine Wendung weg vom »existentialistischen« bzw. daseinsanalytischen Ansatz des frühen Hauptwerkes vollzogen. Fortan steht nicht mehr die Analyse des Daseins (vulgo: des Menschen/des Subjekts) im Fokus seiner denkenden Aufmerksamkeit, sondern Sein und Seinsgeschichte selbst, deren so exzentrisches wie notwendiges Epiphänomen das Dasein ist.

Eine mit Sokrates einsetzende Form aufgeklärten, rationalen, analytischen Denkens, Sprechens, Forschens und Fragens hat »das Sein« behandelt, als wäre es etwas Seiendes. So formulieren Sätze aus der Tradition der aristotelisch-thomistischen Philosophie z. B. *»ens est unum, verum, bonum«* / Sein ist das eine, wahre, gute. Solche Sätze bezeugen zwar einen gewissen Respekt vor einem großen Thema. Doch sie verdinglichen allein schon deshalb, weil sie Sein grammatisch so behandeln, als sei es ein Ding oder eine dingliche Substanz, der bestimmte Akzidenzien, bzw. ein Subjekt, dem bestimmte Prädikate wie »wahr und gut« zukommen. Nach Heideggers berühmt-berüchtigtem Wort: Die Wissenschaft denkt nicht, weil sie seinsvergessen ist und die alte Tiefsinnsfrage verdrängt, warum überhaupt Sein ist und nicht vielmehr N/nichts. Was bzw. wer da gibt, wenn »es« etwas gibt: das ist, seitdem Sokrates mit seiner penetranten *»ti estin?«*-Frage / (»was ist das, was kann man von x,y,z analytisch belastbar aussagen?«) – den ersten und entscheidenden -ismus, nämlich den Sokratismus, als intellektuellen Habitus gängig machte, die ausgesparte oder auf den ontotheologischen Hund gekommene Frage schlechthin. Wer sie fromm mit »Gott« beantwortet, entkommt der Seinsvergessenheit nicht, sondern arbeitet vielmehr wirkungsmächtig an der Etablierung des Schemas seinsvergessener Verdinglichung mit.

Warum? Weil das »es gibt« zugleich ein »es nimmt« ist: eine Weg-Nahme (von Präsenz), ein Name (ein Akt, der danach verlangt, etwas als etwas namhaft zu machen), ein Nomos (Gesetz). Sein ist nämlich, was die traditionelle Onto(theo)logie systematisch verkennt, nicht nur zeitlich verfaßt, sondern selbst Zeit. Sein zeitigt. Sein ist Seinsgeschichte. Sein ist als Zeit eine unablässige Differenzbewegung (→ Dekonstruktion). Der Vollzug von Sein ist eins mit dem zeitlichen Entzug von Sein. Als Zeit ist Sein das eine in sich selbst Unterschiedene. In Heideggers je nach Beobachtungs- und Urteilsperspektive tiefen oder grotesken Worten über den Unterschied: »im Unter waltet der Schied«. Wo die traditionelle Metaphysik und noch die Metaphysik-Kritik nach letzten Gewißheiten und Gründen sucht, entbirgt sich dem seinsgeschichtlichen Denken als Grund des Grundes die Freiheit bzw. das Nichts. Es gehört zu den faszinierenden Aspekten der Schriften von Heidegger, das Ungesagte, Unentdeckte, Mitgemeinte, Mitschwingende der tradierten Metaphysik offenzulegen. Er ist dabei, wie helle französische Heidegger-Lektüren etwa im Umkreis der Dekonstruktion herausstellen, der psychoanalytischen Lesekunst in einer Weise nahe, die ihm wohl eher unangenehm wäre.

Heidegger versteht sein Denken als Destruktion bzw. als »Verwindung« der Metaphysik, also eines Denkschemas, das nach dem fragt, was nach oder über *(meta)* dem Vorhandenen bzw. Sein *(physis)* kommt. Ein nicht beliebiges Beispiel für Heideggers Lesekunst: Den altehrwürdigen Satz vom zureichenden Grund – *»nihil est sine ratione«*, demnach alles einen Grund hat – liest Heidegger frappierend neu: ja, das Nichts ist ohne Grund, das Nichts west unausgesetzt und abgründig. Soll heißen: der vermeintlich tragende Grund, das Fundament, der Unterbau, alles, was als Kandidat für Substanz oder Sub-jektivität geeignet zu sein scheint, ist in sich selbst different. Daß Sein zeitlich verfaßt ist, ist vor allen Phänomenen, die eine Theorie der Subjektivität in den Blick nimmt (→ Selbstbewußtseinstheorie, Existentialismus), die Bedingung der Möglichkeit dafür, daß sich etwas als etwas zeitigt, zeigt, entbirgt, daß wir etwas als etwas erfahren können. Es gibt »nichts« hinter *(meta)* dem Sein, was dieses Sein grundierte, fundamentierte, mit Sinn speisen würde. Vielmehr sind Sein, Zeit und Sinn ein in sich verschlungenes, in sich selbst unterschiedenes Ereignis: die Welt weltet, Sein zeitigt.

Endlichkeit ist die Möglichkeitsbedingung von Relationalität, Semantizität und Selbstbeziehung. Um es auf eine Formel zu bringen: Daß Sein in sich selbst unterschiedlich, nämlich als Zeit verfaßt ist, ist die Bedingung der Möglichkeit von Bedeutsamkeit. Wahrheit, die nicht mit Richtigkeit verwechselt werden darf, begreift Heidegger deshalb als Unverborgenheit bzw. Nicht-Vergessen (griech.: *A-letheia*). Dem Sog verdinglichender Seinsvergessenheit widerstreitet, wer sich der Einsicht in die eigentümliche Wahlverwandtschaft von Zeitlichkeit und Bedeutsamkeit aussetzt. Erfahren können die Bedeutsamkeit bzw. den Sinn von Sein die Wesen, die das Wesensverhältnis von Sprache und

Tod austragen. Menschen verenden nicht, sie sterben. Deshalb sprechen sie, deshalb erfahren sie die Sprache als das Haus des Seins. Sie verstehen sich dabei aber verdinglichend falsch, wenn sie sich als Herren der Sprache begreifen. Vielmehr werden sie von der Sprache besessen. Die andenkende Sprache der Dichtung (Hölderlins, Trakls, Rilkes) weist immerhin Möglichkeiten nicht-verdinglichten, entbergenden, lichtenden Sprechens auf. Denn Kunst und besonders Dichtung entzieht sich der »Dienlichkeit« (*Der Ursprung des Kunstwerks*, Stuttgart 1960). Sie liefern auch keine validen Erkenntnisse von Sachverhalten. Aber sie leisten etwas buchstäblich Ursprüngliches: Sie lassen Abwesendes anwesend sein, sie setzen Welt so ins Werk, daß etwas als etwas deutlich werden kann und darüber hinaus die Einsicht möglich wird, daß in allem Ursprung ein Sprung, ein Riß, ein Unterschied ist. Dichterisch wohnt noch der Mensch, der das willig vergißt.

Wirkungen, Risiken und Nebenwirkungen

All das, was auf den knappen voranstehenden Seiten vergleichsweise nüchtern vorgestellt wurde (so nüchtern, daß viele Heidegger-Schüler bei der Lektüre düpiert den Kopf schütteln würden), klingt auch so reichlich bizarr. Man muß kein militanter analytischer Philosoph oder mathematisch geschulter Logiker sein, um konsterniert, amüsiert oder aggressiv feststellen zu können, wie sphärenweit Heideggers später Schreib- und Denkstil von den Standards argumentativ kontrollierbarer Rede entfernt ist. Frühe entschiedene Einsprüche gegen ein solch entbundenes Denken, etwa der berühmte von Carnap und Willard V. O. Quine gegen Heideggers fahrlässigen Umgang mit den Worten »N/nichts«, haben dem Ruhm und der Wirkung des Seinsdenkers dennoch bemerkenswert wenig anhaben können. Daß Heidegger (viele sagen: zusammen mit seinem Jahrgangsgenossen Wittgenstein) der bedeutendste Philosoph des 20. Jahrhunderts ist, konzedieren auch Köpfe, die seinem Denkstil denkbar fern stehen. Selbst Heideggers nicht nur im Rückblick hochnotpeinliche offene Parteinahme für die Nazis (der Kritiker des »man« und der »Uneigentlichkeit« ging mit zig Millionen »Heil Hitler« schreienden und dem Führer folgenden Deutschen in eben diesem »man« auf → Totalitarismustheorie) hat seinem philosophischen Ruf kaum geschadet.

So schwer ist es nicht, dieses Paradox zu verstehen. Um nur sechs Motive für Heideggers eminente Wirkung zu nennen: Erstens stellt Heidegger keine Ansprüche an Erfüllung eines rationalistischen Paradigmas; vielmehr will er dieses gerade als seins-, zeit- und unterschiedsvergessen verständlich machen. Zweitens ist Heideggers Denkstil beides zugleich: esoterisch und dennoch einigen leicht gehobenen Alltagsintuitionen, die sich mit Heidegger-Formeln schmücken können, leicht zugänglich (Mensch, werde wesenhaft; die Übermacht der Technik ist problematisch; Hölderlin hat bedenkenswerte Zeilen geschrieben). Drittens sind Heideggers Schriften wie später die von Peter Sloterdijk so etwas wie das schlechte Gewissen einer analytisch aufgeklärten Philosophie, die den Bereich des verantwortlich Denk- und Sagbaren extrem eingeschränkt hat; in ihnen kehrt schon in schlicht thematischer Hinsicht wieder, was die Geschichte einer falsch verstandenen Aufklärung verdrängt und ausgeschlossen hat. Viertens kann aufmerksamen Lesern auffallen, daß Heidegger eben nicht nur raunt und deliriert, sondern möglicherweise wirklich aufschließende Überlegungen zu fundamental-ontosemiologischen Problemen entwickelt hat: Wie kommen Sein, Zeit, Sinn und Dasein zusammen und auseinander? Fünftens teilt Heidegger mit den meisten seiner Kritiker den Ansatz einer entschiedenen Befragung der metaphysischen Tradition und ihrer binären Grundunterscheidungen wie Grund – Begründetes, Ewigkeit – Zeit, Subjekt – Objekt, Unbedingtes – Bedingtes. Heidegger hat das von Nietzsche eingeleitete Projekt einer »Destruktion« bzw. einer »Verwindung der Metaphysik« vollendet, wenn destruktive Projekte denn vollendete sein können. Und sechstens hat Gadamers → Hermeneutik eindrucksvoll demonstriert, daß sich Heideggers dunkle Reden polyglott erhellen, damit aber auch entschärfen lassen.

Daß man vieles von dem, was der späte Heidegger zu sagen versucht, auch konziser sagen kann, haben produktive französische Heidegger-Schüler in unterschiedlichster Weise belegt. Heideggers Wirkung auf die neueren französischen Analyse-, Denk- und Theorie-Impulse ist immens. So unterschiedliche Philosophen bzw. Theoretiker wie Sartre (→ Existentialismus), Lacan (→ Psychoanalyse), Foucault (→ Diskursanalyse), Derrida (→ Dekonstruktion), Lyotard (→ Postmoderne) oder Kristeva (→ Feminismus) – um nur sie zu nennen – haben Heideggers Moderne-kritisches Denken beeindruckend modernisiert. Theorietechnisch gesprochen: Sie haben Heideggers »Verwindung der Metaphysik«

mit dem Stand spezifisch avancierter Theorien wie der Soziologie, der Semiotik, der Psychoanalyse oder der Institutionengeschichte vermittelt. Heideggers wirkungsmächtige Kritik an der »verdinglichenden« Tradition einer seinsvergessenen Ontologie, die zum »berechnenden« Cartesianismus mit seinen Unterscheidungen von Subjekt/Objekt bzw. *res extensa* und *res cogitans* führte, trug nach dem Urteil auch nüchterner Zeitgenossen genialische Züge. Sie war aber zugleich mit einer spezifischen Blindheit geschlagen, nämlich einem antimodernen Affekt gegen alles, was z. B. nach Soziologie oder Psychologie roch. Heidegger inkarnierte insofern das Paradox eines dummen Genies (→ Totalitarismustheorie). Pariser Intellektuelle haben Heideggers Hinterwelt-kritisches Seinsdenken auf Metropolenniveau gebracht – was Hinterwäldler naturgemäß nicht goutieren.

Selbstbewußtseinstheorie

Man kann aus wohlreflektierten Motiven wenn nicht gegen Reflexion, so doch gegen Metareflexion optieren. Kein Geringerer als Goethe hat das drastisch deutlich gemacht, als er in den *Zahmen Xenien* kokett an sich selbst eine abgründig naive Frage richtete:

> Wie hast du's denn so weit gebracht?
> Sie sagen, du habest es gut vollbracht! –
> Mein Kind, ich hab es klug gemacht,
> Ich habe nie über das Denken gedacht.

Klug und ironisch, wie Goethe nun einmal ist, weiß er natürlich, daß er genau das getan hat, was nicht getan zu haben er zu seinen Stärken rechnet: Er hat in seinen abweisenden Zeilen ja gerade über das Denken nachgedacht und dies für wenig produktiv befunden. Das unterscheidet Goethes Denkstil von dem fast aller seiner philosophieseligen Zeitgenossen. Auf die Metaebene zu wechseln, nicht nur zu denken, sondern darüber hinaus das Denken zu denken und Bewußtsein des Bewußtseins, also Selbstbewußtsein nicht nur zu haben, sondern zum expliziten Thema philosophischer Theoriebildung zu machen – das ist das bevorzugte Programm deutscher Denker um 1800. Fichte, Schelling, Hegel, Schleiermacher, Friedrich Schlegel, Novalis und Hölderlin (um nur sie zu nennen) sind vom Thema Selbstbewußtsein eigentümlich fasziniert.

Theoriegeschichtlich ist das leicht zu erklären. Ältere Philosophiegeschichten leisteten (sich) eine einfache, deshalb aber nicht falsche Übersicht. Danach war die antike und mittelterliche Philosophie Onto(Theo-)logie, also objektbezogene Lehre von Gott und der Welt. Die Philosophie der Neuzeit vollzieht hingegen mit Descartes eine spektakuläre Wende weg vom Objekt-Paradigma hin zum Subjekt-Paradigma: Bevor sie über die Welt-Objekte und das, was nach und hinter der Physis ist, nachdenkt, klärt sie die Bedingungen der Möglichkeit von Erkenntnis über »alles«. Dieser Wendung von der Ontologie zur Erkenntnistheorie, vom Objekt zum reflektierenden, bewußten, sich selbst erforschenden Subjekt hatte Descartes kanonischen Ausdruck gegeben: Man kann alles und noch die eigene Existenz bezweifeln (→ Simulationstheorie), nicht aber den Umstand, daß man zweifelt. *Cogito, ergo sum:* zumindest als *res cogitans*, als Zweifelnden muß es mich geben. Damit hatte Descartes einen Geist aus der Flasche gelassen, der sich als erstaunlich umtriebig erwies. Zumal in deutschsprachigen Theoriegefilden: Kant hatte in Anknüpfung an Descartes und Locke mit seinen Analysen der zwei Stämme von Erkenntnis (Sinnlichkeit und Verstand) und mit seiner These, daß diese von der »transzendentalen Apperzeption« synthetisiert werden, den entscheidenden Grundstein für das gelegt, was man mit Fug und Recht den »deutschen Idealismus« nennen konnte.

»Transzendentale Apperzeption«: das klingt und ist kompliziert. Die basale Überlegung aber läßt sich pointiert wiedergeben, weil Kant selbst eine klare Formel für sie gefunden hat: »das ›Ich denke‹ muß alle meine Vorstellungen begleiten können.« In (wie immer) problematischer Paraphrase: Was immer ich wahrnehme, fühle und denke, es handelt sich doch um Wahrnehmungen und Reflexionsakte, die ich habe. »Transzendental« muß diese Wahrnehmung oder Anschauung (Apperzeption) genannt werden, weil sie nicht irgendein »etwas«, irgendeinen Sachverhalt wahrnimmt, sondern vielmehr den, der dies apperzipiert: Ich bin mit mir als einer Instanz vertraut, die etwas weiß, erfährt, wahrnimmt. Wir haben nicht nur Bewußtsein von x,y,z, sondern auch von Bewußtsein. Ich bin mir meiner selbst als einer Größe bewußt, die Bewußtsein von allem Möglichen und Unmöglichen und eben auch Bewußtsein von Bewußtsein, Bewußtsein von sich selbst, Selbstbewußtsein hat. Um eine Formel zu verwenden, die bei Fichte und Schelling Karriere macht: Es gibt eine »intellektuelle Anschauung«, eine Weise, in der das bewußte Ich sich selbst (zur Beobachtung frei-)gegeben ist. Und diese selbstbewußte Instanz ist unhintergehbar, sie ist immer schon im Spiel, wenn Bewußtsein Theorien, Meinungen, Anschauungen, Gefühle etc. hat und entfaltet.

Im 20. Jahrhundert hat dieses »idealistische«, subjektzentrierte, seltsam zwischen Funktionalismus und Subjektivitätsfundamentalismus changierende Philosophiedesign aus vielfachen Gründen Kursverlust erlitten. Die gesamte Philosophie wandte sich vom Ansatz beim Phänomen (Selbst-)Bewußtsein ab und alternativen Schlüsselphänomenen wie Sprache und Kommunikation zu. Die gesamte Philosophie? Nein, ein kleiner Haufen unbeugsamer gallischer und teutonischer Denker (wie der späte Husserl und Sartre, vgl. → Existentialismus) blieb dem Paradigma der Selbstbewußtseinstheorie treu. Insbesondere Dieter Henrich (geb.

1927) und seine Schüler haben an *Fichtes ursprüngliche Einsicht* (so lautet der Titel einer knappen und dichten frühen Studie von Henrich) angeknüpft, die da lautet: Ich = Ich. Das Ich hat Kenntnis von bzw. Vertrautheit mit sich selbst, es ist sich seiner selbst bewußt, sonst wäre es kein Ich. Welche Bewandtnis es nun aber mit diesem Selbstbewußtsein hat, ist eine intrikate Frage. Und dies aus einem logischen Grund. Wenn ein Ich sich selbst weiß, so kommt es doppelt vor: als wissendes Ich und als gewußtes Ich. In einer mengentheoretischen Sprache, die Fichte noch nicht zur Verfügung stand, läßt sich das so formulieren: das Ich ist die Menge aller Mengen (an Wissen, Erfahrungen, Gefühlen etc. = Apperzeptionen), die sich selbst als Element enthält. In Hegels klassischen Worten: »Ich ist der Inhalt der Beziehung und das Beziehen selbst. (...) Es ist für sich selbst, es ist Unterscheiden des Ununterschiedenen oder Selbstbewußtsein. Ich unterscheide mich von mir selbst, und es ist darin unmittelbar für mich, daß dies Unterschiedene nicht unterschieden ist.«[1]

Das seiner selbst bewußte Ich kommt als das eine Ununterschiedene gleich dreimal vor: als Subjekt des Selbstbewußtseins, als Objekt des Selbstbewußtseins und als Vollzug der identifizierenden Gleichung zwischen diesen beiden identisch-differenten Größen. Ich = Ich: alle drei Größen dieses knappen Identifikationssatzes sind ein und dasselbe und zugleich voneinander unterschieden. Besteht »Ichheit« doch in keiner anderen Fähigkeit als der, sich als sich identifizieren zu

1 Hegel: Phänomenologie des Geistes; Werke, edd. Michel/Moldenhauer. Frankfurt/Main 1970, pp. 134 sq. und 137 sq.

können. Man kann die darin liegende Problematik unschwer illustrieren, z. B. mit der romantischen Literatur und ihrer Lust an Doppelgänger-Figuren, -Motiven und -Problemen. Wer sich im Spiegel erkennt (→ Psychoanalyse), muß ja schon wissen, wie er aussieht, um sich als *sich* identifizieren zu können. Ein Problem, das Köpfen und Leibern, die sich nach einer bis zur Besinnungslosigkeit durchzechten Nacht morgens als wohlverfaßtes Subjekt wiederfinden wollen, schmerzlich bewußt werden kann. Selbstbewußtsein ist demnach eine rekursive Funktion. Es ist ohne die Problemstrukturen, die mit dem mengentheoretischen Dilemma oder dem infiniten Regreß gegeben sind, nicht zu haben.

Die im Umkreis von Dieter Henrich und anderen (etwa Manfred Frank) entfalteten Diskussionen um eine angemessene Selbstbewußtseinstheorie haben deshalb immer erneut erwogen, ob ein Reflexionsmodell des Selbstbewußtseins wirklich überzeugend ist. Wer das Phänomen Selbstbewußtsein reflexionstheoretisch faßt, verstrickt sich in ein abgründiges Paradox: Gerade die Größe, die die denkbar wichtigste und anspruchsvollste Identität garantieren soll, nämlich die mit sich selbst, verwickelt sich in Widerspruchsstrukturen im engeren Sinne. Eine häufig erwogene »romantische« Alternative zum cartesianisch-kantisch-fichteschen Reflexionsmodell des Selbstbewußtseins besteht deshalb darin, Selbstbewußtsein als präreflexive Selbstvertrautheit, als Selbstgefühl zu begreifen. Ich denke mich dann nicht als Ich, ich fühle, erfahre, mich als Ich. Ob damit aber die angedeuteten Widerspruchsstrukturen befriedigend gelöst sind, ist fraglich. Wie immer man das Phänomen Selbstbezüglichkeit (er)fassen soll: etwa als ein »ich denke mich selbst«, »ich fühle mich selbst«, »ich bin mit mir selbst (präreflexiv) vertraut«, »ich bin mir gegeben« – logische Widerspruchsstrukturen sind jeder Formel inhärent, in der ein Selbst sich selbst zum Problem wird.

Angesichts solcher Einwände hat die Selbstbewußtseinstheorie ein starkes Pathos entwickelt: Gerade diese Probleme machen eben nicht nur die Selbstbewußtseinstheorie, sondern das von ihr fokussierte Problem so faszinierend. Denn es ist schwer zu bestreiten, daß es all den angedeuteten Problemen zum Trotz das Phänomen gibt, mit sich vertraut zu sein und sich auf sich beziehen zu können. Die Allianzen zwischen → Existentialismus und Selbstbewußtseinstheorie sind deshalb eng. Fausts Satz, er sei kein aufgeschlagen Buch, sondern ein Mensch in seinem Widerspruch, bekommt auf dem Hintergrund der zeitgenössischen Konjunktur von Selbstbewußtseinstheorien einen ganz spezifischen Klang.

Wirkungen, Risiken und Nebenwirkungen

Der Selbstbewußtseinstheorie haftet das Odium an, *old-fashioned* und Inbegriff der »*continental philosophy*« zu sein. Man kann aus diesem Einwand natürlich auch ein Kompliment machen: Selbstbewußtseinstheorie knüpft an die vornehmsten Philosophietraditionen und zumal an das spezifisch neuzeitliche Pathos an, Subjekten (was ja nichts anderes heißt als Sub-jekte = Untertanen, Unterlegene, Unterliegende) bewußt zu machen, daß sie nicht nur das Zeug dazu, sondern die Verpflichtung haben, selbstbewußte, für sich selbst verantwortliche Subjekte zu sein. Ohne Selbstbewußtseinstheorie kein Pathos, das Aufklärung als Ausgang aus selbstverschuldeter Unmündigkeit verständlich machen kann. Selbstbewußtsein ist überdies nicht irgendein mögliches Thema, sondern das Schlüsselphänomen (erkenntnis-)kritischer Philosophie schlechthin. Alle anderen Themen sind aus der Perspektive der Selbstbewußtseinstheorie nachgeordnet: Fragen wie die nach dem rechten Leben, der angemessenen Politik, dem Schönen, den zwischenmenschlichen Beziehungen und der Erkenntnis von Sachverhalten sind erst analysefähig, wenn zuvor geklärt ist, wie es sich mit der Instanz verhält, die lebt, Politik betreibt, Kontakte mit anderem Selbstbewußtsein unterhält und Erkenntnis von etwas entwickelt. Selbstbewußte Subjektivität ist in diesem Sinne eine unhintergehbare, nicht destruierbare und auch nicht dekonstruierbare Instanz.

Das sind ersichtlich starke und in jedem Sinne selbstbewußte Behauptungen. Kritische Gegeneinwände liegen auf der Hand und sind auch vielfach vorgetragen worden. Aus anthropologischer, psychologischer, soziologischer, historischer, interaktionstheoretischer, kulturvergleichender oder kommunikationsanalytischer Perspektive liegen Fragen und Hinweise wie diese nahe: nur eine sehr genau beschreibbare Minderheit von Köpfen, nämlich bevorzugt Mitteleuropäer um 1800, entwickeln eine selbstbewußtseinstheoretische Selbstbeschreibung. In Kulturen wie der japanischen (und vielen anderen mehr) wäre eine solche Ego-zentrierte Selbstbeschreibung kaum denkbar. Die Transzendentalphilosophie mag noch so universalistisch auftreten und die ganze Menschheit umarmen – sie ist ein kulturspezifischer Sonderweg. Und selbst innerhalb dieser Kultur sind Fragen wie die, ob Schlafende, Schizophrene oder Kleinkinder selbstbewußtseinstheoretisch angemessen erfaßt werden können, schwer von der Hand zu weisen. Überzeugend ist auch der Einwand, daß Intersubjektivität logisch und chronologisch früher ist als selbstbewußte Subjektivität, daß Selbstbewußtsein nicht ohne Kommunikation zu fassen ist oder daß nach Rimbauds berühmtem Wort »das Ich ein Anderer« ist. Entwicklungspsychologen wie Jean Piaget, Soziologen, Biologen, Neurophysiologen und auch Psychoanalytiker, die auf Lacans Exzentrizitäten verzichten, weisen gemeinsam darauf hin, daß die Fähigkeit, »ich« zu sagen, nicht schon mit der Geburt gegeben, sondern vielmehr fremdinduziert ist.

Gegen Einwände dieser Art immunisiert sich die Selbstbewußtseinstheorie, indem sie eine weitreichende Begriffsunterscheidung trifft: die zwischen empirischen und transzendentalen Subjekten. Thema der Selbstbewußtseinstheorie sind nicht empirische, also etwa dürre, melancholische, schwitzende, verliebte, suizidal gefährdete, heimwehkranke oder delirante Subjekte, sondern (fast) ausschließlich Transzendentalsubjekte, also Subjekte, die im Hinblick auf die Bedingung der Möglichkeit von Erkenntnissen analysiert werden. Ob die Unterscheidung empirisch/transzendental eine empirische oder transzendentale Unterscheiung ist – das sind Fragestellungen, die die Selbstbewußtseinstheorie alsbald (z. B. in Gestalt der Hegelschen Denkfiguren) über sich selbst hinausgetrieben haben. Anspruchsvolle Theorien, die Subjektivitätsprobleme hinter sich lassen, machen jedoch häufig eine eigentümliche Erfahrung: Sie werden (vgl. z. B. → Systemtheorie) die Rekursivitätsprobleme nicht los, die der Selbstbewußtseinstheorie so etwas wie eine negative Erhabenheit verleihen.

Simulationstheorie

Nothing is real heißt es im berühmten Song *Strawberry Fields* der Beatles, der mit den damals noch neuen Möglichkeiten der Hi-Fi-Stereophonie in einem von der sogenannten Außenwelt strikt abgeschotteten Aufnahme-Studio produziert wurde. »*We all live in a yellow submarine*«, also in einem Medium, in einem Element, das uns gänzlich umschließt. Zu dem aufzusteigen, was jenseits aller artifiziellen High-Technologie als das eigentlich Wirkliche gelten soll, ist in der späten Moderne noch schwieriger als am Anfang systematischen Philosophierens. Auch Platons berüchtigtes Höhlengleichnis handelt von den Schwierigkeiten, zwischen Sein und Schein verläßlich zu unterscheiden. Die trügerischen Medien, die von Platon verdächtigt werden, das Eigentliche so zu verstellen, daß sich kein verläßliches Verständnis von Wirklichkeit mehr gewinnen läßt, sind im Rückblick von fast zweieinhalb Jahrtausenden von durchschlagender Harmlosigkeit: Feuer und Schatten.

Technologisch um Potenzen aufwendiger als Platons *Politeia*-Mythe ist ein Film, in dem ein medienhistorisch altes Produkt, nämlich ein Buch, eine entscheidende Rolle spielt. »Baudrillard« – ein Buch mit diesem deutlich lesbaren Autorennamen wird in einer entscheidenden Szene eines Films, der schnell Kultstatus errungen hat, lange eingeblendet. Die Geschichte, von der der Film *Matrix* erzählt, ist allen postmodern sensiblen Kinogängern bzw. DVD-Konsumenten bzw. Internetrunterladern bekannt. Ein rundum vernetzter, neurophysiologisch zu permanenten Zufriedenheitserfahrungen stimulierter, postnuklearer Spätmensch beginnt wie ein cartesianisches Cogito an sich und der Welt zu zweifeln. Neo, so sein Name, hat einen sich zusehends erhärtenden Verdacht: *»Nothing is real.«* Und deshalb macht er sich auf, um die wahre Welt und die Wahrheit hinter der Simulation zu entdecken. »Neo« wird anagrammatisch zu dem Einen, zum einzigartigen Durchblicker, zu »One«, der im Kontakt und in Auseinandersetzung mit mythischen Mächten wie »Morpheus« und »Nebukadnezar« die Hyperrealität mit ihren eigenen Mitteln (zer-)schlägt. Was sehr konkret heißt: Er setzt Hypermedientechnik gegen Hypermedientechnik ein. Der Speer nur heilt die Wunde, der sie schlägt.

Daß der französische Germanist und Soziologe Jean Baudrillard (1929-2007) der entscheidende intellektuelle Stichwortgeber zu diesem Epochenfilm ist, macht nicht nur die Einblendung eines seiner Bücher in einer zentralen Filmszene deutlich. Der ganze Film ist nach dem Muster der Simulationstheorie Baudrillards gewebt – auch medientechnisch: handelt es sich doch um einen Film, der nicht mehr »Realität« (und sei sie noch so inszeniert) registriert, sondern zu erheblichen Teilen aus Computersimulationen besteht. Baudrillard hat sich spätestens mit seinem 1976 erschienenen Buch *L'échange symbolique et la mort* (dt. *Der symbolische Tausch und der Tod*, München 1982) einen Namen gemacht. Seine hochkomplex, mit großer Lust an ultimativen Paradoxien und am Sich-selbst-ins-Wort-Fallen entwickelten, hier selbstredend auf referierbare Handlichkeit heruntergebrochenen Leitthesen über das nicht mehr Referierbare, da nicht mehr Referentielle, lauten: Schon der frühe Kapitalismus hat für einen enormen Entreferentialisierungsschub gesorgt. Denn im Mittelpunkt kapitalistischen Wirtschaftens steht nicht mehr das Interesse am Gebrauchswert der Dinge, sondern das an ihrem Tauschwert. Tauschwerte aber sind nicht wegen ihrer Dinglichkeit, sondern allein als Wertzeichen von Interesse. Sie interessieren mich nur, weil ich sie gegen andere Zeichen wie Schecks, Wechsel und Geldscheine tauschen kann. Die traditionellen Dinge, die so gerne gebraucht würden, wehren sich gegen den kapitalistischen Liebesentzug und ihren Mißbrauch. Sie entwickeln »fatale Strategien«, sorgen für Unfälle und Katastrophen und nerven uns mit ihrer perversen Lust daran, die Tücken des Objekts vorzuführen (ein Motiv, das Baudrillard schon in seinem früheren Buch *Le systéme des objets* / Paris 1968, dt. *Das System der Dinge*, Frankfurt/Main 1991 entfaltet hat). Darauf reagiert der Kapitalismus mit zunehmender Zeichenfixierung und nochmals radikalisierter Entreferentialisierung. So kauft man am Aktienmarkt z. B. »eigentlich« nicht mehr Firmenanteile, sondern Erwartungserwartungen: Ich erwarte und setze mit meinem Kauf ein entsprechendes Zeichen, daß der andere meine Erwartung erwartet und ein entsprechendes Kaufzeichen setzt, daß der Aktienkurs, also der Wert von Zeichenscheinen und von Scheinzeichen steigt. Was der dann womöglich sogar tut – womit sich aber nicht etwa Zeichen auf Reales beziehen, sondern diese mit anderen Signifikanten mitziehen. Nach und nach kommt auch der sogenannte realökonomische Sektor auf die Höhe des Finanz-Zeichensektors. Die Werte, die heute eigentlich zählen, sind ganz konkret und handfest »Zeichenwerte«: wer wirklich Kohle machen will, fördert nicht mehr Kohle, er produziert auch nicht mehr Autos oder Mais, sondern s(t)imuliert Quellcodes, Software, Hollywood-Filme, Computerspiele, CDs, *corporate identities*, Werbung, Lifestyle, Kultmarketing oder Finanzprodukte. Also das, was Baudrillard das »Hyperreale« nennt. Hyperreal ist das, was eigentlich zählt – und das sind referenzlose Zeichen bzw. Zeichen, die auf Zeichen referieren.

Das sogenannte Reale ist für spätkapitalistische Mediengesellschaften gestorben. Der Tod und die Toten, also die Größen, mit denen wir nicht kommunizieren und auf die wir nicht referieren können, sind dem Hyperrealen zugleich gespenstisch nah und fern. Um Baudrillard mit Adorno zu paraphrasieren: Das Leben lebt nicht mehr. Die Toten sind deshalb unheimlich in jedem Wortsinn: Sie sind uns heimisch-vertraut, und sie sind zugleich die radikale Negation schlechthin. Selbst der Krieg ist nicht mehr, was er mal war. Der erste Golfkrieg fand nicht statt, wie Baudrillard 1991 in einem gleichlautenden Essay darlegte *(La guerre du Golf n'a pas lieu)*. Militärs, Journalisten, Politiker und Weltöffentlichkeit schauten gleichermaßen auf Monitore, die Licht-, Flugbahn- und Schemenzeichnungen zeigten. Der erste hyperreale Computer-Medien-Verbundkrieg. Um so faszinierter sind die Bewohner hyperrealer Welten, wenn sie noch mit fixen, starken, intensivsten Herausforderungen konfrontiert werden. Ein vorzeitlicher Ayatollah spricht eine Todesfatwa über einen polyglotten Schriftsteller; Khomeini wirkt und funktioniert, wenn er dazu auffordert, Salman Rushdie zu töten, wie die Inkarnation des Vormodernen, also Realen, also Bösen. Er wird zum »*strange attractor*« des Hyperrealen. Vom islamistischen Terror zeigt sich Baudrillard denn auch eigentümlich fasziniert. Er gilt ihm offenbar in seiner Todessehnsucht als die paradoxe Inkarnation des verschwundenen Realen. Endlich strömen nicht mehr nur Monitorzeilen auf Fernsehbildschirme und Pixel auf Computerbildschirme, endlich fließt wieder reales Blut, endlich stürzen die Türme des World Trade Centre, in denen hyperreale Zeichen produziert und selbstreferentiell zirkuliert werden, in sich zusammen – nach Baudrillards Deutung, weil sie sich selbst nicht mehr ertragen und also Selbstmord begangen haben.[1]

Daß Baudrillard mit seiner Konstruktion des Hyperrealen seinerseits hyperbolisch umgeht, also nicht sonderlich viel Scheu vor Übertreibungen hegt, liegt auf der Hand. Wer seine Gegenwartsdiagnose theoriegeschichtlich verorten will, hat es vergleichsweise leicht, weil er ebenfalls eine hyperbolische Formel zu Hilfe rufen kann: Baudrillard vollzieht im Rahmen der marxistischen Theoriegeschichte den Schritt von der Verdinglichungs- zur Entdinglichungskritik. Alles und noch die Intersubjektivitätsverhältnisse werden unter dem Diktat des Kapitals zu leb- und lieblosen Dingen, lautete die (neo)-marxistische Diagnose (→ Kritische Theorie, → Seinsdenken). Alles und noch die Kommunikationsverhältnisse werden unter dem Diktat des medientech-

1 Zur Kritik an Baudrillards Auseinandersetzung mit 9/11 s. Jochen Hörisch: Worüber darf man (nicht) lachen? – Groteske Kommunikation nach dem 11. September 2001; in: J. H.: Gott, Geld, Medien. Frankfurt/Main 2004, pp. 200-222

nologisch aufgerüsteten Kapitals entdinglicht, alles wird zum Simulacrum (also zum Scheinwesen), *nothing is real*, was selbstredend auch heißt: das Nichts ist wirklich (und übermächtig geworden), lautet die simulationstheoretische Diagnose Baudrillards. Wir leben in vollendet nihilistischen Zeiten.

Zu Baudrillards Pop-Philosophie gibt es eine akademisch hochseriöse Variante. Wer in den USA Philosophie studiert, kommt schon im Erstsemester-Kurs »Introduction to Philosophy« um ein Gedankenexperiment nicht herum, das Hilary Putnam (geb. 1926) durchgespielt hat. Das »Mind-in-the-bottle«-Problem steht dem Plot von *Matrix* ersichtlich noch näher als die ausschweifenden Gedankengänge von Baudrillard. Was wäre, wenn ich ebenso wie die Welt um mich herum gar nicht real existierte, sondern all das, was ich erlebe, nur Effekt der Reize wäre, mit denen ein Computer mein Hirn stimulierte, das sinistre Mächte in einem es nährenden Tank aufbewahrten? Könnte ich das wissen, wäre es mir möglich, zwischen der »realen« Welt (die dann die meines in einer Nährlösung schwimmenden Hirns wäre) und der computerinduzierten simulierten Welt zu unterscheiden? So konstruiert, wie es auf den ersten Blick scheint, ist das Gedankenexperiment nicht, das an Descartes' Überlegungen anknüpft, ob ein böser Genius uns systematisch über die Welt und uns selbst täuschen kann. Denn es läßt sich schwerlich bestreiten, daß z. B. operativ stimulierte Hirne Sachverhalte wahrnehmen, die es real nicht gibt – also etwa »real inexistente« Geräusche hören (dazu gehört nur ein ordentlicher Tinnitus), Phantomschmerzen in amputierten Gliedern spüren oder Gerüche vernehmen, die keine Basis in der sogenannten Außenwelt haben.

Wenn dem so wäre, wenn ich also statt ein sogenanntes Subjekt in einer sogenannten realen Welt ein fremdgesteuertes Hirn im Tank wäre, so hätte ich keinerlei verläßliche Beziehungen zu der Welt, in der sich der Tank befindet, dafür aber zu den Objekten und Sachverhalten der vom Computer simulierten Welt. Alle sprachlichen Äußerungen und Referenzen (etwa Blicke oder Hindeutungen), inklusive meiner selbst, würden sich demnach auf diese simulierte, nicht auf die reale Welt beziehen. In eben dieser simulierten Welt bin ich aber eben gerade nicht ein fremdstimuliertes Hirn in einer Biomasse, sondern ein integrer und integraler Mensch, und deshalb wäre der Satz »Ich bin ein Hirn im Behälter« in meiner Sprache falsch. Nun habe ich keine ganz andere Sprache zur Verfügung, weshalb ich, da ich nicht *»God's Eye point of view«* einnehmen und nicht aus meiner Sprache austreten kann, kein Hirn im Tank bin.

Putnam tauft seine Theorieposition sehr schön auf den Begriff »interner Realismus«. Er setzt sich vom klassischen »metaphysischen Realismus« ab, dem die altehrwürdige, aber schwerlich zu haltende Korrespondenztheorie der Wahrheit zugrunde liegt (vgl. → Konstruktivismus). Ihr zufolge wäre Wahrheit/Richtigkeit die *adaequatio rei et intellectus*, also die Übereinstimmung von Sache/Sachverhalt und intellektueller Re-Präsentation dieses Sachverhalts. Ich müßte gewissermaßen Realitäts-jenseitig sehen können, daß die Realität und Ich selbst erstens vorhanden sind und zweitens von mir »richtig«, realitätsadäquat rezipiert werden können. Gerade ein harter Realist müßte also extrem metaphysiklastig sein. Darüber, daß die Wirklichkeit, das Reale, kantisch gesprochen: »das Ding an sich«, kognitiv und sprachlich nicht erreichbar ist (was nicht heißt, daß es es nicht gibt), herrscht mittlerweile so etwas wie weitgehender Konsens zwischen den Denkschulen. Die These, wir könnten das, was tatsächlich der Fall ist, verläßlich so, wie es ist, in unsren Hirnen (re-)präsent halten, ist ja auch abenteuerlich: die anderthalb Kilo Hirnmasse reichen nicht aus, auch nur die Dinge aufzunehmen, die ich gerade vor mir auf dem Schreibtisch gewahre.

Wirkungen, Risiken und Nebenwirkungen

Daß Philosophien filmtauglich und populär werden, ist ein seltenes Phänomen. Es fällt ja auch nicht gerade leicht, sich vorzustellen, wie eine Verfilmung von Kants *Kritik der reinen Vernunft*, von Hegels *Wissenschaft der Logik*, von Wittgensteins *Tractatus logico-philosophicus* oder von Adornos *Negativer Dialektik* aussehen könnte. Um so bemerkenswerter ist es, wenn Philosophien bzw. Philosopheme filmtauglich werden. Der russische Regisseur Eisenstein wollte Marx' *Kapital* verfilmen; das Projekt blieb unvollendet. Sartres Existentialismus hat sich als außerordentlich literatur- und verfilmungstauglich erwiesen. Und eben auch die Simulationstheorie. Obwohl ihr Design und Argumentationsgestus so extrem unterschiedlich ausfallen kann wie bei Baudrillard und Putnam, haben Filme wie *Matrix* oder *Existence* der Simulationstheorie medial gehuldigt. Die Erklärung fällt leicht.

Friedrich Kittler hat eine so einfache wie weitreichende medienanalytische Unterscheidung von Fiktion und Simulation vorgeschlagen. Danach sind Fiktionen Effekte einer Manipulation am symbolischen Material, konkret: am Buchstabenbestand. Symbolisch läßt sich die vorhandene Welt negieren und eine neue fingieren. Simulationen sind hingegen operative Manipulationen oder, um einen ideologiekritisch weniger belasteten Terminus zu wählen, Bearbeitungen von Computer-Datenbeständen mit audiovisuellen Effekten. In Kittlers Worten: »Mit dem Begriffspaar Simulation und Dissimulation hat das Lateinische (...) die in allen indoeuropäischen Sprachen verfügbaren Operationen der Affirmation und Negation drastisch erweitert. Während Affirmieren nur bejaht, was ist, und Negieren nur verneint, was nicht ist, heißt simulieren, was nicht ist, zu bejahen, und dissimulieren, was ist, zu verneinen. Zum erstenmal in der Sprachgeschichte hat ein Code es seinen Subjekten oder Untertanen freigestellt, die Negation zu manipulieren und diese Manipulation auf einen operativen Begriff zu bringen. (...) Unter Computerbedingungen wird es also machbar, maschinell zu affirmieren, was nicht ist: Siegeszug der Simulation.«[2]

Filme waren auch schon vor der Erfindung der Pixel-Technologie, die die maschinelle Affirmation dessen, was nicht ist, im großen Maßstab ermöglicht, eigentümlich auf Probleme der Halluzination und des Unwirklichen fixiert. Nicht umsonst gehören der Golem,

2 Friedrich Kittler: Fiktion und Simulation; in: Karlheinz Bark et al. (edd.): Aisthesis – Wahrnehmung heute oder Perspektiven einer anderen Ästhetik. Stuttgart 1990, p. 200 sq.

Dracula und Zeichentrickfiguren aller Art zum beliebtesten und erfolgreichsten Figurenreservoir des frühen Films. Dennoch ist die neue Qualität des Simulationsproblems nicht nur für Kenner der Kinogeschichte schnell zu verstehen. Filme wie *Jurassic Park* oder *Matrix* sind nicht nur medientechnologisch so perfekt, daß kein ideologiekritisch geschultes Auge mehr Kulissen als Kulissen und Zeichentricks (ein wunderbares Wort) als Zeichentricks durchschaut. Sie handeln überdies auch von der medientechnischen Konstruktion des alt-neu Realen: etwa von der Re-Produktion von Dynosauriern oder von der Groß-Produktion simulierter Welten. Angesichts der atemberaubend hybriden Entwicklung der Simulationstechniken können hyperbolische Thesen über das Hyperreale wie die Baudrillards mit einem hohen Maß an Aufmerksamkeit rechnen. Daß sie »etwas« treffen und fokussieren, ist schwer zu bestreiten – nur was?

Es war ebenfalls ein Film, der die hyperbolisch überreizte Simulations- und »*Nothing is real*«-Debatte witzig heruntergebrochen hat. Woody Allen spricht einmal die geflügelten Worte: »Sorgen und Zweifel plagen mich. Was ist, wenn nichts wirklich existiert? In diesem Fall habe ich entschieden zu viel für meinen neuen Teppich bezahlt.« Die Sottise macht darauf aufmerksam, daß wir auch im Computer-Zeitalter in aller Regel über recht genaue Unterscheidungen zwischen dem Wirklichen und dem Unwirklichen verfügen. Wir intervenieren weder, wenn wir im Theater sehen, wie Mephisto Gretchens Bruder tötet, noch, wenn wir im Kino sehen, wie dunkle Gestalten versuchen, Neo ein X für ein U vorzumachen. Offenbar können Hunderte von

Theater- und Filmzuschauern sehr genau zwischen einem Drama bzw. einem Film einerseits und nicht inszenierten Wirklichkeitsausschnitten andererseits unterscheiden. Wenig spricht übrigens dafür, daß es sinnvoll ist, die westliche (Kultur- und Medien-)Geschichte in toto als eine Geschichte progressiven Welt- und Wirklichkeitsverlusts zu schreiben. Simple Daten wie kollektiver Teufels- und Hexenwahn oder die Beglaubigung der Hostie als das *»ens realissimum«* sprechen ebenso dagegen wie der Umstand, daß wohl nur wenige Epochen so auf die knappen Ressourcen Natur, Wirklichkeit, Körper und Unmittelbarkeit fixiert waren wie die postmetaphysische Epoche. Die Zeit des universalen Simulationsverdachtes ist auch die Zeit der Fitneßbewegung, des Körperkults, des Joggens, der Nacktheiten, der öffentlichen Sexualität, der gesteigerten Umweltsensibilität.

Also: alles schon mal dagewesen? Baudrillards Thesen nur ein postmoderner Aufguß erkenntniskritischer Zweifel, wie sie von Platon über Descartes bis zu Putnam und zum → Konstruktivismus immer wieder artikuliert wurden? Nein, denn die *differentia specifica* zwischen Baudrillards mäandernden Reflexionen und dem Traditionsstrang erkenntniskritischer Wirklichkeitsbefragung läßt sich klar angeben. Baudrillard analysiert unser Wirklichkeitsverhältnis als eine Funktion des Standes von Medientechnik (im früheren Werk: der spätkapitalistischen Tauschlogik) und nicht als Funktion von anthropologisch-kognitiven Daten. Im medien- bzw. simulationstheoretisch aufgeklärten Rückblick fällt in der Tat auf, wie untergründig medientechnisch geprägt noch die Rede vom Wesentlichen des Menschen ist: Platon versteht die Seele des Menschen als Wachstafel, Mystiker verstehen sie als Griffel Gottes, Goethe als aufgeschlagenes Buch, der Präsident Schreber als Telegraphen, Freud als Wunderblock, und ab 1900 (also fünf Jahre nach der Erfindung der Kinematographie) sagen Sterbende fast unisono von sich, daß ihr Leben vor ihnen noch einmal wie im Zeitraffer vorübergleite. Von Medien und Elementen sprechen auch Gedichtzeilen Gottfried Benns, die auf die Frage nach Simulation und Wirklichkeit eine stimulierende Antwort geben: »Eine Wirklichkeit ist nicht vonnöten, / ja es gibt sie gar nicht, wenn ein Mann / aus dem Urmotiv der Flairs und Flöten / seine Existenz beweisen kann.«

Sprechakttheorie

»Im Namen des Volkes werden Sie zu lebenslanger Haft verurteilt.« – »Hiermit erkläre ich euch zu Eheleuten.« – »Sie haben das Examen bestanden.« – »Sie sind entlassen.« In freien Ländern dürfen zwar alle solche Sätze sagen. Ein gewisses Risiko gehen sie aber doch ein, wenn sie nicht gerade in ihrer offiziell attestierten Rolle als Richter, Standesbeamter, Professor oder Personalchef sprechen. Sie müssen also darauf achten, ob die Hörer Spaß verstehen oder einer unter ihnen geneigt sein könnte, Anzeige wegen Amtsanmaßung zu erstatten. Offenbar darf auch in liberalen Gesellschaften nicht jeder ungestraft in allen Kontexten dasselbe sagen und schreiben (→ vgl. Diskursanalyse). Denn Worte können eben doch mehr sein als bloße verfliegende Worte. Man kann mit ihnen bemerkenswert viel anstellen. Gerade auch dann, wenn man nichts anderes tut als sprechen (oder schreiben). *How to do things with words* – so lautet der schnell berühmt gewordene und eine neue Disziplin, eben die Sprachpragmatik begründende Titel eines Buches, das der englische Philosoph John L. Austin 1962 veröffentlichte (dt. *Zur Theorie der Sprechakte*, Stuttgart 1972). Seine Grundthese: Satzäußerungen haben nicht nur einen propositionalen Gehalt (also eine Information über Sachverhalte), sondern auch eine »illokutionäre« Dimension (vom lateinischen *»ille«*: dies da, *»loquitur«*, wird gesprochen): sie konstituieren als Äußerung einen Sachverhalt, sie sind eine Handlung, man tut etwas, mitunter gar etwas ganz Entscheidendes, wenn man spricht, man agiert sprechend, man vollzieht einen Sprechakt.

Offenbar aber gibt es unterschiedliche Typen von Sprechakten. Seine besondere Aufmerksamkeit widmet Austin den sogenannten »perlokutionären« Dimensionen von Sprechakten – also jenen, die wie in den eingangs genannten Beispielen durch (per) den Sprechakt beim Hörer etwas bewirken (ihn amüsieren, demütigen, erröten lassen oder mißtrauisch machen). Performative Sprechakte sind schließlich solche, die sich auf sich beziehen und dadurch, daß sie vollzogen werden, Geltung haben. Ein Versprechen besteht darin, daß man etwas verspricht, eine Wette gleichfalls. Performative Akte wie Gebote, Auslobungen, Befehle und Eide haben offenbar eine andere illokutionäre Dimension als Mitteilungen über Sachverhalte. Propositionale Gehalte von Aussagen können »wahr« oder »falsch« sein, illokutionäre Sprechakte haben hingegen eine andere Leitorientierung. Sie können »gelingen« oder »mißlingen«. Ob sie gelingen, hängt von Institutionen, Konventionen sowie außersprachlichen Umständen und Bedingungen ab: Der Sprechakt, durch den ein Angeklagter seine Verurteilung erfährt, gelingt nur dann, wenn sein Sprecher zum Richter ernannt worden und das Gerichtsverfahren formal korrekt durchgeführt wurde. Der Hauptmann von Köpenick war insofern Sprechaktfeldforscher *avant la lettre*. Er mußte erfahren, was es heißt, vom sprechenden Befehlsgeber zum besprochenen Verurteilten zu werden.

Nun muß man kein Fan des subversiven Pseudo-Hauptmanns und auch nicht sonderlich sophistisch begabt sein, um auf ein weitreichendes Problem zu stoßen, an dessen Erhellung sich die zahlreichen Sprechakttheoretiker unablässig abarbeiten. Das Gelingen auch und gerade von vergleichsweise profanen perlokutionären Sprechakten (wie »ich verspreche, dich morgen zu besuchen«) ist an *»happiness-conditions«* gebunden. H. P. Grice hat die Fülle der Maximen, die eingehalten sein wollen, wenn perlokutionäre Sprechakte gelingen sollen, benannt und unter einem Oberbegriff subsumiert: Man muß sich an das immer schon und irgendwie vorausgesetzte »Kooperationsprinzip« halten und dabei den Maximen der Wahrhaftigkeit, Relevanz, Klarheit und Knappheit möglichst die Treue halten. Bekanntlich geschieht dies aber nicht immer, ja, überviele Indizien sprechen dafür, daß solche idealen Sprechakte selten und parasitäre Sprechakte die Regel sind. Kein Mensch spricht auch nur eine Viertelstunde lang wahrhaftig, klar und knapp über Relevantes. Dennoch gelingen Sprechakte halbwegs. Warum? Weil es so etwas wie eine »konversationelle Implikatur« gibt. Was schlicht heißt, daß man in Gesprächen implizit etwas meint, voraussetzt, signalisiert, was man nicht direkt artikuliert. Man kann zum Beispiel meinen, jemand solle doch bitte das Fenster schließen, wenn man im Zugabteil sagt: »Es zieht.«

Das alles sind höhere Trivialitäten. In Debatten um solche höheren Trivialitäten sagt man bekanntlich immer das Richtige, wenn man darauf hinweist, daß die Verhältnisse sehr komplex sind und noch viel Forschungsbedarf vorhanden sei – z. B. über die Verquickungen von Sprechakten mit Institutionen, Mentalitäten, Gender-Kategorien, Hintergrundstrukturen sowie inner- und extralinguistischen Kontexten aller Art. Auch intern bieten sich die Unterscheidungen der Sprechakttheorie für Subtilisierungen an. So hat der

Austin-Schüler John Searle (geb. 1932) eine *Taxonomie illokutionärer Akte* (1975, dt. in *Ausdruck und Bedeutung*, Frankfurt/Main 1982, S. 17-50) vorgelegt, die fünf Klassen unterscheidet: Asservative Sprechakte sagen aus, was der Fall ist; direktive Sprechakte wollen einen oder mehrere Gesprächspartner dazu bringen, etwas Bestimmtes zu tun; mit kommissiven Sprechakten lege ich mich selbst auf eine bestimmte Handlung oder Verpflichtung fest; expressive Sprechakte geben Gefühlen Ausdruck; und deklarative Sprechakte geben zu verstehen, daß wir etwas in der Welt für veränderungsbedürftig halten. Neuen Schwung erhielt die Diskussion um die Sprechakttheorie, als Jacques Derrida (→ Dekonstruktion) in Auseinandersetzung mit John Searles Subtilisierungen der *speechacttheory* implizit darauf hinwies, daß gerade die klassischen performativen Sprechakte an theatralisch-ritualisierte Kontexte gebunden sind. Auf dem Standesamt, vor Gericht und bei der Vereidigung von Ministern geht es um Ernsthaftestes, und also geht es auch extrem ernsthaft und zugleich doch nicht ganz so ernsthaft, nämlich theatralisch zu. Wiederholt (iteriert) und zitiert werden dort die immer selben Formeln. Immer dasselbe an diesen Sprechakten aber ist, daß sie immer andere sind und anderes meinen. Gerade dem Sekundären, dem Wiederholten und zu Tode Zitierten kommt offenbar die größte performative Kraft zu. Das Sekundäre ist primär, die Wiederholung ist logisch früher als das, was sie wiederholt.

Wirkungen, Risiken und Nebenwirkungen

Sprachwissenschaft hat nach fast allgemein geteilter Auffassung drei Dimensionen: eine syntaktische, eine semantische und eine pragmatische (→ Strukturalismus). Die Syntaxtheorie rekonstruiert die grammatischen Strukturen von Äußerungen, also die Verknüpfungsregeln von Wortfolgen. Die Semantik fragt nach den Bedeutungsdimensionen sprachlicher Äußerungen. Und die Pragmatik fragt danach, was wir mit Sprache anstellen und, wenn sie klug ist, danach, was die Sprache mit uns anstellt. Daß alle drei Dimensionen miteinander und mit dem Rest der Welt zusammenhängen, versteht sich von selbst. Durch die Sprechakttheorie hat die linguistische Pragmatik einen steilen Karriereschub erlebt. »Performanz« wurde zu einem der erfolgreichsten – z. B. SFB (= Sonderforschungsbereich-)tauglichen – Schlüsselwörter der humanwissenschaftlichen Theoriebildung weit über die Linguistik hinaus. Dem theoriehistorisch geschulten Blick kann kaum entgehen, daß Themen- und Problembestände, die mit dem Prestigeverlust des → Existentialismus, der neomarxistischen Theorie-Praxis-Debatte oder der Soziolinguistik frei flottierten, unter dem Dach der »Performanz«-Forschung Obhut finden konnten: Was können, dürfen und sollen wir tun, welche Effekte haben unser Tun und Sprechen, ist es nicht eine großartige Einsicht, daß wir etwas tun, wenn wir sprechen? Gerade angesichts der rasanten Entwicklung, ja Explosion neuer Medientechniken (vgl. → Medientheorien) hat die Fokussierung von Aufmerksamkeit auf Sprechakte auch etwas Tröstliches. Von ihr geht die Suggestion aus, man könne im und mit dem Uraltmedium Sprache – handeln.

Für erfolgreiche Super-Theorieprogramme wie die Diskursethik von Jürgen Habermas (→ Kritische Theorie) waren die Anregungen der Sprechakttheorie entscheidend; für die alternative Supertheorie, die → Systemtheorie von Niklas Luhmann, spielt sie keine oder allenfalls eine marginale Rolle. Sie hält es mit einer vorsprechakttheoretischen Weisheit des Platonischen *Kratylos*-Dialogs, der noch Derridas Fragen an Searle so frivol wie tiefsinnig über- oder unterbietet: »Sokrates: Ob dies etwa, daß man überhaupt nichts Falsches sagen könnte, ob dies der Gehalt deines Satzes ist? Denn gar manche behaupten dies, lieber Kratylos, jetzt und auch sonst schon. / Kratylos: Wie sollte denn auch, Sokrates, wenn einer doch das sagt, was er sagt, er nicht etwas sagen, was ist? Oder heißt das nicht eben Falsches reden: sagen, was nicht ist? / Sokrates: Dieser Satz, Freund, ist für mich und für mein Alter zu hoch. Doch aber sage mir nur dieses: Hältst du etwa zwar das nicht für möglich, Falsches zu sagen, wohl aber zu sprechen? / Kratylos: Nein, dünkt mich, auch nicht sprechen.«[1] Wer etwas sagt, sagt und tut etwas, »was ist«, was faktisch statthat. Und das kann nicht falsch im Sinne von inexistent sein (vgl. → Simulationstheorie). Daß Sokrates dies nicht versteht, versteht sich. Denn kein anderer als Sokrates war es ja, der mit seiner berüchtigten *»ti estin«*-Frage (was ist gemeint, wenn du sagst ...) das philosophische Interesse vom Sprechakt als Sprechakt auf seine propositionalen Gehalte verschob.

Er habe da etwas sprech- und schreibakttheoretisch nicht hinreichend reflektiert, werfen einige Zeitgenossen Pontius Pilatus vor, der auf dem Kreuz die Inschrift

1 Platon: Kratylos, übers. Schleiermacher, 429d-e

INRI mitsamt zwei Übersetzungen anbringen ließ (vgl. → Einleitung). Er hätte korrekt darauf aufmerksam machen sollen, daß der dort Gekreuzigte nur behauptet habe, der Juden König zu sein. Die lakonische Antwort ist bekannt, hat performanz-reflexives Format und welthistorische Effekte: »*Quod scripsi scripsi*« – was ich geschrieben habe, das habe ich geschrieben.

Strukturalismus

Die weichen Geisteswissenschaften auf das präzis-analytisch-empirisch-prognostisch belastbare Niveau der harten Naturwissenschaften zu bringen – das ist ein alter Traum derjenigen, die sich zunehmend ungern Geisteswissenschaftler nennen. 1957 ging er (wie sollte es anders sein?) teilweise in Erfüllung: Ein junger Linguist namens Noam Chomsky (geb. 1928) publizierte ein Buch, das ihn über engere Linguistenkreise hinaus alsbald berühmt machte – *Syntactic Structures* (dt. *Strukturen der Syntax*, Den Haag 1973). Seine Grundthese ist zugleich einfach und doch voller Implikationen. Positivistisch-empiristische Theorien, wie etwa die von Stimulus und Response, können das Geheimnis nicht erklären, warum Menschen, welche Sprache sie auch immer sprechen, Sätze bilden können, die sie selbst nie zuvor gehört haben und die vielleicht weltweit noch nie zuvor erklungen sind.

Pathetisch Begabte könnten angesichts dieser schwer zu bestreitenden Feststellung vom Mysterium menschlicher Kreativität sprechen und sich also im heißen Kern sogenannter Geisteswissenschaften bewegen. Noam Chomsky argumentiert nüchterner und zieht den technoiden Begriff der Generativität dem der Kreativität vor. Im doppelten Wortsinne unerhörte Sätze können wir generieren bzw. hervorbringen bzw. an die Oberfläche des Hör- bzw. Lesbaren bringen, weil alle hinreichend gesunden menschlichen Hirne über syntaktische Tiefenstrukturen verfügen. Diese Tiefenstruktur bzw. Grammatik besteht aus überschaubar wenigen

Regeln, und doch ermöglicht sie es, ein Lexikon mit endlich vielen Wörtern (je nach Sprache ca. 40 000-120 000, von denen für die Basiskommunikation ca. 2000 ausreichen) so zu regieren, daß man unabzählbar viele unterschiedliche Texte hervorbringen (bzw. theoriesprachlich: generieren) kann.

Die syntaktischen Tiefenstrukturen (die Grammatiken) aller Sprachen lassen sich in einem Formelkalkül angemessen beschreiben. So besteht ein rudimentärer Satz des Deutschen aus NP + VP (Nominalphrase plus Verbalphrase), in den Begriffen der alten Dudengrammatik: Subjekt und Prädikat. Beide Basis-Kategorien können in unterschiedlichster Weise so ergänzt werden, daß sich die Dependenzverhältnisse angeben lassen. Vieles spricht gerade in dieser Perspektive dafür, Chomskys TFG (Transformationsgrammatik) als eine Verbvalenztheorie zu verstehen bzw. weiterzuentwickeln. Nicht das Subjekt, sondern das Verb ist demnach das ausschlaggebende Satzelement (eine grammatische Einsicht, die schon Hegels berühmte »Dialektik des Satzes« in der *Phänomenologie des Geistes* parat hält und die aufgrund der grammatisch-transzendentalphilosophischen Doppel-Semantik des Begriffs »Subjekt« erhebliche philosophische Implikationen hat[1]). Das Verb »waschen« hat z. B. eine oder zwei Verbvalenzen (der Satz »Er wäscht« ist, anders als der Satz »Er wäscht sich«, wenn er auf die Frage »Was tut er gerade?« antwortet, möglich, aber nicht besonders aus-

1 Cf. J. Hörisch: Das doppelte Subjekt – Die Kontroverse zwischen Hegel und Schelling im Lichte des Neostrukturalismus; in: Manfred Frank et al. (edd.): Die Frage nach dem Subjekt. Frankfurt/Main 1988, pp. 144-164

sagekräftig): das Verb »waschen« verlangt nach einem NP (Subjekt) und einem Objekt: Anna Livia Plurabelle wäscht ihr Mieder. Das Verb argumentieren kann drei Verbvalenzen haben: Ich argumentiere im Namen von, unter Anführung folgender Daten, mit Luhmann gegen Habermas. Kurzum: es können sowohl zum NP als auch zum VP Bestimmungen hinzutreten, die aber von der Basiskategorie Verb abhängen, also nicht auf gleicher Ebene figurieren. Die sich so ergebenden Kalküle übertreffen ersichtlich traditionelle Grammatiktheorien an Genauigkeit, Komplexität und Verifizier- bzw. Falsifizierbarkeit. Der Clou ist es wert, noch einmal benannt zu werden: Die analysierten syntaktischen Tiefenstrukturen sind Generationsregeln einer Transformationsgrammatik. Die unabzählbar vielen, unterschiedlichen, von uns gesprochenen und geschriebenen Sätze lassen sich in ihrer Oberflächenstruktur samt und sonders auf diese generativen Strukturregeln zurückführen. Diese beschreiben *»innate structures«*, eingeborene, jedem Menschen mitgegebene durchstrukturierte und später reichhaltiges Material strukturierende Ideen, einen a priori gegebenen linguistischen Basiscode, von dem nicht auszumachen ist, woher er stammt, wohl aber, daß es ihn geben muß – ist anders doch nicht zu erklären, daß wir unendlich viele Sätze zu generieren und zu verstehen vermögen.

Noam Chomskys generative Syntax-Theorie ist deshalb eine Linguistik, die sich selbst bewußt und selbstbewußt als »cartesianische Linguistik« charakterisiert. Sie ist offensiv »idealistisch«, sie rehabilitiert kantische Konzepte apriorischer Wissensstrukturen, und sie ist dennoch oder aber eben deshalb präziser als etwa eine hermeneutisch, geistesgeschichtlich, empiristisch oder sozialhistorisch orientierte Sprachwissenschaft. Ihrer Grenze ist sich Chomskys Syntax-Theorie gleichfalls bewußt: sie ist eben »nur« eine Syntax-Theorie. Phänomene sprachlicher Performanz (→ Sprechakttheorie), rhetorischer Effekte oder semantischer Vieldeutigkeiten kann sie nicht mit der Präzision beschreiben und erklären wie die Strukturregeln der Grammatik. Wie schon der Titel seines frühen Buches *Syntactic Structures* zu erkennen gibt, spielt der Strukturbegriff in Chomskys Theorie eine entscheidende Rolle. Dennoch firmiert sie unter anderen Labels wie Transformationsgrammatik oder generative Grammatik. Zu einem Methodenstreitlust auslösenden Reizwort wurde der Begriff »Strukturalismus« erst, als ein Buch, das schon acht Jahre vor Chomskys *Syntactic Structures* erschienen war und das gleichfalls bereits im Titel den Begriff »Struktur« lanciert, seine Wirkung mit einiger Verspätung in den sechziger Jahren entfaltete. 1949 hatte Claude Lévi-Strauss (1908-2009) seine bahnbrechende anthropologische Untersuchung *Les structures élementaires de la parenté (Die elementaren Strukturen der Verwandtschaft)* vorgelegt. Ein schwer zu lesendes Kompendium von »verzweifelter Langeweile«, wie kein geringerer Rezensent als Georges Bataille feststellte.

Ganz so langweilig sind die Überlegungen von Lévi-Strauss trotz der szientistischen Diktion, in der sie vorgetragen werden, denn doch nicht. Sie kreisen nämlich um ein heißes Thema, das ersichtlich strukturale Ähnlichkeiten mit Chomskys Theorie der generativen »*innate structures*« von Grammatikregeln aufweist. Lévi-Strauss analysiert die Grammatik von Heiratsregeln bei unterschiedlichen (vor allem südamerikanischen Indianer-)Stämmen und Kulturen. Dabei kommt er zu der Feststellung einer universalen, kulturübergreifenden Strukturregel: Universal ist das Inzestverbot. Käme es zu inzestuösen Beziehungen etwa zwischen Eltern und Kindern oder zwischen Geschwistern, so ergäbe sich ein handfestes und intrikates Entstrukturierungsproblem. Eine Mutter, die wie Jokaste mit ihrem Sohn Ödipus verheiratet wäre, wäre, wenn denn aus dieser Beziehung Kinder hervorgingen, die Mutter und zugleich die Großmutter dieses Kindes. Und der Vater wäre eben nicht nur Vater, sondern zugleich auch Bruder. Das Dilemma läßt sich auch für Nicht-Anthropologen schnell für Eltern-Kind- bzw. Geschwister-Inzest-Beziehungen durchspielen. Die aus solchen Verbindungen generierten Kinder wären im Hinblick auf ein und dieselbe Person zugleich Sohn/Tochter und Enkel/Enkelin bzw. Sohn/Tochter und Bruder/Schwester bzw. Neffe/Nichte. Nicht umsonst ist die Attraktivität des literarischen Themas Inzest extrem hoch. Der Ödipus-Stoff, die Isis-Osiris-Mythe, die Gregorius-Legende, die Mignon-Harfner-Handlung von Goethes Roman *Wilhelm Meisters Lehrjahre*, die Gothic Novel (z. B. E. T. A. Hoffmanns *Elixiere des Teufels*), die romantische Literatur, etwa Brentanos »verwilderter Roman« *Godwi*, Wagners *Walküre*, Robert Musils *Mann ohne Eigenschaften*, Thomas Manns Roman *Der Erwählte* und erstaunlich viele (hoch-!)literarische Texte mehr umkreisen das Inzest-Problem. Aus vielen Gründen, aber eben auch deshalb, weil sie testen wollen, wie belastbar klare Strukturen sind. Sogenannte schöne Literatur ist tatsächlich ein für Subversionen anfälliges Medium. Es fasziniert sie offensichtlich, wenn klare Strukturen und Logiken mitsamt Sätzen wie denen vom ausgeschlossenen Dritten inzestuös ausgehebelt werden. Inzestuös gezeugte Kinder sind intrikaterweise im Hinblick auf dieselbe Person zugleich Sohn und Enkel, Tochter und Schwester etc.

Um eben dies zu vermeiden, kennen alle Kulturen Struktur-Regeln möglicher Verwandtschaftsbeziehungen – elementare Strukturen der Verwandtschaft. Indem sie den Inzest tabuisieren, sorgen diese Verwandtschaftsregeln erstens für den Schritt der Menschen über die Grenze, die Natur von Kultur trennt: Verwandtschaftsregeln sind nicht »natürlich«, sie gehören nicht dem Register Natur, sondern dem der Kultur zu, sie sind »gemacht« – aber eben nicht von sich untereinander verständigenden, ihrer Kultur bewußt Sinn verleihenden, transzendentalphilosophisch ihrer selbst bewußten Menschen, sondern aufgrund einer universalen Grammatik. Die bringt im einzelnen und im weiteren unterschiedliche Regelungen hervor. So dürfen, ja sollen in einigen Stämmen Kreuzcousin/cousine heiraten, in anderen nicht; so kennen einige Kulturen nicht nur der südamerikanischen Indianer, sondern z. B. auch die Comic-strip-Kultur von Entenhausen das Avunculat, also die starke Stellung des Onkels väterlicher- oder mütterlicherseits, der in Heiratsangelegenheiten das entscheidende Wort sprechen darf usw. Alle diese Strukturregeln aber dienen ein und demselben Grundsatz: Sie schalten von Unmittelbarkeit auf Vermittlung, von Natur auf Kultur, von Regellosigkeit auf Regelhaftigkeit, von amorphisch-entstrukturierten inzestuösen auf strukturierte Verhältnisse um. Indem sie auf exogame

Heiraten setzen, ermöglichen sie kulturellen Austausch und Kommunikation.

In seiner 1958 erschienenen Aufsatzsammlung *Anthropologie Structurale* (dt. *Strukturale Anthropologie*, Frankfurt/Main 1967) hat Lévi-Strauss den Struktur-Begriff nochmals pointiert eingesetzt und seine materialreichen Überlegungen methodologisch verfeinert. So wird deutlich, daß und wie Kulturen weit über damals noch (aber nicht von Lévi-Strauss!) so genannte primitive Kulturen hinaus auf Tauschregeln beruhen. Nach festen Strukturregeln getauscht werden Frauen (mitunter in matriarchalischen Gesellschaften auch Männer), Gaben und Worte. Welchen Wert bzw. Sinn welches Element (Frau/Mann/Gabe/Wort) erhält, entscheidet nicht dieses Element, sondern das differentielle Struktursystem, in das dieses Element eingelassen ist. Diese Argumentationsfigur greift auf die Überlegungen des Linguisten Ferdinand de Saussure (1857 bis 1913) zurück, der in seiner Genfer Vorlesungstätigkeit schon vor dem Ersten Weltkrieg grundstürzende Überlegungen zur Linguistik vorgetragen, nicht aber selbst publiziert hatte. So hat sich de Saussures Hauptthese erst spät durch Mitschriften und besonders intensiv im Kreis der Strukturalisten entfaltet: Worte haben als solche keine Bedeutung, Bedeutung gewinnen sie erst durch die Differenzstrukturen, in die sie eingelassen sind. Der Wert eines sprachlichen Zeichens (z. B. eines Phonems, also der kleinsten, eine Bedeutungsdifferenz generierenden Einheit wie die x/s-Differenz in Text/Test) wird diakritisch, also dadurch ausdifferenziert, daß und wie es von allen anderen Zeichen unterschieden ist.

Anders als die meisten Linguisten vor ihm interessiert sich de Saussures *Cours de linguistique générale* (dt. *Grundfragen der allgemeinen Sprachwissenschaft*, Berlin, Leipzig 1931) kaum für sprachgeschichtliche Fragestellungen (etwa für die erste und zweite Lautverschiebung im Indogermanischen); und anders als die meisten Anthropologen und Ethnologen vor und nach ihm interessiert sich Lévi-Strauss nicht so sehr für die Geschichte einzelner Stämme, sondern für ihre Strukturregeln. Für beide ist die Differenz Diachronie (geschichtliche Entwicklung)/Synchronie (gegenwärtige Funktionsweise) methodologisch ausschlaggebend. Die Ausnahme sei schnell genannt: eigentlich berühmt wurde Lévi-Strauss, als er 1955 seinen autobiographischen Reisebericht *Tristes Tropiques* (dt. *Traurige Tropen*, Berlin 1960) veröffentlichte. Ein elegant geschriebener, gar nicht kalt-strukturalistischer, sondern vielmehr von rousseauistischem Pathos getragener elegischer Abgesang auf die Indianer- und besonders Amazonas-Kulturen, die durch die Dynamik der modernen Weltgesellschaft bedroht, umcodiert, nivelliert werden. Lévi-Strauss ist sich der Paradoxie durchaus bewußt: als strukturaler Anthropologe ist er noch dann, wenn er wissenschaftlich präziser als alle Vorgänger die Funktionsweisen von tribalen Kulturen analysiert, selbst Element der (Wissenschafts-)Kultur, die mit zum Untergang dessen beitragt, was er beschreibt. Ein Paradox, das vielen avancierten Theoretikern gegenwärtig ist: Was sie beschreiben, ist nicht das, was sie wollen. So ist etwa der Humanismus theoretisch obsolet – einfach deshalb, weil sich protohumanistische Konzepte wie die von der unveräußerlichen Freiheit des Menschen, vom Subjekt als Stifter allen Sinns oder von der Einheit des Wahren, Guten und Schönen analytisch nicht halten lassen. Dennoch gibt es für Köpfe, die nicht einfach nur zynisch werden wollen, zum Humanismus kaum eine praktische Alternative.

Der Wille zum kalt-sachlich-analytischen Umgang noch und gerade mit emotional hochgradig besetzten Kulturgütern hat verletzt und war durchschlagend erfolgreich. Strukturalismus wurde in den sechziger Jahren zur intellektuellen Mode. Es wurde so chic wie zweifellos intellektuell produktiv, z. B. auratische Gedichte so cool zu untersuchen, wie Roman Jakobson und Lévi-Strauss dies in ihrer Nicht-Interpretation von Baudelaires Gedicht *Les chats* taten. Gerade in den Sprach- und Literaturwissenschaften (etwa bei der Analyse von Gattungen, Erzählperspektiven, semantischen Oppositionen, die narrative Texte strukturieren) setzte sich mit Theoretikern wie Genette, Todorov oder Greimas der strukturalistische Gestus fest, wenn auch nicht durch. Deutlich wurde dabei der Clou des Strukturalismus: Er stellt nicht die Frage: »was bedeutet das?«, sondern: »wie funktioniert das?«. Er fragt nicht nach der Leistung unvergleichlicher Individuen, sondern nach den Strukturen, in die sie eingelassen sind. Er stellt nicht die Trivialität fest, daß alles hochkomplex sei, sondern schafft Übersichtlichkeit, indem er Mengen von Elementen (einer Gesellschaft, einer Sprache, eines Regelsystems) wie später die → Systemtheorie Luhmanns binär strukturiert (z. B. Diachronie/Synchronie oder Signifikant/Signifikat). Diese handwerklichen Operationen sind dieser ihrer Schlichtheit zum Trotz nicht ohne Tiefsinn. Wer z. B. zwischen Signifikant und

Signifikat (Bezeichnendem und Bezeichnetem) unterscheidet, kommt um eine weitreichende Einsicht nicht umhin. Signifikate, also Gemeintes, kann man als Signifikate nicht aussprechen oder aufschreiben. Wer immer gebeten wird, ein Beispiel für ein Signifikat zu nennen, kommt in tiefste Verlegenheit. Denn (be-)nennen kann er selbstredend nur Signifikanten. Im Sprachsystem gibt es nur Signifikanten – keinen Sinn.

Wirkungen, Risiken und Nebenwirkungen

Der Strukturalismus ist (wie später die → Systemtheorie) gerade aufgrund seiner »kalten« Analysesprache und seiner anti-humanistischen Methodologie auf entschiedenen Widerspruch gestoßen – vor allem bei den Anhängern transzendentalphilosophischer, geistesgeschichtlich-hermeneutischer oder existentialistischer Konzepte. (NB: Dabei spielt gerade in der Gründungsurkunde des → Existentialismus, in Heideggers *Sein und Zeit* von 1927, der Struktur-Begriff eine entscheidende Rolle.) Legendär geworden ist Sartres Einspruch gegen die strukturalistische Mode in den sechziger Jahren. Der klassische Großintellektuelle, der seine kulturellen Hegemonie-Felle wegschwimmen sah, entwarf die Standard-Argumente gegen die neue Denkrichtung: Der Strukturalismus sei antihumanistisch, antihistorisch und anti-emanzipatorisch, eine letzte Abwehrschlacht bürgerlicher Ideologie gegen den siegreichen Marxismus. Er vernachlässige die Dimension des schöpferisch sein Schicksal selbst bestimmenden Menschen. Abgesehen davon, daß solche Hinweise aus dem Munde eines Intellektuellen, der bemerkenswert viel Verständnis für den Stalinismus aufgebracht hatte, eine seltsame Anmutung haben, und abgesehen davon, daß Sartre und Foucault medienwirksam gemeinsam die maoistische Zeitschrift *La cause du peuple* öffentlich verkauften, treffen all die Argumente, inclusive und besonders das dritte zu: Analysestarke Theorien sind, wie Strukturalisten bewußt ist, nicht per se mit den Etiketten moralisch/amoralisch oder emanzipatorisch/retrograd oder links/rechts etc. (zu) versehen. Denn der Code des Guten ist ein anderer Code als der des Richtigen. Nichts und niemand kann garantieren, daß das analytisch Zutreffende das moralisch Gute und normativ zu Rechtfertigende ist. Auch das Böse hat Strukturen, die sich analysieren lassen. Die prominenteste Figur des amerikanischen Strukturalismus, Noam Chomsky (sein Name rangiert seit Jahrzehnten regelmäßig auf der Liste der zehn meistzitierten Wissenschaftler aller Disziplinen überhaupt), ist einer der exponierten Vertreter der entschiedenen Linken in den USA – und er weiß und gesteht, daß es keine verbindlichen Ableitungen zwischen seiner Grammatiktheorie und seiner politischen Haltung gibt.

Als nüchterne, funktionalistische, analytische Geste hat sich der Strukturalismus in gewissen Teilen der sogenannten Geisteswissenschaften (vor allem in der Linguistik, aber u. a. auch in der Ethnologie, der Kulturwissenschaft und der Literaturwissenschaft) durchgesetzt. Die methodologische Hochkonjunktur des Strukturalismus dauerte hingegen nur wenige Jahre. Denn es lag allzu nahe, ihn zu radikalisieren und damit genau das Moment aufzuheben, das seine Attraktivität ausmacht: seine analytische Verläßlichkeit. Mit Fragen wie: »Wenn sich nur Signifikanten, nicht aber Signifikate benennen lassen, wenn es also eine Suprematie, eine funktional nicht zu brechende Vorherrschaft des Zeichens über das Bezeichnete gibt – wie verläßlich und belastbar sind dann die Strukturen, die der Strukturalismus herausstellt?« war ein harter Strukturalismus verbindlicher auseinanderzunehmen bzw. zu dekonstruieren als mit moralisch hochgereizten Abwehrgesten. Theoretiker, die an den klassischen Strukturalismus von Lévi-Strauss solche Fragen stellten (u. a. Lacan, Foucault, Lyotard, Deleuze und vor allem Derrida), hatten alsbald Konjunktur – allerdings kaum in den sogenannten deutschen Geisteswissenschaften, die bis auf einige Ausnahmen schon vom Strukturalismus unbeeindruckt und weiterhin weitgehend am Paradigma einer mehr oder weniger spezifischen → Hermeneutik orientiert blieben. 1966 ist ein Epochenjahr der neueren humanwissenschaftlichen Theoriebildung. Erschienen in diesem Jahr doch Lacans *Ecrits*, Foucaults *Les mots et les choses* und Derridas *Grammatologie*. Incipit → Diskurstheorie, Poststrukturalismus und → Dekonstruktion. Man dürfte die Auswirkungen inclusive Nebenwirkungen von Theorien allzu generös überschätzen, wenn man die »68er-Revolution« als Effekt solcher Schriften versteht. Doch man wird klüger, wenn man überlegt, welche wahlverwandtschaftlichen Beziehungen zwischen der Dekonstruktion des strukturalistischen Paradigmas und der fast welt- bzw. westweiten Kulturrevolution walten.

Systemtheorie (Niklas Luhmann)

Die Systemtheorie gilt – zumal in der Ausprägung, die ihr Niklas Luhmann (1927-1998) gegeben hat – als extrem komplex, kontraintuitiv, schwer verständlich, wenn nicht gar pervers. Dabei sind ihre Grundüberlegungen von schlagender Klarheit und Einfachheit[1]. Nicht umsonst ist »Reduktion von (Über-)Komplexität« ihre wohl populärste Wendung. Die Ausgangsüberlegung der Systemtheorie läßt sich mit Dietrich Schwanitz sogar in die Form eines kompakten Merkverses bringen: Ohne Probleme keine Systeme. Daß fast alles – die Welt, das Leben, die Frauen, die Männer, die Kunst, die Zeit, die Politik, Gott, der Tod, die Liebe – problematisch und komplex ist, ist keine sonderlich gewagte Theoriebehauptung. Die Frage ist nur: für wen/für was/für welches System/aus welcher Beobachtungsperspektive? Frauen sind für Frauen in anderer Weise problematisch als für Männer oder für das Erziehungssystem. Gott ist für die Wissenschaft in anderer Weise problematisch als für die Religion oder die Politik. Wer, was, welches System hat aufgrund welcher Unterscheidungen, Leitbegriffe, Prozeduren welche Problemlösungskompetenz? Welches System hat welche Umwelt?

Es gehört zum diskreten Charme der (an den amerikanischen Soziologen Talcott Parsons anknüpfenden) Systemtheorie Niklas Luhmanns, auf solche Fragen recht nüchterne Antworten bereitzuhalten: Auch nur

1 Cf. die Einführung von Margot Berghaus: Luhmann leicht gemacht – Eine Einführung in die Systemtheorie. Köln/Weimar/Wien 2003

halbwegs dauerhaft lösen kann alle Welt-, System- und Daseins-Probleme niemand. Und das ist auch gut so. Denn ohne komplexe Probleme wäre das Leben nicht nur reiz-, sondern auch systemlos. Systeme haben sogar ein Interesse daran, daß es Probleme gibt. Denn sonst gäbe es sie ja nicht. Das weiß schon der alte Juristenwitz: Treffen sich zwei Rechtsanwälte. »Wie geht's?« fragt der eine. – »Gut, ich kann nicht klagen«, antwortet der andere. »Und Ihnen?«. – »Schlecht, ich kann nicht klagen.« Ohne Probleme keine Systeme: ohne Konflikte gäbe es kein Rechtssystem. Der Juristenwitz läßt sich unschwer in die Gefilde der Wissenschaft übertragen. Es gäbe da ein schwerwiegendes Forschungsdesiderat – so muß es in jedem Antrag auf Forschungsförderung heißen. Daß da ein klärungsbedürftiges Problem besteht, fällt in aller Regel zwar nur den Antragstellern auf, die der Entdeckung eines Problems die Aussicht auf Forschungsgelder und Alimentierung verdanken. Sie bestätigen damit – wie auch der geniale Vertreter, der uns klarmacht, daß die Gesamtausgabe der Werke von Erich Honecker in jeden gepflegten Haushalt gehört – die Grundüberlegung der Systemtheorie: Ohne das Problem Mangel und Knappheit gäbe es kein System Wirtschaft, ohne das Problem, zwischen richtigen und falschen Sätzen unterscheiden zu müssen, gäbe es kein System Wissenschaft.

Also: ohne Konflikte kein Rechtssystem, ohne Knappheit kein Wirtschaftssystem, ohne Unsicherheit des Wissens keine Wissenschaft. Und so geht das munter weiter: ohne das Problem der absoluten Kontingenz – also ohne die schwer lösbare Frage, warum ich zu diesem und nicht zu einem anderen Zeitpunkt als Kind dieser und nicht anderer Eltern an diesem und nicht an einem anderen Ort geboren wurde – keine Religion; ohne das Problem, unter Zeitdruck für größere Gruppen relevante Entscheidungen zu treffen (Krieg gegen den Irak oder nicht, Vorziehen der Steuerreform oder nicht?) – keine Politik; ohne das Problem von Doppel-, Mehr- und Vieldeutigkeiten (hat sie »Vergiß mich« oder »Vergiß nicht« gesagt, und war ihr Mona-Lisa-Lächeln gar ironisch gemeint?) keine Kunst; ohne Fehleranfälligkeit gerade von jungen Menschen – kein Erziehungssystem. Die Liste ließe sich verlängern; die Anstrengung, das Problem ausfindig zu machen, worauf ein System reagiert, schult den Intellekt (auf welches Problem reagiert eigentlich die Inflation medial-öffentlich wahrgenommener Sportveranstaltungen?). Das Zauberwort, das die Emergenz, das Auftauchen all dieser gesellschaftlichen Teilsysteme erhellt, lautet: »funktionale Ausdifferenzierung«. Was schlicht heißt: Je nach Problem- und Funktionskreis sind unterschiedliche, differente, gegeneinander profilierte Systeme für die jeweiligen Problemlösungen zuständig.

Funktionale Ausdifferenzierung in Teilsysteme ist ein, wenn nicht *das* untrügliche Kennzeichen moderner Gesellschaften. Vormoderne, stratifikatorische (also nach Autoritätsgraden geschichtete) Gesellschaften bündeln hingegen Problemlösungskapazitäten, indem sie höchsten Hierarchieebenen Entscheidungskompetenzen für schlicht »alles« zutrauen. Um zu karikieren: Ob Galilei recht hat oder nicht, entscheidet dann der Papst; ob ein Kaiser zu Recht Kaiser ist, entscheidet der Papst. Wie Kinder erzogen werden sollen, ob man Jerusalem zurückerobern soll, ob dieses Buch auf den Index librorum prohibitorum gehört, ob Homosexuelle auf dem Scheiterhaufen verbrennen sollen, ob es Einhörner gibt, ob der Julianische Kalender stimmt und ob auch Frauen eine Seele haben – all das muß die Spitze der Kirche entscheiden, die sich nicht umsonst katholisch, also allumfassend nennt. Man tritt keinem zu nahe (oder eben doch!), wenn man die bedauert, die für »alles« zuständig sein sollen. Denn ab einem gewissen und ziemlich schnell erreichten Komplexitätsgrad der Weltprobleme muß jede noch so fähige, begnadete, autoritäre, tradierte, charismatische und beratungsoffene Instanz erfahren, daß sie systematisch überfordert ist, wenn sie universale Zuständigkeit für sich reklamiert. Fundamentalisten aller Couleur haben's schwer. Sie blamieren sich systematisch.

Anhänger der Systemtheorie haben es da immerhin deutlich leichter. Denn sie sind vergleichsweise enttäuschungsresistent. Daß selbst in funktional ausdifferenzierten Gesellschaften nicht alle Probleme befriedigend gelöst werden, stört sie nicht – wissen sie doch, daß Probleme und Problemlösungen nicht immer voneinander zu unterscheiden sind, ja, daß das, was als Problemlösung auftritt (etwa Gottesergebenheit, Sozialismus, Atomkraftwerke, Friedensmissionen), ein essentieller Kern des Problems sein kann. Systemtheoretiker sind bis zum obligatorischen Verdacht, einem fröhlichen Zynismus zu huldigen, abgeklärt. Bevor sie systemisch orientierte Strategien zur Lösung von Problemen vorschlagen, analysieren sie erst einmal die Lage. Und das heißt konkreter: sie analysieren die Leitcodes von Systemen und deren Leistungsfähigkeit. Systeme funktionieren so großartig oder erschreckend, weil sie sich auf eine binäre (also zweiwertige) Leitunterscheidung festlegen – und das heißt: weil sie gnadenlos die Komplexität der Welt auf nur zwei Begriffe reduzieren. Recht/Unrecht (haben bzw. bekommen) ist der Leitcode der Jurisprudenz; wahr/falsch der der Wissenschaft; immanent/transzendent der der Religion; ja/nein (z. B. bei Kriegserklärungen, Kanzlerwahlen, Abstimmungen über Gesetze) der der Politik; angeboren/anerzogen der der Pädagogik; schön/häßlich (präziser wohl: intern stimmig/nicht-stimmig) der der Kunst; du und kein anderer der der Liebe; zahlen (kaufen)/nicht-zahlen (nicht-kaufen) der der Ökonomie.

Man kann sich über die Armut solcher nur zweiwertigen Leitcodierungen empören und darauf hinweisen, daß »die Politik«, »die Erziehung« und »die Kunst« doch viel zu komplex seien, um mit solch armseligen Unterscheidungen recht erfaßt werden zu können. Dann hat man immer recht. Man kann aber auch die Funktionalität dieser Codes und ihre schlichte Existenz anerkennen und bewundern – reduzieren sie doch eine Komplexität, an der wir ansonsten scheitern würden. Man kann auch darauf hinweisen, daß dieses funktionale Modell allzu rein ist. Dann macht man z. B. darauf aufmerksam, daß politische oder juristische oder erotische Entscheidungen ökonomisch kontaminiert sein können. Luhmann hat für solche Fälle den hübschen Begriff »Codevermischung« parat. Man setzt sich z. B. als Abgeordneter für eine Steuergesetzgebung ein, weil man bezahlter Lobbyist einer Branche ist; man fällt als Richter ein Urteil, weil man von Berlusconi bestochen wurde; oder frau heiratet einen Mann, weil er reich ist. Nur in Filmen der Marx Brothers wäre denkbar, daß man so kommuniziert: Ich heirate dich nur um deines Reichtums willen; ich fälle dieses Urteil, weil ich bestochen wurde. Systeme kommunizieren rein: autopoietisch, um einen Lieblingsbegriff Luhmanns zu verwenden, den er der Biologie Maturanas und Varelas entwendet hat. »Autopoiesis heißt: Selbstreproduktion des Systems auf der Basis seiner eigenen Elemente.«[2] Weniger theoretisch gesprochen: Auf den Vorwurf, eine politische oder juristische Entscheidung sei aufgrund von Korruption zustande gekommen, kann das Rechtssystem nur reagieren, wenn Anzeige erstattet wird (und nicht schon dann, wenn Köpfe mit ästhetischer Urteilskraft sagen, dieser Politiker sehe typisch korrupt aus). Systeme lassen sich zwar von ihrer jeweiligen Umwelt irritieren, sie prozedieren aber nur mit ihren Codes und ihren anschlußfähigen Elementen.

Umweltereignisse sind für Systeme in der Regel nichts als irritierendes Rauschen. Sie können mit ihnen nur umgehen, wenn sie in ihren genuinen Code übersetzt werden. Mit moralisch empörten ökologischen Einsprüchen gegen bestimmte Produktionsweisen kann das Wirtschaftssystem nichts anfangen; auf ein Gesetz, nach dem Betreiber von Atomkraftwerken mögliche Unfälle auf dem Assekuranzmarkt abzusichern hätten, würden jene hingegen schnell reagieren müssen – mit enormen Preiserhöhungen für Energie, was zum absehbaren Kollaps des Marktes für Atomstrom führen würde. Wiederum hat die Systemtheorie für solche Fälle des Kontaktes zwischen unterschiedlichen Systemen

2 Niklas Luhmann: Soziologische Aufklärung Bd. 6 – Die Soziologie und der Mensch. Opladen 1995, p. 189

ein – ansprechendes bis sexistisch klingendes – Wort bereit: Interpenetration. Was nichts anderes heißt als dies: Ein System stellt einem anderen System seine Komplexität zur Verfügung. Das System Politik sorgt dann z. B. dafür, daß Energie teurer wird; oder das Rechtssystem sorgt dafür, daß ein korrupter Politiker aus dem Verkehr gezogen wird; oder das Erziehungssystem entscheidet, sogenannte Curricula ausarbeitend, über Probleme einer ästhetischen Kanonbildung (mit).

Versuche, aus Interpenetrationsverhältnissen Supersysteme hervorgehen zu lassen, also etwa eine Erziehungsdiktatur oder eine Theokratie (→ Politische Theologie), oder eine oberste Diskursinstanz herzustellen, die »die ganze Gesellschaft« steuert, haben ihren zweifelhaften fundamentalistischen Reiz, aber wenig Aussicht auf dauerhafte Prosperität. *»Die Gesellschaft der Gesellschaft«* (so der Titel von Luhmanns 1997 erschienenem Opus magnum) ist, wenn überhaupt, nur als Kommunikationszusammenhang von Teilsystemen zu begreifen. Die theoretische Zumutung dieser Konstruktion nimmt die Systemtheorie billigend in Kauf. Gesellschaft besteht ihr zufolge nicht aus Menschen, sondern aus autopoietisch hervorgebrachten und anschlußfähigen Kommunikationsakten. Menschen alias psychische Bewußtseins-Systeme sind für soziale Kommunikations-Systeme Umwelt und also Rauschen bzw. Irritationsquelle. Nicht umsonst ist das Bewußtsein von *alter* für *ego* nicht zugänglich; ich kann nie und nimmer wissen, was mein Freund oder Feind denkt, wohl aber kann ich auf das reagieren, was er sagt (wäre es anders, würden selbst die vertrautesten und intimsten Beziehungen in kürzester Zeit kollabieren). Selbst die Frage, ob ich wissen kann, was ich selbst denke, ist so einfach nicht zu beantworten: wie soll ich wissen, was ich denke, bevor ich höre, was ich sage (z. B. dem Priester bzw. dem Psychoanalytiker beichte oder meinem Tagebuch anvertraue)? Bewußtsein und Kommunikation sind autopoietische und voneinander strikt getrennte Operationen. Der Reiz von Kunst besteht auch darin, daß sie so tut, als könne sie Bewußtseinsakte kommunizieren.

Allerdings gibt es auch in der Perspektive der Systemtheorie zwei (problematische!) Supercodes: den Code gut/böse und die Grenzziehung Exklusion/Inklusion. Mit moralischen gut/böse-Urteilen kann man fast alles codieren: politische Entscheidungen, ästhetische Werke, päpstliche Verlautbarungen, Erziehungsmaximen, juristische Urteile, Gen-Forschungsprojekte etc. Gut/böse-Unterscheidungen laufen gewissermaßen stets mit: der Kapitalismus/der Sozialismus, die Opposition/die Regierung, das Weiße Haus/der Kreml, der Irak-Krieg/der Islamismus, die Heavy-metal-Musik/das deutsche Kunstlied, all das ist je nach Beobachtungs- und Bewertungsperspektive gut/böse. Die heiklen Momente des moralischen Codes sind fast ein wenig zu evident, um allgemein wahrgenommen zu werden. Der moralische Code ist von strahlender Kraft, er blendet. Wer will schon moralkritisch bis a-moralisch sein und erscheinen? Dabei lohnt sich die Re-entry-Frage, wie moralisch die Moral, wie gut bzw. böse die Konsequenzen eines großzügigen Einsatzes des moralischen Codes sind. »Re-entry« ist ein von dem dissidenten, weil außerordentlich paradoxieverliebten Logiker George Spencer-Brown geprägter und von Luhmann dankbar aufgegriffener Begriff. Er bezeichnet die Wiedereinführung einer Unterscheidung auf einer von dieser Unterscheidung selbst markierten Seite, die Fragen wie diese auftauchen läßt: Ist die Unterscheidung von transzendental und empirisch eine transzendentale oder empirische Unterscheidung, zeitigt die Unterscheidung von gut und böse gute oder böse Folgen?

Re-entry-Operationen eröffnen Räume für ungewöhnliche Hypothesen und Beobachtungen – wie z. B. diese: Der gutwillige Einsatz des moralischen Codes hat bemerkenswert häufig böse Konsequenzen. Wer für das Gute kämpft, muß das Böse und die Bösen bekämpfen (die Kapitalisten, die Kommunisten, die Jesuiten, die Protestanten, die Atheisten, die Dunkelmänner, die Aufklärer, die Moderne, die Reaktionäre – die Liste der Kandidaten für »das Böse« ist lang). Solche Kämpfe sind deshalb besonders militant, weil sie ja aus vermeintlich bester Überzeugung heraus erfolgen. Man kann nur allzu leicht bereit sein, im Namen der guten Sache und im Kampf gegen das Reich des Bösen sein Leben und gerne auch das Leben anderer einzusetzen. Kurzum: der Einsatz des Moralcodes gut/böse sorgt mit einiger Verläßlichkeit für scharfe Eskalationen. Gauner, die sich wechselseitig einen laxen Umgang mit Moral unterstellen, aber Wert darauf legen, eine Ganovenehre zu pflegen, sind leichter zu Friedensschlüssen und Kompromissen bereit als Moralfundamentalisten. Sie wissen, daß sie im Moralcode die eingeschlossenen Ausgeschlossenen sind.

Dazugehören/Nicht-Dazugehören oder in der abstraktionsverliebten Sprache der Systemtheorie Inklusion/Exklusion ist der zweite Supercode der Weltgesellschaft. Das Begriffspaar mag abgehoben klingen und bezeichnet doch ein überaus handfestes Problem. Es gibt die eine vernetzte Welt-, Informations- und Mediengesellschaft, aber unabsehbar viele gehören nicht dazu, konkreter: können nicht so kommunizieren, daß sie in der Weltgesellschaft vernehmbar sind. Wer z. B. nur wenige Kilometer von den Zentren der Metropolen in einer Favela haust, fällt schlicht aus der funktional ausdifferenzierten Weltgesellschaft heraus. Sein Verhältnis zur Weltgesellschaft ist nicht einmal mehr das zwischen Ausbeutern und Ausgebeuteten. Wenn die Systemtheorie die angemessenste Analyse der späten Moderne liefert, so auch deshalb, weil sie illusionslos auf verschiedenen Beobachtungsebenen das Problem des bzw. der überflüssigen Menschen benennt. Das klingt nicht sehr charmant, nicht moralisch integer und auch nicht gut-humanistisch. Aber eben weil sie auf wohlfeile Attitüden verzichtet, vermag die Systemtheorie zu beobachten, was humanistische Theorien invisibilisieren. Wer über kein Konto, keine Kreditkarte, keine Steuernummer, keinen Wasseranschluß und keine Steckdose verfügt, hat auch keinen Zugang zum Erziehungssystem, zur Justiz, zum World Wide Web oder zur Verwaltung. Er wird von der Gesellschaft der Gesellschaft buchstäblich ausgespuckt oder, vornehmer ausgedrückt: er ist a priori exkludiert. Die Kommunikation mit den Ausgespuckten folgt keinem distinkten binären Code. Allenfalls machen sich die Ausgeschlossenen durch Rauschen und *noise* bemerkbar.

Die Systemtheorie weiß, daß all das, was sie beschreibt, sich auch anders beschreiben läßt und daß all das, was sie analysiert, auch anders sein könnte. Sie ist deshalb konstruktivistisch (→ Konstruktivismus) und kontingenzbewußt. Kontingenzbewußt ist die Systemtheorie, weil sie systematisch nach funktionalen Äquivalenten von Operationen fragt, also danach, was auch geschehen könnte, wenn nicht geschähe, was geschieht. Man muß z. B. nicht mit Geld zahlen, um an die begehrten Güter eines anderen zu kommen. Man kann auch den Naturalientausch vorziehen, man kann sie sich schenken oder zuteilen lassen, man kann sie sozialisieren oder ihre Besitzer enteignen, man kann sie stehlen oder rauben. Daß solche Entscheidungen erhebliche Konsequenzen haben, versteht sich (fast) von selbst. Konstruktivistisch angelegt ist die Systemtheorie, weil sie realistischerweise davon ausgeht, daß »die Welt«, »die Realität« und »die Dinge an sich« erkenntnislogisch und kognitiv nicht erreichbar sind. Uns bleibt gar nichts anderes übrig, als Realität zu konstruieren. Im Umkehrschluß heißt das, daß unsre Konstruktionen wirklich, nämlich wirklich Konstruktionen sind. Konstruktionen beruhen auf Distinktionen, die Breschen schlagen und die Welt strukturieren. Die Welt der Zecke ist bekanntlich durch die Unterscheidung Blut/Nicht-Blut konstruiert und strukturiert (→ Konstruktivismus). Daß es Organismen gibt, die diese Grund-Unterscheidung ziehen, läßt sich beobachten. Man betreibt dann *second-order-observation*, beobachtet also, welche Unterscheidungen den Beobachtungen von *alter* zugrunde liegen. Wer sich auf die Kunst der *second-order-observation* versteht, wird klüger und sieht mehr. Zum Beispiel sieht er mit Michel Serres' (von Luhmann gerne zitierten) Theorie des Parasiten, daß der Kammerjäger der Parasit des Parasiten ist. Wer sich gar, durch das Abstraktionsniveau der Systemtheorie theorie-apothekarisch drogiert und enthusiasmiert, zur *third-order-observation* aufschwingt, sieht – nichts mehr. Aber ihm kann immerhin schwanen, daß jedes Beobachtungssystem einen blinden Fleck hat.

Wirkungen, Risiken und Nebenwirkungen

Der blinde Fleck in der Beobachtungslogik der Systemtheorie ist bemerkenswert klein. Sieht sie doch noch, daß auch sie, die von fast »allem« handelt (Religion, Kunst, Liebe, Erziehung etc.), über vieles, was uns immens wichtig ist, nichts Verbindliches sagen kann (z. B. über Menschen und Einzelbiographien). Diese Bescheidenheit entkräftet den rhetorisch wohl bündigsten Einspruch gegen die Systemtheorie: sie sei die Ausgeburt des Größenwahns eines deutschen Verwaltungsbeamten. Zweifellos sind Luhmanns systemtheoretische Überlegungen – *nomen est omen* – hochgradig systematisch. Zugleich aber sind sie hochgradig verblüffend. So stellen sie unter anderem fest, daß es eine Funktion des Erziehungssystems ist, die »Neuankömmlinge in der Gesellschaft zu denaturieren«; eine Funktion des Religionssystems, von »der Gesellschaft« zu erlösen; des Kunstsystems, deutlich zu machen, daß Ordnungssysteme auch im entschiedenen Jenseits des Faktischen unvermeidbar sind und daß Kunstwerke die Aufgabe übernehmen, alternative Realitätsversionen parat zu halten. Luhmann-Lektüre ist überraschend spannend. Der gängige Einwand, es handle sich um ein überabstrakt klapperndes, immer mit denselben Begriffen und

Überlegungen arbeitendes neo-hegelianisches System, ist schwer zu halten. Ein anderer Einwand scheint erst einmal plausibler zu sein: die Systemtheorie sei cool bis kalt, sie lasse Betroffenheit vermissen, sie kokettiere mit einem gepflegten Zynismus, und sie verzichte auf die gesellschaftskritischen bis normativen Aspekte, ohne die Soziologie sinnlos sei.

Der 1927 geborene Luhmann gehört den letzten Jahrgängen zu, die noch in den allerletzten Wochen des Zweiten Weltkriegs in den »totalen Krieg« geschickt wurden. Wie er nicht seinen Schriften anvertraute, wohl aber im Gespräch mitteilte, ohne die Hörer darüber zum Schweigen zu verpflichten, hatte er in den letzten Kriegswochen ein traumatisches Erlebnis. Ein enger, gleich neben ihm stehender, kriechender, rennender, fliehender Schulfreund wurde von einer Handgranate in tausend Stücke zerrissen. Ein junger Mensch, der auf das baldige Kriegsende hoffte und sein Leben vor sich zu haben glaubte, »war auf einmal nicht mehr da«. Philosophien, Theorien, Weltanschauungen, die »den Menschen« in den Mittelpunkt stellen, hatten deshalb schon für den jungen Luhmann, wie der reife Theoretiker im Rückblick kühl formulierte, »stark an Plausibilität verloren«. Theorie muß gerade in der Moderne, die ein ewiges Leben nicht mehr allgemein beglaubigt, auf der Höhe der Möglichkeit formulieren, daß Menschen plötzlich nicht mehr da sind. So »betroffen«, so persönlich, so individuell kann das Motiv für die Entscheidung sein, abstrakt zu denken. *Soziologische Aufklärung* ist der Titel, unter den Luhmann seine viele Bände umfassenden gesammelten Aufsätze stellte.

Die Leistungen der Systemtheorie sind groß. Sie

schafft es tatsächlich, fast »alles« zu erfassen und wenn nicht »das Ganze«, so doch immerhin »die Gesellschaft der Gesellschaft« zu denken. Damit widerstreitet sie erfolgreich den Diskursverboten bzw. -abwertungen, die insbesondere aus dem Umkreis von → Analytischer Philosophie und → Kritischem Rationalismus ergehen. In Luhmanns Schriften kehrt überdies ein Denkduktus wieder, der ansonsten in den letzten fünf Jahrzehnten von philosophischen Lehrstühlen weitgehend exkommuniziert wurde: der Hegelsche. Die Systemtheorie des Hegelpreisträgers Luhmann ist, auch wenn sie dieses Wort nicht liebt und den Begriff »paradox« vorzieht, dialektisch in einem präzisen Sinn. Sie anerkennt, daß es auch über konstruierte Fälle wie den berüchtigten kretischen Lügner hinaus intern widersprüchliche Strukturen (z. B. mengentheoretische Dilemmata) gibt. Vieles von dem, was vermeintlich rationale und aufgeklärte Theoretiker von analytischen Philosophen bis hin zu Transzendentalpragmatikern wie Karl-Otto Apel für Teufelszeug halten, das sofort exorziert werden muß (z. B. pragmatische Selbstwidersprüche), durchschaut die Systemtheorie als schwer zu vermeidenden Normalfall. Die Systemtheorie staunt und lehrt das Staunen; sie liefert Einsichten, die zuerst einmal hochgradig kontraintuitiv scheinen, sich aber alsbald analytisch bewähren. Z. B. diese: daß Kommunikation entgegen den Grundannahmen von Hermeneutik und Habermasscher Diskurstheorie nicht etwa Konsens, sondern Dissens zur regulativen Idee hat. Wir reden, weil wir Dissens haben; Konsens sorgt für das Ende von Kommunikation. (Was soll man weiter sagen, nachdem man gesagt hat: »Du hast recht, wir sind uns völlig einig?«) Oder jene ebenfalls schon erwähnte: Es lohnt sich, a-moralisch zu sein – aus Moral.

Keine Gegenanzeigen, keine Risiken und Nebenwirkungen? Kaum: es fällt auf, daß die Systemtheorie trotz der intellektuellen Verführungskraft ihrer Schlüsselbegriffe weniger Jargon freigesetzt hat als etwa die Kritische Theorie Adornos. Und doch: eines der Probleme der Systemtheorie ist sicherlich, daß sie häufig auf sogenannte *tragic choice*-Strukturen trifft. So z. B. wenn sie darlegt, daß der Humanismus theoretisch nicht zu halten ist, praktisch aber alles für ihn spricht, oder daß die Pathologien der Moderne schwer zu ertragen und ebenso schwer zu vermeiden sind. Es ist schwer oder allzu leicht, auf der Höhe systemtheoretischer Einsichten zu leben. Ein starkes Risiko für die Zukunft der Systemtheorie ist der Systemtheorie selbst durchaus bewußt: Viele Indizien (darunter 9/11) sprechen dafür, daß die Wirklichkeit der Weltgesellschaft nicht auf dem Niveau der Systemtheorie ist. Funktionale Ausdifferenzierung in autopoietische Teilsysteme ist kein irreversibler Prozeß. Allerdings kommen, um sachlich zu formulieren, fundamentalistische Revolten gegen die Moderne allen, den Revolteuren wie den vermeintlichen »Agenten« der Moderne, sehr teuer zu stehen. Zu den Paradoxien der Moderne gehört eben auch diese: daß sie kein substantielles Fundament, sondern »nur« ein funktionales Versprechen bereithalten kann. Es gehört zu Luhmanns Verdiensten, den diskreten Charme der Moderne dargelegt zu haben, ohne zu ihrem wohlfeilen Werberedner zu werden. Etwas Besseres als die Moderne haben wir nicht. Ihre Pathologien sind mit bestürzender Regelmäßigkeit von militant antimodernen Bewegungen zu verantworten.

Totalitarismustheorie (Hannah Arendt, Giorgio Agamben)

Das Wort »total« übt offenbar eine Faszination aus, der nur schwer zu widerstehen ist. Wer möchte nicht gerne das Totum, das Ganze, Allumfassende in den Blick bekommen, an ihm teilhaben, es erfahren; wer würde nicht gerne alle Widersprüche, Grenzziehungen und Trennungen überwinden, um im großen Ganzen auf- und einzugehen? Als Goebbels nach der Schlacht von Stalingrad und also in Zeiten, da auch begeisterten Nazis die Einsicht dämmern mußte, daß sie vielleicht doch nicht den Endsieg erringen würden, als Goebbels in seiner berüchtigten Sportpalast-Rede an Zehntausende Zuhörer die Frage stellte: »Wollt ihr den totalen Krieg?«, scholl ihm ein begeistert zustimmender »Ja«-Schrei entgegen. Nichts spricht dafür, daß dieser eine Schrei aus zehntausend Kehlen mit Gewaltdrohungen erpreßt wurde.

Das Wort »total« bzw. »Totalität« hat eine lange und fast durchweg positiv besetzte Geschichte in theologischen, philosophischen und auch staatstheoretischen Gefilden. Immer geht es bei seinem Einsatz darum, dem Ganzen vor dem Partikularen, dem Einen vor dem Vielen, dem Gesunden vor dem Perversen ein Vorrecht einzuräumen. Das Wort »totalitär« ist hingegen jüngeren Datums. Schon zwei Jahre nach der Oktoberrevolution charakterisierte ein Korrespondent der *Frankfurter Zeitung* Lenins Politik als »revolutionären Totalitarismus«; wiederum vier Jahre später, also 1923, kritisierte Giorgio Amendola, der Sprecher der antifaschistischen Opposition, Mussolinis Politik als Versuch, ein *»sistema totalitario«* zu etablieren; und 1927 beschrieb der Duce selbst sein faschistisches Regime als *»regimo totalitario«*. Nach 1945 wurde der Begriff »Totalitarismus«, der schon zuvor in Kreisen der intellektuellen Emigration Verwendung fand, von Hannah Arendt (1906-1975) aufgegriffen und als analytischer Schlüsselbegriff eingesetzt. Sie legte 1951 ihre Studie *Origins of totalitarianism* (dt. 1955 *Elemente und Ursprünge totaler Herrschaft*) vor.

Totalitäre Herrschaft ist die vollkommene Negation individuierter Existenz und ihrer Rechte – so lautet die Grundthese der vom → Existentialismus Heideggers und Jaspers' geprägten Hannah Arendt. Totalitäre Regime begreifen und praktizieren Macht nicht länger als einen Effekt, der sich zwischen Menschen einstellt, die unterschiedliche Wünsche, Ziele und Interessen haben, sondern als Besitz einer Instanz, einer Partei, ja eines Führers. Bürgerliche Gesellschaften hatten sich so entwickelt, ja, es wurde geradezu zu ihrem Erkennungsmerkmal, daß sie einen Vorrang des Privaten vor dem Öffentlich-Staatlichen und der individuellen Rechte vor den kollektiven Pflichten anerkannten. Totalitäre Regime entsprechen ihrem Begriff: Sie kennen und anerkennen diese Differenz nicht, ihnen geht es ums Ganze, ums Totum: Ein Volk, ein Reich, ein Führer. Der Einzelne ist nichts, das Volk ist alles. Die Partei, die Partei hat immer recht.

Eine extreme, eben totalitäre Privilegierung von Einheit läßt allem Einzelnen, Individuierten und Besonderen keinen Platz und kein Existenzrecht mehr. Die totalitäre Ordnungsidee schlechthin ist deshalb die der

Gleichschaltung aller Funktionssysteme, aller Sphären, aller Lebensformen. Alles, die Politik, das Recht, das Militär, die Kunst, die Erziehung, die Wissenschaft, der Sport etc., hört auf ein Kommando. Was in dieses Schema nicht hineinpaßt, muß staatsterroristisch vernichtet werden. Im Konzentrationslager hat die Total-Negation alles Individuellen ihre Institutionalisierung gefunden. Im KZ und schon mit der Androhung der Einlieferung in ein KZ kollabiert vollkommen die Grenze zwischen der privaten und öffentlichen Sphäre: ein verläßliches Kriterium totalitärer Herrschaftssysteme. In kritischer Anknüpfung an Hannah Arendts Buch haben die amerikanischen Politologen C. J. Friedrich und Z. Brzezinski 1956 *(Totalitarian dictatorship and autocracy)* darüber hinaus eine Merkmalliste totalitärer Regime vorgestellt, die sechs Aspekte umfaßt: erstens eine geschlossene, latent wahnhafte Ideologie; zweitens eine Einparteienherrschaft, die auf einen Mann (wie Mussolini, Hitler, Stalin) zugeschnitten ist; drittens eine rechtsstaatlich unkontrollierte, mit terroristischen Mitteln ausgestattete Geheimpolizei; viertens gleichgeschaltete Massenmedien; fünftens ein Gewaltmonopol; und sechstens eine zentral gelenkte (Kriegs-) Wirtschaft.

Diese Merkmale gelten ersichtlich für die Naziherrschaft wie für stalinistische Systeme. Kein Wunder, daß die Totalitarismustheorie sofort ins Kreuzfeuer politischer Diskurse geriet. Nicht nur klassische Linke kritisierten, daß die Totalitarismustheorie die spezifischen Unterschiede zwischen Nazi- und Sowjetdiktatur verwischt: Die Sowjetunion hat keinen Weltkrieg angezettelt, sie hatte, anders als die Nazis, eine immerhin diskussionswürdige Leitidee (die klassenlose Gesellschaft und das Ende der Ausbeutung), und sie hat Menschen nicht, wie die Nazis es taten, aufgrund deren ethnisch-rassischer Zugehörigkeit verfolgt. Die Liste der Ähnlichkeiten zwischen beiden Regimen bleibt auch so lang genug. Daß es nicht zum Argumentationsziel der emigrierten deutschen Jüdin Hannah Arendt gehörte, Nazis durch den Hinweis zu entschuldigen, auch die Sowjets seien totalitär, versteht sich von selbst. Das existentialistische Pathos der Analysen von Hannah Arendt besteht umgekehrt in ihrer Weigerung, im Namen übergeordneter Ideen oder eigener Zugehörigkeiten und Verbindlichkeiten beunruhigende bis bestürzende Ereignisse und Daten zu übersehen oder schönzureden.

Dies belegt auch ihr berühmtestes Buch *Eichmann in Jerusalem* (1963), das aus Prozeßberichten hervorgegangen ist, die zuerst in der Zeitschrift *New Yorker* erschienen. Eichmann war einer der führenden bürokratischen Organisatoren des industriellen Massenmordes an Juden. Der israelische Geheimdienst hatte ihn in Argentinien (wo er, um Arendts Impuls aufzunehmen, das verstörend Banale nicht zu ignorieren, in Zeiten, als der später von RAF-Terroristen ermordete Hanns Martin Schleyer Personalchef bei Mercedes war, für den deutschen Weltkonzern in führender Stellung tätig war) aufgespürt, entführt und in Jerusalem der irdischen Gerichtsbarkeit übergeben. Im Prozeß erwies sich Eichmann wohl als überzeugter Nazi, nicht aber als dämonischer, sadistischer oder auch nur im konventionellen Sinne krimineller Charakter. Systematisch berief er sich auf höhere Befehle und beschwor, nur die ihm anvertraute Arbeit gut gemacht zu haben, die sonst andere erledigt hätten. Die produktiv irritierende Formel, die Hannah Arendt für dieses Phänomen fand, war die schnell berühmt gewordene Wendung von der »Banalität des Bösen«. Die stieß vor allem in Deutschland auf empörte Kritik, so wie ihre Kritik am defensiven Verhalten einiger Judenräte in den Ghettos des Naziregimes Hannah Arendt in Israel zur Persona non grata machte. »Banalität des Bösen«: Die Formel verletzt, weil sie vielen wohlfeilen Reden (wir wurden verführt, wir haben nur pflichtgemäß unsren Dienst getan, wir standen unter Eid, wir hatten Befehlsnotstand) den Boden entzieht. Was Hannah Arendt zu denken aufgibt, ist der abgründige Umstand, daß der Nationalsozialismus *in toto* so böse wie banal war: Er war nicht in allen, aber doch in entscheidenden Teilen das nur scheinbare Paradox eines Extremismus der Mitte. Und deshalb konnte er auch, anders als das Sowjetregime, eine Konsensdiktatur sein. Die meisten Deutschen haben das NS-System gewollt, Hitler vergöttert und Goebbels' Sportpalast-Rede, die den totalen Krieg beschwor, zugejubelt.

Wie es dazu kommen konnte, daß in einem Land wie Deutschland, das aus nachvollziehbaren Gründen auf seine Hochkultur stolz ist, der völlige Zivilisationsbruch möglich wurde, ist immer wieder gefragt wurden. Eine bündige Beantwortung dieser Frage ist unmöglich. Die genealogischen Hinweise, die die Totalitarismustheorie gibt, sind vergleichsweise konventionell, deshalb aber nicht falsch. Hannah Arendt führt Phänomene wie die Massengesellschaft, die Arbeitslosigkeit, politische Instabilität, den Zerfall bürgerlicher Werte und demokratischer Regeln auf. Der italienische Philosoph und Politologe Giorgio Agamben hat in Anknüpfung u. a. an Überlegungen Michel Foucaults (→ Diskurstheorie) und Hannah Arendts eine Antwort auf die Frage nach der Genese totalitärer Regime gegeben: Sie radikalisieren ein Programm, das eine lange Vorgeschichte hat. Es ist das Programm einer »Biopolitik« (Foucault), das totalitär, nämlich ohne jede juristische oder ethische Kodifikation, menschliches »Leben« zu einer verfügbaren, verwertbaren, gegebenenfalls nutzlosen, gar störenden und also vertilgungsbedürftigen Sache erklärt. In den Lagern totalitärer Regime (manchmal auch demokratischer Staaten wie der USA – siehe das Lager X-Ray für Terrorismus-Verdächtige auf Guantánamo) haben Menschen jedes Recht verloren. Sie fallen aus allen Ordnungen, Traditionen, Regeln und Anerkennungslogiken heraus. Sie leben und sterben, juristisch gesprochen, in einem permanenten Ausnahmezustand, der kein Widerlager mehr hat – und dieses Widerlager wäre eben das der Normen und des »Normalen«.

Es gehört zum Basiscode jeder Kultur, nicht nur interne Beziehungen, sondern auch Beziehungen zu Gästen, Fremden, Gegnern und eben noch Feinden zu regeln[1]. Ein solcher Basiscode entfällt in Hinblick auf den von Agamben so genannten *»homo sacer«*. *»Sacer«* ist ein hochgradig ambivalentes Wort: meint es doch ebenso »heilig« wie »verflucht«. Aus dem Fremden, dem Gast, der noch dann heilige Grundrechte genießt, wenn er verdächtig ist, ein Feind zu sein, wird

1 Cf. Hans-Dieter Bahr: Die Sprache des Gastes – Eine Metaethik. Leipzig 1994

der verfluchte, vollkommen Abhängige, der ins Lager, also in einen gänzlich rechtlosen Raum gehört. In Lagern geht es nur noch um das nackte Leben und Überleben – (Giorgio Agamben: *Homo sacer – Die souveräne Macht über das nackte Leben*, Frankfurt/Main 2002). Zu den schrecklichsten Perspektiven für das beginnende dritte Jahrtausend gehört es, daß das Lager als die totalitäre Institution, die alle Normen verwirft, zum implizit akzeptierten Normalfall wird. Vergessen wird dann nicht eine, sondern *die* demokratische Grunderfahrung schlechthin: daß Ein- und Widerspruch durchaus das zu stärken pflegt, wogegen man opponiert. In der Philosophensprache der Griechen: Das Eine in sich selbst Unterschiedene ist komplexer und leistungsfähiger als das monolithisch Eine, das Totalitäre.

Wirkungen, Risiken und Nebenwirkungen

Die Virulenz der Totalitarismus-These liegt nach der Naziherrschaft und in Zeiten grassierender Realangst vor weltweitem Terrorismus und totalitären Reaktionen auf Terrorismus vor Augen. Aber auch die Differenz zwischen einem islamistischen Terrorismus einerseits und den totalitären Paradigmata Naziherrschaft und Stalinismus andererseits ist offenbar: Der neue Totalitarismus ist nicht-staatlich und nicht pseudoreligiös (› Politische Theologie). Was auch heißt: Er läßt sich nicht in und mit heißen und kalten Kriegen bekämpfen; er endet nicht mit dem Kollaps von Großreichen.

Um von ganz großen in ganz kleine Kontexte zu wechseln: Biographische Überlegungen zu Theoretikern haben in der vorliegenden Theorie-Apotheke bislang kaum eine Rolle gespielt. Geht es ihr doch um die Rekonstruktion der Grundgedanken und Grundbegriffe von Theorien und nicht um Informationen über die Lebensläufe von TheoretikerInnen. Im Fall der Totalitarismustheorie von Hannah Arendt liegt es nahe, eine Ausnahme von dieser Regel zu machen. War Hannah Arendt doch, was eine verblüffte intellektuelle Öffentlichkeit erst spät erfuhr, ihr erwachsenes Leben lang einem Denker verbunden, der aus schnell nachvollziehbaren Gründen eher als ihr Antipode gelten könnte: Martin Heidegger (→ Existentialismus, Seinsdenken). Was Wirkungen und Nebenwirkungen eines Denkstils sein können, läßt sich an Hannah Arendts Heidegger-Rezeption studieren; welche Effekte Ignoranz gegenüber alternativen Denk- und Lebensstilen haben kann, läßt sich an Heideggers Nichtrezeption von Gedanken Hannah Arendts ablesen. Zugleich zeigt ein Blick in den Liebesbriefwechsel zwischen dem deutschen Denker aus dem Schwarzwald und der aus dem Dritten Reich emigrierten deutschjüdischen Metropolenintellektuellen, welche Wege und Nebenwege Theoriewirkungen einschlagen können.[2]

2 Hannah Arendt/Martin Heidegger: Briefe 1925-1975 und andere Zeugnisse, ed. Ursula Ludz. Frankfurt/Main 1998. Cf. hierzu Jochen Hörisch: Rezension in Neue Gesellschaft/Frankfurter Hefte 11/1998.

Zivilisationstheorie (Norbert Elias)

Zwischen Kultur und Zivilisation zu unterscheiden war vor hundert Jahren ein Lieblingsspiel deutscher Dichter und Denker. Thomas Mann hat sich in den im Jahre 1918 erschienenen *Betrachtungen eines Unpolitischen* an diesem Spiel lebhaft beteiligt. Zivilisation: das ist gute Küche, elegante Garderobe, geistreiches Plaudern, Galanterie, eine Hauptstadt mit einer U-Bahn und Orientierung an ein paar Benimmregeln. Kultur: das ist Gefühls- und Geistestiefe, leidenschaftliche Hingabe an letzte Werte und letzte Fragen, Leiden an allem Oberflächlichen und Entfremdeten.

Im Jahr 1939, also zu Zeiten, in denen eine Nation, die gerne ihre tiefe Kultur gegen bloße Zivilisation ausspielte, für einen bis dahin für unmöglich gehaltenen Zivilisations- und Kulturkollaps sorgte, erschien in der Schweiz ein Buch mit dem Titel *Über den Prozeß der Zivilisation*. Sein Verfasser war Norbert Elias (1897-1990), der in den frühen dreißiger Jahren dem Institut für Sozialforschung (→ Kritische Theorie) nahestand und als Assistent des Wissenssoziologen Karl Mannheim gearbeitet hatte. Die gewichtige Abhandlung des deutsch-jüdischen Emigranten fand damals kaum Beachtung. Das änderte sich gründlich, als das Buch fast vierzig Jahre später (1976) erneut aufgelegt wurde. *Habent sua fata libelli.*

Seine Leitthese exponiert Elias gleich zu Beginn seiner materialreichen Abhandlung in wünschenswerter Deutlichkeit. Ihm geht es um den »Nachweis eines Wandels der Affekt- und Kontrollstrukturen von Menschen, der während einer ganzen Reihe von Generationen in ein- und dieselbe Richtung ging, nämlich (um es kurz zu sagen) in die Richtung einer zunehmenden Straffung und Differenzierung der Kontrollen.«[1] Einige Illustrationen dieser These sind regelrecht populär geworden: Wir benehmen uns selbst in FKK-Zeiten affektkontrollierter als unsere Vorfahren in mittelalterlichen Badestuben. Und Luthers (übrigens in seinen publizierten *Tischreden* nicht nachzuweisendes) Wort an die um seine Tafel versammelten Gäste: »Was rülpset und furzet ihr nicht, hat es euch nicht geschmacket?«, belegt zusammen mit reichem anderen Material, daß eine verfeinerte Affekt-, Körper- und Aggressionskontrolle erst im Laufe von Jahrhunderten erlernt und verinnerlicht werden mußte. Elias demonstriert das vor allem an den in Benimmbüchern beschriebenen und vorgeschriebenen Manieren und Tischsitten, die sich seit dem frühen Mittelalter zunehmend verfeinert haben. Aus Affekten wurde so ein »Affekthaushalt«, der verwaltet, eingeteilt und domestiziert sein wollte.

Um diesen Zivilisationsprozeß angemessen analysieren zu können, führt Elias drei methodologische Leitbegriffe ein, die enge Beziehungen untereinander aufweisen. Erstens den der »Verflechtung«. Wer manierlich zu essen lernt, wer Messer und Gabel richtig auf dem Tisch plaziert und recht verwendet, wer sich auf die gebotenen Gesprächsthemen bei Tisch versteht und mit der Serviette elegant umzugehen weiß – der weiß eben

1 Norbert Elias: Über den Prozeß der Zivilisation – Soziogenetische und psychogenetische Untersuchungen – 2 Bde. Frankfurt/Main 1976, p. IX

nicht nur dies, sondern erfährt, daß er zugleich in Ordnungen der Selbst- und Fremdkontrolle, des Sprechens, der Ehrerbietung und der Ökonomie verflochten ist. Es geht immer um mehr als nur um das, worum es zu gehen scheint. So ist, wie Elias in seinem 1969 erschienenen Werk *Die höfische Gesellschaft* zeigt, Minnedienst immer mehr als »nur« Minnedienst. Verpflichtet ist der ritterliche Minnediener nämlich nicht nur der Angebeteten, er unterwirft sich im Minnedienst allegorisch häufig auch der Frau eines Edelmannes, der reicher ist als er selbst. In Elias' überraschender Perspektive: der hochmittelalterliche Minnedienst schafft mit am Projekt, die soziogenetischen wie psychogenetischen Voraussetzungen herzustellen, die erforderlich sein werden, um absolutistische Staatsordnungen zu errichten. Deren hochregulierte Etiketten reflektieren einen gesteigerten Verflechtungsgrad. Gegen den Verflechtungsgrad hochkomplexer, moderner, arbeitsteiliger, international verstrickter Welt-Gesellschaften wirkt die absolutistische Gesellschaft wiederum wie ein überschaubarer Park.

Ineinander verflochten sind aber nicht nur unterschiedlich scheinende Sphären wie die der Liebe und der Macht. Von »Interdependenzen« (so lautet der zweite Leitbegriff) geprägt sind stets auch die Beziehungen zwischen Menschen. Ein Schüler ohne Lehrer ist kein Schüler, ein Herrscher ohne Untertanen ist kein Herrscher, Eltern ohne Kinder sind eben nicht Eltern. Diese höhere Trivialität gewinnt Schärfe durch die ihr innewohnende Polemik gegen soziologische Abstraktionen, wie sie die → Systemtheorie von Talcott Parsons oder der → Strukturalismus von Claude Lévi-Strauss kennt, aber auch gegen personenzentrierte Kulturgeschichtsschreibungen. Elias liegt (wie Bourdieu → Bourdieus Theorie des sozialen Feldes) daran, das unverwüstlich scheinende binäre Denkschema »Individuum und Gesellschaft« zu sprengen, ohne deshalb (wie später Luhmann, vgl. → Systemtheorie) schon davon auszugehen, die Gesellschaft bestehe nicht aus Menschen, sondern aus Kommunikationsakten (bei modernen Gesellschaften: zwischen funktional ausdifferenzierten Teilsystemen). Ein wenig greifbarer wird dieser Ansatz durch den dritten Leitbegriff, den der »Figuration«. Man kann sich diesen Begriff mit dem der Tanzfiguren verdeutlichen, wobei man sich vergegenwärtigen sollte, daß der Solotanz kulturhistorisch als Novum gelten muß. Wer tanzt, tanzt mit einem oder mit mehreren Partnern und bildet dabei, verinnerlichten Regeln folgend, unterschiedliche Tanzfiguren, die sich als bemerkenswert modulations- und transformationsfähig erweisen.

»An die Stelle des Bildes vom Menschen als einer ›geschlossenen Persönlichkeit‹ – trotz seiner etwas andern Bedeutung ist der Ausdruck bezeichnend – tritt dann das Bild des Menschen als einer ›offenen Persönlichkeit‹, die im Verhältnis zu andern Menschen einen höheren oder geringeren Grad von relativer Autonomie, aber niemals absolute und totale Autonomie besitzt, die in der Tat von Grund auf zeit ihres Lebens auf andere Menschen ausgerichtet und angewiesen, von andern Menschen abhängig ist. Das Geflecht der Angewiesenheit von Menschen aufeinander, ihre Interdependenzen, sind das, was sie aneinander bindet. Sie sind das Kernstück dessen, was hier als Figuration bezeichnet wird, als Figuration aufeinander ausgerichteter, voneinander abhängiger Menschen.«[2]

Nach dem Bild des Tanzes und der Geschichte(n) seiner Figurationsbildungen begreift Elias den Prozeß der Zivilisation. Daß dieser Zivilisationsprozeß nicht frei von Ambivalenzen ist, versteht sich von selbst. So kann man den (westlichen) Zivilisationsprozeß als Geschichte zunehmender individueller Freiheitsgewinne verbuchen, muß sich dann aber von Elias darauf aufmerksam machen lassen, daß dieser Freiheitsgewinn auf der »Verwandlung zwischenmenschlicher Fremdzwänge in einzelmenschliche Selbstzwänge« basiert. Daß solche Selbstzwänge und Selbstverpflichtungen brüchig werden und kollabieren können, daß Menschen im Prozeß der Zivilisation nicht immer feiner und kontrollierter werden, mußte der Emigrant aus Nazideutschland am eigenen Leib erfahren.

Wirkungen, Risiken und Nebenwirkungen

In den späten siebziger und in den achtziger Jahren erlebte die Zivilisationstheorie den Höhenkamm ihrer interdisziplinären Popularität. Theoriegeschichtliche Umstände wie die späte Wiederentdeckung eines im Jahr 1939 erstmals erschienenen Emigranten-Werkes, dem eine angemessene zeitgenössische Rezeption versagt blieb und das zugleich Affinität wie Distanz zur → Kritischen Theorie auszeichnete, spielten dabei sicherlich eine Rolle. Eine anhaltende Sonderkonjunktur erfuhren die Theoreme von Norbert Elias in der mediävistischen Literaturwissenschaft. Kein Wunder: Elias hatte

2 Ibid., p. LXVII

sich vielfach auf mittelalterliche Quellen berufen und zu literatursoziologischer Arbeit animiert. Hinzu kam, daß in den siebziger Jahren zivilisations- und kulturkritische Diskurse aller Art flottierten, die mit Gewinn auf die Schlüsselbegriffe der Zivilisationstheorie zurückgreifen konnten. Das Wort »Affekthaushalt« wurde wenn nicht von Elias geprägt, so doch durch ihn in humanwissenschaftlichen Sphären einigermaßen populär.

Die Abhandlung über den Prozeß der Zivilisation avancierte schnell zum Standardwerk – was auch heißt: zu einem Buch, auf das man verweist, das aber nicht mehr die theorie- und analyselustigen Gemüter bewegen würde, wenn nicht, ja wenn da nicht ein seltsam paradoxer Umstand gegengesteuert hätte. Der Ethnologe Hans Peter Duerr (geb. 1943) legte nämlich ab 1987 eine mehrbändige, viele tausend Seiten umfassende, materialüberwertige Abhandlung vor, die die Zivilisationstheorie widerlegen sollte (Hans Peter Duerr: *Der Mythos vom Zivilisationsprozeß* – Bd. I: *Nacktheit und Scham*, Frankfurt/Main 1987, Bd. II: *Intimität*, Frankfurt/Main 1990, Bd. III: *Obszönität und Gewalt*, Frankfurt/Main 1993). Duerrs Leitthese widerspricht der von Elias deutlich, geht sie doch davon aus, »daß die Menschen in kleinen, überschaubaren ›traditionellen‹ Gesellschaften mit den Angehörigen der eigenen Gruppen viel enger verflochten waren, als dies bei uns Heutigen der Fall ist; was bedeutet, daß die unmittelbare soziale Kontrolle, der man unterworfen war, viel unvermeidbarer und lückenloser gewesen ist. (...) Die Menschen waren weitaus weniger als heute mit *Fragmenten* der Gesamtpersönlichkeit des anderen konfrontiert, sondern mit der *ganzen* Person, weshalb ein Fehlverhalten für den einzelnen viel peinlichere Konsequenzen nach sich zog, als dies bei einem heutigen Großstadtbewohner der Fall wäre.«[3]

Daß die Differenz zwischen Duerr und Elias so gewaltig nicht ist, wie sie auf den ersten Blick scheint, gibt der Kritiker selbst zu verstehen. Ausdrücklich ist es nicht seine »Absicht, die Eliassche Theorie vom Kopf auf die Füße zu stellen, also aus der gängigen Evolutionstheorie der Zivilisation eine Art »Verfallstheorie« zu machen, nach der *wir* die Wilden und *sie* die Zivilisierten waren oder sind.« Wer der Wilde und wer der Zivilisierte, wer der Kultivierte und wer der Barbar, wer der *Decadent* und wer der Fundamentalist ist – darüber sind selbstredend unter Kinogängern, die Mel Gibsons Film *Die Passion Christi* sehen, oder unter Zeitgenossen, die über die Ursachen des fundamentalistischen Terrors streiten, oder unter Berlinern, die im Tiergarten picknicken und den Blick über muslimische Immigrantenfamilien und Alternativgruppen aller Art schweifen lassen, unterschiedliche Urteile möglich (vgl. Manfred Schneider: *Der Barbar – Endzeitstimmung und Kulturrecycling*, München 1997). Z. B. auch dieses: daß die Unterscheidung zwischen »wild« und »zivilisiert« unterschiedlich, nämlich als wilde oder aber als zivilisierte Unterscheidung gebucht werden kann.

Zu den möglichen Gewinnen einer Beschäftigung mit den in dieser *Theorie-Apotheke* vorgestellten humanwissenschaftlichen Theorien der letzten fünfzig Jahre gehört es, sowohl zögerlicher als auch virtuo-

3 Duerr: Nacktheit, l. c., p. 10 sq.

ser beim Urteilen und Beurteilen vermeintlich eindeutiger Lagen zu werden. Um bei Beispielen zu bleiben, die dem Umkreis der Kontroverse über die Zivilisationstheorie zugehören: stimmt die verbreitete Selbstbeschreibung, unsere Zivilisation werde nicht zuletzt durch den brutalisierenden Einfluß der AV-Medien immer unsensibler, roher und aggressiver? Läßt sich nicht eine plausible Gegenrechnung aufmachen? Es ist kaum mehr vorstellbar, daß deutsche Jugendliche unter »Hurra«-Rufen so begeistert wie ihre Vorfahren vor bald hundert Jahren in einen Krieg gegen den Erzfeind Frankreich oder einen anderen Feind marschieren würden. Und ist es nicht dringend analysebedürftig, daß die Millionen von Schwerstverletzten und die Hunderttausende von verbrannten, zerquetschten Toten, die der sogenannte Individualverkehr in den letzten Jahren allein in Deutschland als wildes, düsteres Opfer heischte, nicht als Opfer eines barbarischen Mobilitäts-Kultes, der buchstäblich über Leichen geht, wahrgenommen werden?

Wie unterschiedlich das vermeintlich Identische, z. B. »der Prozeß der Zivilisation«, analysiert und verbucht werden kann, macht die Kontroverse zwischen Elias und Duerr kraß, aber auch witzig deutlich. Man kann solche in den Gefilden der Humanwissenschaftlich bekanntlich notorischen Debatten und Kontroversen als starkes Indiz dafür werten, daß diese nicht eigentlich Anspruch auf den zweiten Teil ihres Begriffs haben: nämlich Wissenschaften zu sein. Man kann aber auch eine andere Rechnung aufmachen: Ohne Dissens, ohne Debatten, ohne Kontroversen sind humanwissenschaftliche Theorien nicht zu haben, wenn sie Anspruch darauf erheben wollen, ihrem ersten Begriffsbestandteil gerecht zu werden. Man kann humanwissenschaftlich über alles streiten, man kann über alle Humanwissenschaften streiten, man kann aber nicht sinnvoll darüber streiten, daß man humanwissenschaftlich über Humanwissenschaften streiten kann. Und über den wild-zivilisierten bzw. zivilisiert-wilden Menschen sowieso, der sich in einigen Weltgegenden auf der Suche nach Heil und Heilung mit den Essenzen einer Theorie-Apotheke zwischen Analytischer Philosophie und Zivilisationstheorie nahekommen will. Eine Band der siebziger Jahre hat mit den hochzivilisierten Mitteln einer Hi-Fi-Technologie ihre Diagnose über den späten Stand der Zivilisationsdinge verkündet: *»The wilderness is gathering all its children back again.«*

Nachwort: Kursverluste und -gewinne der Humanwissenschaften

»Humanwissenschaft« ist ein Wort, das bereits im Untertitel der vorliegenden Theorie-Apotheke vorkommt. Selbstverständlich ist die Verwendung dieses Wortes nicht selbstverständlich. Allein schon deshalb nicht, weil unter »Humanwissenschaft(en)« heute häufig die sogenannte *hard-core-sciences* vom Menschen verstanden werden, die in diesem Buch – auch wegen mangelnder Kompetenz des Verfassers – nicht vorkommen bzw. allenfalls eine randständige Rolle spielen: etwa Biogenetik und Neurophysiologie. Wäre dieses Buch zwei Jahrzehnte früher erschienen, hätte es sicher statt von human- von geisteswissenschaftlichen Theorien gesprochen, die es vorzustellen gelte. Das altehrwürdige Wort »Geisteswissenschaften« aber hat in den letzten Jahren einen buchenswerten Kursverlust erlitten. Wer auf sich hält, etikettiert sich heute als Kultur-, Medien- oder eben Humanwissenschaftler, nicht aber als Geisteswissenschaftler. Die Gründe dafür sind vielfältig. Doch sie kreisen alle um den Makel, der die sogenannten Geisteswissenschaften selbst in den seligen Zeiten ihres hohen Prestiges etwa im Umkreis der Humboldtschen Universität umgab: nicht hinreichend präzise, nicht experimentell, nicht kontrollierbar, nicht prognostisch und deshalb nicht eigentlich Wissenschaften zu sein.

Die Diskussionen um die Differenzen zwischen den zwei oder drei oder vielen Kulturen der Natur-, Geistes-, Sozial- und Technikwissenschaften (plus z. B. Medizin, Jura, Informatik mit ihrem je eigenen Wissenschaftsverständnis) wollen nicht enden. Sonderlich ergiebig sind sie aber nicht. Dabei lohnt ein neuer Blick auf den vermeintlich durchdiskutierten harten Kern der Debatte: ob die Unterscheidung zwischen dem harten, experimentell belastbaren und prognostischen Wissen (der Naturwissenschaften) einerseits und den *soft skills* der sogenannten Geisteswissenschaften andererseits wirklich trägt. Gerade eine Gesellschaft, die Wissen und Information als ihre genuinen Ressourcen begreift, muß an der Klärung dieser Frage ein entschiedenes Interesse haben. Sie wird aber trotz oder wegen ihrer Schlichtheit selten gestellt. Die Gründe dafür sind fast ein bißchen zu offensichtlich, um ausdrücklich thematisiert zu werden: Das Image der Natur- und Technikwissenschaften, aber auch von daten- und rechenintensiven Disziplinen wie der Volkswirtschaft, verläßliches und belastbares Wissen bereitzustellen, ist kaum zu halten. Sehr handfeste Fragen erhalten von szientistischer Seite keine Antwort: Ist Elektrosmog gesundheitsschädlich?; wann ist ein Mensch tot?; wird Aids kausal therapierbar sein?; droht ein irreversibles Ozonloch?; sind die jüngeren Erhöhungen der Durchschnittstemperatur auf unserem Planeten klimageschichtlich »normal« oder menschlich induziert?; ist (Selbst-)Bewußtsein ein neurophysiologisch erklärbares Phänomen?; wie werden sich demographische Schlüsseldaten entwickeln?; stimmen die Grundannahmen monetaristischer Volkswirtschaftslehren?; ist menschliches Verhalten weitgehend mit dem »rational choice«-Theorem erklärbar?; sind immanent sichere Atomkraftwerke konstruierbar?; ist der freie Wille eine neurologisch widerlegbare Illusion?; gibt es Antimaterie?

Auch wer über keine tieferen naturwissenschaftlichen Kenntnisse verfügt, kann immerhin mitbekommen, daß er nicht ganz falsch liegt, wenn er avancierte naturwissenschaftlich-mathematische Schlüsselbegriffe wie Unschärferelation, Relativität und Unvollständigkeit so begreift, wie sie klingen: nach einem Wissen, das weiß, wie unscharf, relativ, unvollständig und bodenlos es ist. Daraus triumphierend die Schlußfolgerung zu ziehen, es gebe zwischen kultur-, geistes- bzw. humanwissenschaftlichen Theorien einerseits und denen sogenannter »exakten« Wissenschaften andererseits kaum valide Unterschiede, wäre ersichtlich grotesk. Kein noch so frohgemuter → anarchistischer Wissenschaftstheoretiker würde z. B. trockenen Auges behaupten, physikalische und astronomische Theoriebildung habe Rückwirkungseffekte auf die Sachverhalte, die die Theorie erfaßt – die Umlaufbahnen von Planeten würden in Korrelation zum Stand astronomischer Theoriebildung variieren. Wer hingegen darauf besteht, daß geistes-, sozial- oder kulturwissenschaftliche Theoriebildung verändert, was sie erfaßt, hat aus gutem Grund Anspruch auf Gehör. Feministische Theoriebildung kann z. B. so erfolgreich sein, daß es die von ihr beklagten Geschlechterverhältnisse alsbald so nicht mehr gibt, wie sie sie analysiert hat. Disziplinstolze Humanwissenschaftler können sich (das Oxymoron »einfach überkomplex« billigend in Kauf nehmend) darauf berufen oder herausreden, daß das, womit sie es zu tun haben, einfach so überkomplex, rekursiv und wandelbar sei, daß es sich den schlichten Zugangsweisen sogenannter harter Wissenschaft entziehe.

»Definierbar ist nur, was keine Geschichte hat.«[1] Nietzsches apodiktisches Wort sorgte noch ein vorletztes Mal für eine bündige Strukturierung des Wissensfeldes. Geistes- bzw. humanwissenschaftliche Schlüsselbegriffe können demnach deshalb nicht definiert werden, weil sie erstens selbst eine (Begriffs-)Geschichte haben und sich zweitens systematisch auf Geschichte beziehen. Das gilt von Begriffen und Konzepten der Mathematik, Physik, Chemie etc. so nicht. Die Zahl Pi ist historisch invariant und also vollständig definierbar: 3,14... Nun muß man nicht sophistisch begabt sein, um auf reizvolle Grenzfälle zu stoßen. Die immer neu akzentuierten und ersichtlich von historischen Korrektheitsüberlegungen betroffenen Diskussionen der Biologie und Genetik über die Vererbbarkeit von Lernerfolgen sind ein Standardbeispiel dafür. Und es gibt offenbar Astrophysiker, die es nicht für ausgeschlossen halten, daß die Expansion des Weltalls nach dem Urknall reversibel ist. Es würde dann einen Ziehharmonika-Effekt geben, in dessen Folge »ewige« Naturgesetze (wie die über die Lichtgeschwindigkeit, die Elementarladung, die Newtonsche Gravitationskonstante oder das Plancksche Wirkungsquantum) ihre Geltung verlieren könnten – in einigen Milliarden Jahren. Heideggers Konzeption einer Seinsgeschichte wäre dann in einem viel handfesteren Sinne als von ihm selbst angenommen ernst zu nehmen.

Bis dahin müssen wir auch bei statistisch rasant gestiegener Lebenserwartung in und mit kürzeren Spannen rechnen. Und mit den Unsicherheiten, die auch

1 Nietzsche: Zur Genealogie der Moral; Werke, ed. K. Schlechta, Bd. II. München 1966, p. 820

dann bleiben, wenn es ewige Konstanten geben sollte. Viele Indizien sprechen dafür, daß wir schlechthin nicht auf dem Niveau der Probleme leben, die von den avancierten Wissenschaften in den Blick genommen werden. Soll heißen: Die Probleme, die uns zu Beginn des dritten Jahrtausends erneut so irritierend zusetzen, sind geradezu beschämend anachronistische Probleme, zu deren Lösung Biogenetik, Neurophysiologie oder Astrophysik wenig beitragen: nämlich Probleme mit Gott, Fanatikern aller Art, Kulturen, die uns fremd bleiben, Konfliktlogiken, Verständigungsschwierigkeiten, Affektlagen, Fragen der Gerechtigkeit, des Geschlechterverhältnisses, des Mediengebrauchs, der Kindererziehung, der Technikfolgen und der Umweltzerstörung. Kurzum: Probleme, die in den klassischen Zuständigkeitsbereich sogenannter Geistes- bzw. Humanwissenschaften gehören. Es gehört nicht viel Mut dazu, ein fragiles Comeback des Prestiges von humanwissenschaftlichen Theorien zu prognostizieren. Fragil darf dieses Prestige genannt werden, weil es sich den systematischen Fehlleistungen von Menschen verdankt.

Wer vor einem Vierteljahrhundert Byzantinistik studierte, lief Gefahr, aufgrund seiner Option für ein Orchideenfach verlacht zu werden. Nach 1989 wurde er aufgrund seiner zuvor abwegig scheinenden Spezialkenntnisse zum gefragten Analytiker der Konflikte, die sich aus dem Zerfall Jugoslawiens oder im Zusammenhang mit dem möglichen EU-Beitritt der Türkei ergaben und ergeben. Ein Ägyptologe, Jan Assmann (→ Politische Theologie), gilt heute aus besten Gründen als einer der ausschlaggebenden Kulturanalytiker weltweit. Man kann und darf solche Daten auch allegorisch verstehen: Humanwissenschaftliche Theorien sind in dem Maße angesagt, in dem Menschen nicht auf der Höhe ihrer Möglichkeiten leben, sondern vielmehr in seltsame Wiederholungsschleifen eingetreten sind. »Harte« Wissenschaften können zur Lösung etwa religiös induzierter Konflikte kaum etwas beitragen – selbst dann nicht, wenn sie Hirnregionen entdecken sollten, in denen religiöse Kompetenzen angesiedelt sind. Von einigen Modernitätshassern werden solche *hard sciences* sogar a priori als Bestandteil der Weltprobleme und nicht als Kandidaten für ihre teilweise Lösung wahrgenommen. Kurzum: Vertrautheit mit humanwissenschaftlichen Theorien ist Pflicht und Forderung des Tages. Nicht nur, aber insbesondere für die, die wie Goethes Iphigenie ein Interesse daran haben, nach Konflikt- und Traumatisierungserfahrungen aller Art dennoch ein »fröhlich selbstbewußtes Leben« zu führen.

Namenregister

Martin Ludwig Hofmann/Tobias F. Korta/Sibylle Niekisch (Hg.). Culture Club. Klassiker der Kulturtheorie. stw 1668. 304 Seiten

Eva Illouz. Gefühle in Zeiten des Kapitalismus. Übersetzt von Martin Hartmann. Broschur. 170 Seiten

Vladimir Jankélévitch.
- Das Verzeihen. Essays zur Moral und Kulturphilosophie. Herausgegeben von Ralf Konersmann. Übersetzt von Claudia Brede-Konersmann. Mit einem Vorwort von Jörg Altwegg. Gebunden und stw 1731. 292 Seiten
- Der Tod. Übersetzt von Brigitta Restorff. Gebunden. 576 Seiten

Ralf Konersmann. Kulturelle Tasachen. stw 1774. 406 Seiten

André Leroi-Gourhan. Hand und Wort. Die Evolution von Technik, Sprache und Kunst. Übersetzt von Michael Bischoff. Mit 153 Zeichnungen des Autors. stw 700. 532 Seiten

Winfried Menninghaus
- Ekel. Theorie und Geschichte einer starken Empfindung. stw 1634. 592 Seiten
- Das Versprechen der Schönheit. 386 Seiten. Gebunden

K. Ludwig Pfeiffer. Das Mediale und das Imaginäre. Dimensionen kulturanthropologischer Medientheorie. 624 Seiten. Gebunden

Paul Rabinow
- Anthropologie der Vernunft. Studien zur Wissenschaft und Lebensführung. Herausgegeben und übersetzt von Carlo Caduff und Tobias Rees. stw 1646. 252 Seiten
- Was ist Anthropologie? Herausgegeben und übersetzt von Carlo Caduff und Tobias Rees. stw 1687. 168 Seiten

NF 118/3/1.07

Philipp Sarasin. Reizbare Maschinen. Eine Geschichte des Körpers 1765-1914. stw 1524. 512 Seiten

Philipp Sarasin/Jakob Tanner (Hg.). Physiologie und industrielle Gesellschaft. Studien zur Verwissenschaftlichung des Körpers im 19. und 20. Jahrhundert. stw 1343. 529 Seiten

Thomas Schlich/Claudia Wiesemann (Hg.). Hirntod. Zur Kulturgeschichte der Todesfeststellung. stw 1525. 352 Seiten

Alfred North Whitehead
- Denkweisen. Herausgegeben und übersetzt von Stascha Rohmer. stw 1532. 208 Seiten
- Kulturelle Symbolisierung. Herausgegeben und übersetzt von Rolf Lachmann. stw 1497. 147 Seiten

Slavoj Žižek
- Die gnadenlose Liebe. Übersetzt von Nikolaus G. Schneider. stw 1545. 192 Seiten
- Körperlose Organe. Bausteine für eine Begegnung zwischen Deleuze und Lacan. Übersetzt von Nikolaus G. Schneider. stw 1698. 297 Seiten
- Die Puppe und der Zwerg. Das Christentum zwischen Perversion und Subversion. Übersetzt von Nikolaus G. Schneider. stw 1681. 190 Seiten
- Die Revolution steht bevor. Dreizehn Versuche über Lenin. Übersetzt von Nikolaus G. Schneider. es 2298. 192 Seiten
- Die Tücke des Subjekts. Übersetzt von Eva Gilmer, Anne von der Heiden, Hans Hildebrandt und Andreas Hofbauer. 552 Seiten. Gebunden

Slavoj Žižek/Mladen Dolar/Stojan Pelko u. a. Was Sie schon immer über Lacan wissen wollten und Hitchcock nie zu fragen wagten. stw 1580. 259 Seiten

NF 118/4/1.07

Französische Philosophie im Suhrkamp Verlag Eine Auswahl

Cornelius Castoriadis

- Durchs Labyrinth. Seele, Vernunft, Gesellschaft. Übersetzt von Horst Brühmann. stw 435. 305 Seiten
- Gesellschaft als imaginäre Institution. Entwurf einer politischen Philosophie. Übersetzt von Horst Brühmann. stw 867. 613 Seiten

Gilles Deleuze

- Das Bewegungs-Bild. Kino 1. Übersetzt von Ulrich Christians und Ulrike Bokelmann. stw 1288. 332 Seiten
- Die einsame Insel. Texte und Gespräche 1953-1974. Übersetzt von Eva Moldenhauer. 435 Seiten. Gebunden
- Die Falte. Leibniz und der Barock. Übersetzt von Ulrich Johannes Schneider. stw 1484. 231 Seiten
- Logik des Sinns. Übersetzt von Bernhard Dieckmann. Aesthetica. es 1707. 397 Seiten
- Foucault. Übersetzt von Hermann Kocyba. stw 1023. 192 Seiten
- Kritik und Klinik. Übersetzt von Joseph Vogl. es 1919. 208 Seiten
- Schizophrenie und Gesellschaft. Texte und Gespräche 1975-1995. Übersetzt von Eva Moldenhauer. 385 Seiten. Gebunden
- Unterhandlungen 1972-1990. Übersetzt von Gustav Roßler. es 1778. 261 Seiten
- Das Zeit-Bild. Kino 2. Übersetzt von Klaus Englert. stw 1289. 454 Seiten

Gilles Deleuze/Félix Guattari

- Anti-Ödipus. Kapitalismus und Schizophrenie. Übersetzt von Bernd Schwibs. stw 224. 529 Seiten

NF 107/1/1.06

- Kafka. Für eine kleine Literatur. Übersetzt von Burkhart Kroeber. es 807. 133 Seiten
- Was ist Philosophie? Übersetzt von Bernd Schwibs und Joseph Vogl. stw 1483. 272 Seiten

Jacques Derrida
- Das andere Kap. Die vertagte Demokratie. Zwei Essays zu Europa. Übersetzt von Alexander García Düttmann. es 1769. 97 Seiten
- Gesetzeskraft. Der »mystische Grund der Autorität«. Übersetzt von Alexander García Düttmann. es 1645. 125 Seiten
- Grammatologie. Übersetzt von Hans-Jörg Rheinberger und Hanns Zischler. stw 417. 541 Seiten
- Marx & Sons. Übersetzt von Jürgen Schröder. stw 1660. 135 Seiten
- Marx' Gespenster. Der Staat der Schuld, die Trauerarbeit und die neue Internationale. Übersetzt von Susanne Lüdemann. stw 1659. 300 Seiten
- Politik der Freundschaft. Übersetzt von Stefan Lorenzer. stw 1608. 496 Seiten
- Die Schrift und die Differenz. Übersetzt von Rodolphe Gasché. Die Übersetzung von »Cogito und Geschichte des Wahnsinns« wurde von Ulrich Köppen besorgt. stw 177. 464 Seiten
- Schurken. Übersetzt von Horst Brühmann. 224 Seiten. Gebunden und stw 1778. 219 Seiten
- Seelenstände der Psychoanalyse. Übersetzt von Hans-Dieter Gondek. 104 Seiten. Kartoniert
- Die Stimme und das Phänomen. Einführung in das Problem des Zeichens in der Phänomenologie Husserls. Übersetzt von Hans-Dieter Gondek. es 2440. 144 Seiten
- Die unbedingte Universität. Übersetzt von Stefan Lorenzer. es 2238. 78 Seiten

- Vergessen wir nicht – die Psychoanalyse! Herausgegeben, übersetzt und mit einem Nachwort von Hans-Dieter Gondek. es 1980. 234 Seiten
- Vom Geist. Heidegger und die Frage. Übersetzt von Alexander García Düttmann. stw 995. 159 Seiten

Geoffrey Bennington/Jacques Derrida. Jacques Derrida. Ein Portrait. Übersetzt von Stefan Lorenzer. Mit Abbildungen. stw 1550. 413 Seiten

Jacques Derrida/Hans-Georg Gadamer. Der ununterbrochene Dialog. Herausgegeben und mit einem Nachwort versehen von Martin Gessmann. es 2357. 112 Seiten

Jacques Derrida/Michel de Montaigne. Über die Freundschaft. Derrida: Der mich begleitet. Montaigne: Über die Freundschaft. Übersetzt von Stefan Lorenzer und Hans Stilett. BS 1331. 93 Seiten

Jacques Derrida/Gianni Vattimo. Die Religion. es 2049. 251 Seiten

Michel Foucault
- Die Anormalen. Vorlesungen am Collège de France (1974-1975). Übersetzt von Michaela Ott. 480 Seiten. Gebunden
- Archäologie des Wissens. Übersetzt von Ulrich Köppen. stw 356. 304 Seiten
- Geschichte der Gouvernementalität I. Sicherheit, Territorium, Bevölkerung. Vorlesung am Collège de France (1977-1978). Übersetzt von Claudia Brede-Konersmann und Jürgen Schröder. 600 Seiten. Gebunden
- Geschichte der Gouvernementalität II. Die Geburt der Biopolitik. Vorlesung am Collège de France (1978-1979). Übersetzt von Jürgen Schröder. 518 Seiten. Gebunden

NF 107/3/1.06

- Hermeneutik des Subjekts. Vorlesung am Collège de France (1981-1982). Übersetzt von Ulrike Bokelmann. 694 Seiten. Gebunden
- Die Heterotopien. Der utopische Körper. Zwei Radiovorträge. Zweisprachige Ausgabe mit CD. Übersetzt von Michael Bischoff. Mit einem Nachwort von Daniel Defert. 104 Seiten. Gebunden
- In Verteidigung der Gesellschaft. Vorlesungen am Collège de France (1975-1976). Übersetzt von Michaela Ott. stw 1585. 320 Seiten
- Die Macht der Psychiatrie. Vorlesungen am Collège de France 1973-1974. Herausgegeben von Jacques Lagrange. Übersetzt von Claudia Brede-Konersmann und Jürgen Schröder. 596 Seiten. Gebunden
- Der Mensch ist ein Erfahrungstier. Gespräch mit Ducio Trombadori. Übersetzt von Horst Brühmann. Vorwort von Wilhelm Schmid. Mit einer Bibliographie von Andrea Hemminger. stw 1274. 144 Seiten
- Die Ordnung der Dinge. Eine Archäologie der Humanwissenschaften. Übersetzt von Ulrich Köppen. stw 96. 470 Seiten
- Psychologie und Geisteskrankheit. Übersetzt von Anneliese Botond. es 272. 132 Seiten
- Raymond Roussel. Übersetzt von Renate Hörisch-Helligrath. es 1559. 193 Seiten
- Schriften. Dits et Ecrits. Herausgegeben von Daniel Defert und François Ewald unter Mitarbeit von Jacques Lagrange. Gebunden und kartoniert

  Band 1. 1954-1969. Übersetzt von Michael Bischoff, Hans-Dieter Gondek und Hermann Kocyba. 1088 Seiten

  Band 2. 1970-1975. Übersetzt von Reiner Ansén, Michael Bischoff, Hans-Dieter Gondek, Hermann Kocyba und Jürgen Schröder. 1031 Seiten

  Band 3. 1976-1979. Übersetzt von Michael Bischoff, Hans-Dieter Gondek, Hermann Kocyba und Jürgen Schröder. 1028 Seiten

NF 107/4/1.06

Band 4. 1980-1988. Mit Gesamtregister. Übersetzt von Michael Bischoff, Hans-Dieter Gondek, Hermann Kocyba und Jürgen Schröder. 1129 Seiten

- Schriften zur Literatur. Übersetzt von Michael Bischoff, Hans-Dieter Gondek und Hermann Kocyba. stw 1675. 402 Seiten
- Sexualität und Wahrheit. Erster Band. Der Wille zum Wissen. Übersetzt von Ulrich Raulff und Walter Seitter. stw 716. 160 Seiten
- Sexualität und Wahrheit. Zweiter Band. Der Gebrauch der Lüste. Übersetzt von Ulrich Raulff und Walter Seitter. stw 717. 327 Seiten
- Sexualität und Wahrheit. Dritter Band. Die Sorge um sich. Übersetzt von Ulrich Raulff und Walter Seitter. stw 718. 316 Seiten
- Überwachen und Strafen. Die Geburt des Gefängnisses. Übersetzt von Walter Seitter. Mit zahlreichen Abbildungen. stw 184. 396 Seiten
- Wahnsinn und Gesellschaft. Eine Geschichte des Wahns im Zeitalter der Vernunft. Übersetzt von Ulrich Köppen. stw 39. 562 Seiten
- Die Wahrheit und die juristischen Formen. Übersetzt von Michael Bischoff. Mit einem Nachwort von Martin Saar. stw 1645. 192 Seiten

Michel Foucault/Herculine Barbin. Über Hermaphrodismus. Übersetzt von Annette Wunschel. Herausgegeben von Wolfgang Schäffner und Joseph Vogl. es 1733. 247 Seiten

Michel Foucault. Eine Biographie von Didier Eribon. Übersetzt von Hans-Horst Henschen. Mit zahlreichen Abbildungen. st 3086. 518 Seiten

NF 107/5/1.06

Foucault und die Künste. Herausgegeben im Auftrag des Zentrums für Kunst- und Medientechnologie von Peter Gente. stw 1667. 338 Seiten

Vladimir Jankélévitch.
- Der Tod. Übersetzt von Brigitta Restorff. Herausgegeben und mit einer Nachbemerkung von Christoph Lange. Mit einem Nachwort von Thomas Kapielski.
  574 Seiten. Gebunden
- Das Verzeihen. Essays zur Moral und Kulturphilosophie. Übersetzt von Claudia Brede-Konersmann. Herausgegeben von Ralf Konersmann. Mit einem Vorwort von Jürg Altwegg. Gebunden und stw 1731. 292 Seiten

Maurice Merleau-Ponty. Das Primat der Wahrnehmung. Übersetzt von Jürgen Schröder. Mit einem Nachwort von Lambert Wiesing. stw 1676. 132 Seiten

Jacques Rancière. Das Unvernehmen. Politik und Philosophie. Übersetzt von Richad Steurer. stw 1588. 150 Seiten

Paul Ricœur. Wege der Anerkennung. Erkennen, Wiedererkennen, Anerkanntsein. Übersetzt von Ulrike Bokelmann und Barbara Heber-Schärer. 350 Seiten. Gebunden

Michel Serres
- Die fünf Sinne. Eine Philosophie der Gemenge und Gemische. Übersetzt von Michael Bischoff. stw 1389. 472 Seiten
- Der Naturvertrag. Übersetzt von Hans-Horst Henschen. es 1665. 203 Seiten
- Der Parasit. Übersetzt von Michael Bischoff. stw 677. 391 Seiten

NF 107/6/1.06

Gender Studies
in der edition suhrkamp

Farideh Akashe-Boehme (Hg.). Reflexionen vor dem Spiegel. es 1724. 219 Seiten

Herculine Barbin/Michel Foucault. Über Hermaphrodismus. Herausgegeben von Wolfgang Schäffner und Joseph Vogl. es 1733. 247 Seiten

Seyla Benhabib. Selbst und Kontext. Geschlecht, Gemeinschaft und Postmoderne in der zeitgenössischen Ethik. Vom Unterschied der Geschlechter. es 1725. 300 Seiten

Judith Butler. Das Unbehagen der Geschlechter. Übersetzt von Katharina Menke. Vom Unterschied der Geschlechter. es 1722. 237 Seiten

Judith Butler. Körper von Gewicht. Die diskursiven Grenzen des Geschlechts. Übersetzt von Karin Wördemann. es 1737. 386 Seiten

Caroline Walker Bynum. Fragmentierung und Erlösung. Geschlecht und Körper im Glauben des Mittelalters. Mit zahlreichen Abbildungen. Übersetzt von Brigitte Große. es 1731. 302 Seiten

Drucilla Cornell. Die Versuchung der Pornographie. Übersetzt von Vincent Vogelvelt. Mit einem Vorwort von Barbara Vinken. es 1738. 143 Seiten

Irene Dölling/Beate Krais (Hg.). Ein alltägliches Spiel. Geschlechterkonstruktion in der sozialen Praxis. es 1732. 332 Seiten

NF 312/1/8.00

Nancy Fraser. Widerspenstige Praktiken. Macht, Diskurs, Geschlecht. es 1726. 290 Seiten

Geschlechterverhältnisse und Politik. Herausgegeben vom Institut für Sozialforschung, Frankfurt. Redaktion Katharina Pühl. es 1730. 308 Seiten

Barbara Hahn. Unter falschem Namen. Von der schwierigen Autorschaft der Frauen. es 1723. 147 Seiten

Helga Kotthoff/Susanne Günthner (Hg.). Von fremden Stimmen. Weibliches und männliches Sprechen im Kulturvergleich. Vom Unterschied der Geschlechter. es 1721. 369 Seiten

Teresa de Lauretis. Die andere Szene. Psychoanalyse und lesbische Sexualität. Übersetzt von Karin Wördemann. es 1742. 292 Seiten

Martha C. Nussbaum. Gerechtigkeit oder Das gute Leben. Herausgegeben von Herlinde Pauer-Studer. Übersetzt von Ilse Utz. es 1739. 316 Seiten

Barbara Orland/Elvira Scheich (Hg.). Das Geschlecht der Natur. Feministische Beiträge zur Geschichte und Theorie der Naturwissenschaften. Die Texte aus dem Amerikanischen wurden von Xenia Rajewski übersetzt. es 1727. 290 Seiten

Karin Wieland. Worte und Blut. Wandlungen des männlichen Selbst im Übergang zur Neuzeit. es 1740. 367 Seiten

Theresa Wobbe/Gesa Lindemann (Hg.). Denkachsen. Zur theoretischen und institutionellen Rede vom Geschlecht. es 1729. 327 Seiten

NF 312/2/8.00